Markus Helmes

Sachverständigenkosten im Rahmen der Kfz-Schadensregulierung

Vorschläge zur Lösung des Principal-Agent-Problems
der Sachverständigenkosten anhand eines Rekurses auf
die Problematik der Unfallersatztarife

D1705850

Kompetenzzentrum
Versicherungswissenschaften

Schriftenreihe des Kompetenzzentrums Versicherungswissenschaften GmbH
herausgegeben von Prof. Dr. Torsten Körber, LL.M., Prof. Dr. J.-Matthias
Graf von der Schulenburg und Prof. Dr. Stefan Weber

Band 17

Markus Helmes

Sachverständigenkosten im Rahmen der Kfz-Schadensregulierung

Vorschläge zur Lösung des Principal-Agent-Problems der Sachverständigenkosten anhand eines Rekurses auf die Problematik der Unfallersatztarife

Bibliografische Information der Deutschen Nationalbibliothek

Die Deutsche Nationalbibliothek verzeichnet diese Publikation in der Deutschen Nationalbibliografie; detaillierte bibliografische Daten sind im Internet über http://dnb.d-nb.de abrufbar.

ISSN 1614-6417
ISBN 978-3-89952-987-6

Meinen Eltern

Vorwort

Die vorliegende Arbeit wurde von der Juristischen Fakultät der Georg-August-Universität Göttingen im Sommersemester 2017 als Dissertation angenommen.

Mein herzlicher Dank gilt an erster Stelle meinem Doktorvater Herrn Prof. Dr. Torsten Körber LL.M. für die gute und angenehme Betreuung während der Promotion. Zudem möchte ich mich bei Prof. Dr. Martin Ahrens für die gründliche und gewissenhafte Anfertigung des Zweitgutachtens bedanken. Für die Aufnahme in die Schriftenreihe bedanke ich mich bei Prof. Dr. Torsten Körber LL.M., Prof. Dr. J.-Matthias Graf von der Schulenburg und Prof. Dr. Stefan Weber.

Ich danke auch den Kollegen des KVW und den Mitarbeitern des IVBL in Hannover. Zum einen für den wissenschaftlichen Austausch und die Unterstützung in ökonomischen Fragen, zum anderen und insbesondere aber auch für die entstandenen Freundschaften.

Danke an Martha, für die Unterstützung, Motivation und das aufgebrachte Verständnis.

Meine größte Dankbarkeit gebührt schließlich meinen Eltern. Sie haben mir meine juristische Ausbildung ermöglicht und mich stets nach besten Kräften unterstützt.

Göttingen, im August 2017   *Markus Helmes*

Inhaltsverzeichnis

Abbildungsverzeichnis

Abkürzungsverzeichnis

ABl.	Amtsblatt der Europäischen Union
AcP	Archiv für Civilistische Praxis
AEUV	Vertrag über die Arbeitsweise der Europäischen Union
AG	Amtsgericht
AGB	Allgemeine Geschäftsbedingungen
AKB	Allgemeine Bedingungen für die Kraftfahrtversicherung (in der jeweils angegebenen Fassung)
AnwBl	Anwaltsblatt
AT	Allgemeiner Teil
Aufl.	Auflage
AVB	Allgemeine Versicherungsbedingungen
Az.	Aktenzeichen
BAG	Bundesarbeitsgericht
BAV	Bundesverband der Autovermieter
BB	Betriebsberater (Zeitschrift)
BeckRS	Beck-Rechtsprechung
Betr.	Der Betrieb (Zeitschrift)
BGB	Bürgerliches Gesetzbuch
BGH	Bundesgerichtshof
BkartA	Bundeskartellamt
BT-Drs.	Bundestagsdrucksache

BVSK	Bundesverband der freiberuflichen und unabhängigen Sachverständigen für das Kraftfahrzeugwesen e.V.
DEKRA	Deutscher Kraftfahrzeug-Überwachungs-Verein
DAR	Deutsches Autorecht (Zeitschrift)
DB	Der Betrieb (Zeitschrift)
Ders./dies.	Derselbe/dieselbe
DS	Der Sachverständige (Zeitschrift)
EuG	Gericht der Europäischen Union
EuGH	Europäischer Gerichtshof
EuZW	Europäische Zeitschrift für Wirtschaftsrecht
FS	Festschrift
GDV	Gesamtverband der Deutschen Versicherungs-wirtschaft e.V.
gem.	gemäß
ggf.	gegebenenfalls
GKG	Gerichtskostengesetz
GNotKG	Gerichts- und Notarkostengesetz
GRUR	Gewerblicher Rechtsschutz und Urheberrecht (Zeitschrift)
GWB	Gesetz gegen Wettbewerbsbeschränkungen
h.M.	herrschende Meinung
HPflG	Haftpflichtgesetz
IfS	Institut für Sachverständigenwesen

i.S.d.	im Sinne des/der
JA	Juristische Arbeitsblätter (Zeitschrift)
JR	Juristische Rundschau (Zeitschrift)
JuS	Juristische Schulung (Zeitschrift)
JVEG	Justizvergütungs- und entschädigungsgesetz
JZ	Juristenzeitung (Zeitschrift)
Kap.	Kapitel
Kfz	Kraftfahrzeug
KfzPflVV	Verordnung über den Versicherungsschutz in der Kraftfahrzeug-Haftpflichtversicherung (Kraftfahrzeug-Pflichtversicherungsverordnung)
KG	Kammergericht
KHVG	Kraftfahrzeug-Haftpflichtversicherungsgesetz (Österreich)
Komm.	Europäische Kommission
KRAVAG	Kraftverkehrs VaG
LG	Landgericht
MDR	Monatsschrift für Deutsches Recht (Zeitschrift)
MMR	MultiMedia und Recht (Zeitschrift)
m.w.N.	Mit weiteren Nachweisen/mit weiterem Nachweis
NJW	Neue Juristische Wochenschrift (Zeitschrift)
NJW-RR	NJW-Rechtsprechungs-Report Zivilrecht (Zeitschrift)

NJWE-WettbR	NJW-Entscheidungsdienst Wettbewerbsrecht (Zeitschrift)
NVersZ	Neue Zeitschrift für Versicherung und Recht (Zeitschrift)
NVwZ	Neue Zeitschrift für Verwaltungsrecht (Zeitschrift)
NZKart	Neue Zeitschrift für Kartellrecht (Zeitschrift)
NZV	Neue Zeitschrift für Verkehrsrecht (Zeitschrift)
OGH	Oberster Gerichtshof (Österreich)
OLG	Oberlandesgericht
OWiG	Gesetz über Ordnungswidrigkeiten
öBGBl	Bundesgesetzblatt für die Republik Österreich
PflVG	Pflichtversicherungsgesetz
RDG	Rechtsdienstleistungsgesetz
Rn.	Randnummer
RVG	Rechtsanwaltsvergütungsgesetz
r + s	Recht und Schaden (Zeitschrift)
R+V	R+V Versicherung AG (Raiffeisen- und Volksbanken Versicherung)
S.	Seite
sog.	sogenannt
StGB	Strafgesetzbuch
StVG	Straßenverkehrsgesetz
StVO	Straßenverkehrsordnung

SVR	Straßenverkehrsrecht (Zeitschrift)
TÜV	Technischer Überwachungsverein
UWG	Gesetz gegen unlauteren Wettbewerb
VersR	Versicherungsrecht – Zeitschrift für Versicherungs- recht
Victoria	Victoria Versicherung AG (heute: ERGO Versicherung AG)
VFK	Verband freier Kraftfahrzeug-Sachverständiger e.V.
VKS	Verband der unabhängigen Kfz-Sachverständigen e.V.
VRR	VerkehrsRechtsReport (Zeitschrift)
VRS	Verkehrsrechtssammlung (Zeitschrift)
VW	Versicherungswirtschaft (Zeitschrift)
WuW	Wirtschaft und Wettbewerb
zfs	Zeitschrift für Schadensrecht (Zeitschrift)
ZHR	Zeitschrift für das gesamte Handelsrecht und Wirtschaftsrecht
ZSEG	Gesetz über die Entschädigung von Zeugen und Sachverständigen
ZWeR	Zeitschrift für Wettbewerbsrecht

Kapitel 1: Einleitung

Im Jahre 2014 ereignete sich auf deutschen Straßen durchschnittlich alle 13 Sekunden ein Verkehrsunfall,[1] was zu fast 4 Millionen Kfz-Haftpflichtschäden führte.[2] An der anschließenden Schadensregulierung ist, durch den Versicherungszwang im Bereich der Kfz-Haftpflichtversicherung, in den meisten Fällen auch ein Versicherer beteiligt, der im Ergebnis die wirtschaftlichen Vermögenseinbußen des Unfallgeschädigten und damit einen großen Teil der Gesamtkosten zu tragen hat. Hiervon sind unterschiedlichste Schadenspositionen wie z.B. die Reparaturkosten, die Mietwagenkosten und auch die Kosten für ein Schadensgutachten umfasst. Obwohl der Versicherer Träger der Kosten ist, ist er nicht dazu berechtigt, die Wiederherstellung inklusive der Beauftragung der Leistungserbringer selbst in die Hand zu nehmen und so die anfallenden Kosten aktiv zu steuern. Dieses Recht steht ausschließlich dem Geschädigten als Herren des Restitutionsverfahrens zu. Er entscheidet, welche Maßnahmen durchgeführt werden und wen er damit beauftragt, so dass die entstehenden Kosten und damit auch die wirtschaftliche Belastung des Versicherers maßgeblich von seinem Verhalten beeinflusst werden. Es ist in diesem Zusammenhang zu beachten, dass der Geschädigte nicht der Versicherungsnehmer des haftungspflichtigen Versicherers ist und auch nicht in dessen Lager steht. Eine direkte Möglichkeit des Versicherers, mittels vertraglicher Methoden Einfluss auf das Verhalten des Geschädigten zu nehmen, ist daher nicht gegeben.

Hängt, wie in diesen Fällen, das Wohlergehen einer Partei (des Prinzipals, hier der Versicherer) von den Handlungen einer anderen Partei (des Agenten, hier der Geschädigte) ab, so liegt eine Beziehung vor, die zum sogenannten Principal-Agent-Problem führen kann.[3] Der Agent hat Entscheidungen zu treffen, die direkte Auswirkungen auf den Prinzipal haben. Häufig besteht zugunsten des

---

[1] Statistisches Bundesamt, Polizeilich erfasste Unfälle, Daten abrufbar unter: https://www.destatis.de/DE/ZahlenFakten/Wirtschaftsbereiche/TransportVerkehr/ Verkehrsunfaelle/Tabellen/PolizeilichErfassteUnfaelle.html (letzter Aufruf: 19.6.2016).
[2] GDV, Statistisches Taschenbuch 2015, Tabelle 63.
[3] *Pratt/Zeckhauser*, Principals and Agents: The Structure of Business, S. 2.

Agenten zusätzlich eine asymmetrische Informationsverteilung, was opportunistisches Verhalten begünstigt und wahrscheinlich macht.[4] Aufgrund unterschiedlicher oder auch gegenläufiger Ziele der Parteien kann es somit zu Konflikten kommen.

So verhält es sich daher auch mit der Beziehung zwischen dem Unfallgeschädigten und dem Kfz-Haftpflichtversicherer. Der Geschädigte, der dazu befugt ist die Restitution in Eigenregie durchzuführen, geht davon aus, dass die Kosten der Wiederherstellung letztlich nicht von ihm selbst, sondern von dem Kfz-Haftpflichtversicherer des Unfallgegners getragen werden. Da sämtliche Anstrengungen, die zu einer Geringhaltung der Restitutionskosten beitragen, damit nicht ihm, sondern dem Versicherer zugute kämen, besteht hierfür aus seiner Sicht kaum ein Anreiz. Zwar ist dies ein Problem das grundsätzlich bei allen vom Versicherer zu ersetzenden Schadenspositionen auftreten kann, insbesondere im Bereich der Mietwagen- und der Sachverständigenkosten führte diese Principal-Agent-Problematik aber zu intensiven Diskussionen.

So löste der im Jahre 1992 beginnende Streit um die Mietwagenkosten eine jahrelang andauernde Debatte aus, an deren Ende aber durch die Rechtsprechungsänderung des BGH schließlich eine sachgemäße Lösung des Problems gefunden wurde. Anderes gilt für den Spannungsbereich der Sachverständigenkosten. Zwar wurde die Diskussion nicht mit derselben Intensität geführt, wie jene um die Mietwagenkosten, es wurde aber bislang auch noch keine Lösung für das in diesen Fällen auftretende Prinicpal-Agent-Problem entwickelt.

Dabei dürfte das Interesse der Versicherungswirtschaft an einer Lösung des Problems, die dazu geeignet ist, den Geschädigten zu wirtschaftlichen Verhaltensweisen anzuregen, angesichts der Tatsache, dass die Sachverständigenkosten mit ca. 600 – 800 Millionen Euro pro Jahr einen der größten Posten innerhalb der Sachfolgeschäden ausmachen, durchaus hoch sein.[5]

---

[4] *Schulenburg/Lohse*, Versicherungsökonomik, S. 275; *Töpfer*, Betriebswirtschaftslehre, S. 874.
[5] Zitiert nach: *Engelke*, NZV 2012, 365, 366.

Diese Arbeit soll zur Lösung des im Rahmen der Sachverständigenkosten auftretenden Principal-Agent-Problems beitragen. Nach einer einleitenden Übersicht zu der durch einen Verkehrsunfall herbeigeführten Situation und der darin bestehenden Rechtsbeziehungen und Interessenlagen der Beteiligten (Kapitel 2), wird hierzu zunächst das Problem der Mietwagenkosten aus juristischer Sicht dargestellt (Kapitel 3). Im Zuge dessen werden die Ursprünge der Streitigkeiten nachvollzogen und die schließlich von der Rechtsprechung gefundene Lösung dargestellt. Ebenso werden die zwischenzeitlich von der Versicherungswirtschaft unternommenen Versuche beleuchtet, mit denen die hohen Mietwagenpreise beeinflusst werden sollten.

Im Kapitel über das Problemfeld der Sachverständigenkosten (Kapitel 4) werden sodann der diesbezügliche Status quo der Rechtsprechung dargestellt, bisherige Lösungsansätze wiedergegeben und schließlich die eigenen Lösungsansätze vorgestellt. Die zuvor gewonnen Erkenntnisse aus dem Themenbereich der Unfallersatzmietwagen werden hierbei herangzogen, um die Lösungsansätze zu bewerten. Ein wirkungsvoller Lösungsansatz, der zu wirtschaftlicherem Verhalten der Geschädigten und somit eventuell zu Kosteneinsparungen der Versicherer führt, könnte dabei durch niedrigere Prämien in der Kfz-Haftpflichtversicherung auch dem Versicherungskollektiv und damit jedem einzelnen Versicherungsnehmer zugutekommen. Die Arbeit endet mit einem abschließendem Fazit (Kapitel 5).

Kapitel 2: Die haftungsrechtliche Situation nach einem Verkehrsunfall

Durch einen Verkehrsunfall mit Beteiligung eines Kraftfahrzeugs entsteht schlagartig eine komplexe Situation rechtlicher Beziehungen. In den meisten Fällen stehen dem Geschädigten sowohl mehrere Anspruchsgegner als auch mehrere Anspruchsgrundlagen zur Verfügung, um seinen Schadensersatzanspruch geltend zu machen. Dabei ist die Frage nach dem Inhalt und dem Umfang des Anspruchs oftmals schwieriger zu beurteilen, als die Feststellung, ob ein Anspruch dem Grund nach besteht. Dementsprechend sind insbesondere Inhalt und Umfang der Schadensersatzansprüche ein häufiges Streitthema vor Gericht. Für die Unfallbeteiligten ist es daher naheliegend und üblich, sich für den Prozess der Regulierung professioneller Hilfe zu bedienen. Zur Rechtsdurchsetzung wird oftmals anwaltliche Hilfe in Anspruch genommen und Sachverständige unterstützen den Geschädigten bei der Feststellung des Schadens. Ausgangspunkt der Rechtsfindung sind die gesetzlichen Regelungen, die über das Bestehen und insbesondere auch über den Inhalt der Ersatzansprüche entscheiden. Anhand dieser Normen sind die sich häufig entgegenstehenden Interessenlagen der an der Schadensregulierung Beteiligten zu bewerten. Sie sind zentraler Ausgangspunkt der Rechtsfindung und sollen deshalb zunächst kurz dargestellt werden.

I. Rechtliche Grundlagen

Um die komplexe Gemengelage von Ansprüchen und widerstreitenden Interessen in dem spezifischen Bereich der Schadensregulierung analysieren zu können, ist ein anfänglicher Überblick notwendig, der in einem ersten Schritt auf die wichtigsten rechtlichen Grundlagen eingeht, die zur Haftung des Halters, des Fahrers und des Versicherers führen sowie den Inhalt und den Umfang der Ersatzansprüche des Geschädigten bestimmen.

1. Anspruchsgrundlagen und Voraussetzungen

Ansprüche des Geschädigten, die auf den Ersatz eines durch einen Verkehrsunfall entstandenen Schadens gerichtet sind, können sich aus verschiedenen Gesetzen ergeben (z.B. StVG, BGB, HPflG oder PflVG) und sich sowohl gegen den Halter, den Fahrer und auch gegen einen Versicherer richten. Im folgenden Abschnitt werden die wichtigsten Haftungsgrundlagen für diese Beteiligten dargestellt. Eventuell stehen dem Geschädigten nach diesen Haftungsregeln nicht nur ein sondern gleich mehrere Anspruchsgegner gegenüber. In diesem Fall haften sie als Gesamtschuldner i.S.d. § 421 BGB.[6] Für Versicherer ist dies ausdrücklich im § 115 Abs. 1 S. 4 VVG geregelt.

a) Haftung des Schädigers

Das Haftungsrecht dient in seiner primären Funktion dem Ausgleich von erlittenen Schäden. Daneben erfüllt es u.a. aber auch eine Genugtuungsfunktion und führt zur Prävention von sozial unerwünschtem Verhalten.[7] Ein Schadensersatzanspruch des Geschädigten gegen den Schädiger kann sich dabei sowohl aus den Vorschriften des StVG als auch aus denen des BGB ergeben.

aa) Haftung nach StVG

Wegen der besonderen Gefährlichkeit des Straßenverkehrs, hat der Gesetzgeber solche Personen, die Gefahrenquellen in diesem Bereich beherrschen, mithin also die Halter und Fahrer von Kfz, einer verschärften Haftung unterworfen.[8] Aufgrund der geringen Voraus-

---

[6]   Vgl. Himmelreich/Halm/Staab/*Engelbrecht*, Kfz-Schadensregulierung, Kap. 9, Rn. 3.
[7]   *Deutsch*, Allgemeines Haftungsrecht, Rn. 17 f.; *Frommhold*, Grenzen der Haftung, S. 67 ff.;
      Greger, Haftungsrecht des Straßenverkehrs, § 1, Rn. 14; *Looschelders*, Schuldrecht AT, Rn. 954;
      MüKoBGB/*Wagner*, Vor § 823 BGB, Rn. 38 ff.; Palandt/*Sprau*, Einf v § 823, Rn. 1.
[8]   *Greger*, Haftungsrecht des Straßenverkehrs, § 1, Rn. 23.

setzungen und der für den Geschädigten günstigen Beweislastverteilung, bilden die §§ 7 und 18 StVG die primären Anspruchsgrundlagen im Verkehrshaftungsrecht. Zwischen den Ansprüchen aus dem StVG und solchen aus dem übrigen Haftungsrecht besteht gem. § 16 StVG Anspruchskonkurrenz.

Den §§ 12, 12a StVG lässt sich eine höhenmäßige Beschränkung der StVG-Ansprüche entnehmen, die eine gänzlich uferlose Haftung verhindern soll.[9] Demnach ist die Haftung für Personenschäden im Regelfall auf fünf Millionen und für Sachschäden auf eine Million Euro beschränkt. Sollten die Schäden mehrerer Geschädigter gemeinsam diese Höchstgrenzen überschreiten, so werden die Entschädigungen des Einzelnen gem. § 12 Abs. 2 StVG verhältnismäßig reduziert. Schadensersatzforderungen, die über diese Höchstbeträge hinausgehen, müssen auf andere Anspruchsgrundlagen, etwa jene des BGB, gestützt werden.[10]

(1) Halterhaftung gem. § 7 StVG

(a) Anspruchsvoraussetzungen

Die in der verkehrsrechtlichen Praxis wohl bedeutendste Anspruchsgrundlage ist § 7 StVG, der die Haftung des Kfz-Halters regelt.[11] Es handelt sich hierbei um eine Gefährdungshaftung des Halters, der allein deshalb haftet, weil er den zulässigen aber generell mit Gefahren behafteten Betrieb eines Kfz im Straßenverkehr ermöglicht.[12] Ein schuldhaftes oder verkehrswidriges Verhalten ist für einen auf dieser Anspruchsgrundlage beruhenden Schadensersatzanspruch nicht erforderlich.[13] Zur Erfüllung des Tatbestands ist es

---

[9] Himmelreich/Halm/*Luckey*, Handbuch d. Fachanwalts Verkehrsrecht, Kap. 1, Rn. 7; *Wille*, JA 2008, 210, 215.

[10] Vgl. van Bühren/*Lemcke*/Jahnke, Anwalts-Handbuch Verkehrsrecht, Teil 2, Rn. 45.

[11] Berz/Burmann/*Grüneberg*, Hdb. d. Straßenverkehrsrechts, 4 A, Rn. 5; Roth/*Janeczek*, Verkehrsrecht, § 2, Rn. 189.

[12] BGH NJW 1988, 2802; NZV 1989, 18; NZV 1990, 425, 426; NZV 1991, 387; NZV 1992, 229, 230; Vers 2005, 992, 993.

[13] BGH VersR 1971, 1060, 1061; VersR 1971, 1063, 1064; VersR 1973, 83, 84; NZV 1991, 229, 230; VersR 2005, 992, 993.

ausreichend, dass bei dem Betrieb eines Kraftfahrzeugs oder eines Anhängers, der dazu bestimmt ist, von einem Kraftfahrzeug mitgeführt zu werden, ein Mensch getötet, der Körper oder die Gesundheit eines Menschen verletzt oder eine Sache beschädigt wurde. Halter und damit Anspruchsverpflichteter gem. § 7 Abs. 1 StVG ist derjenige, der das Fahrzeug im eigenen Namen und für eigene Rechnung in Gebrauch hat und die Verfügungsgewalt besitzt, die ein solcher Gebrauch voraussetzt.[14] Dies bedeutet Anlass, Zeit und Zeitpunkt der Fahrt bestimmen zu können.[15]

(b) Ausschlusstatbestände

Dem Adressaten der Gefährdungshaftung soll aber trotz seiner weitgehenden Haftung nicht das allgemeine Lebensrisiko aufgebürdet werden.[16] Im Rahmen der Halterhaftung soll deshalb durch eine Reihe von Einschränkungen und Ausschlüssen in den §§ 7 Abs. 2 und 8 StVG eine angemessene Risikoverteilung stattfinden. Sie nehmen bestimmte Personen, Sachen, Fahrzeuge und Situationen von der Halterhaftung aus. Zu beachten sind auch die §§ 104 ff. SGB VII, die einen Haftungsausschluss für Personenschäden bewirken, welche durch Arbeits- und Dienstunfälle verursacht wurden. Wurde ein Schaden durch mehrere Kraftfahrzeuge verursacht, kann der Kfz-Halter gem. § 17 Abs. 3 StVG im Innenverhältnis zu den anderen Fahrzeughaltern von der Haftung befreit sein, wenn der Unfall durch ein für ihn unabwendbares Ereignis verursacht wurde.

---

[14] BVerwG VRS Bd. 73/1987, 235, 236; BGH NJW 1983, 1492, 1493; NJW 1992, 900, 902 = NZV 1992, 145, 146; NJW 1997, 116; Geigel/*Kaufmann*, Haftpflichtprozess, 25. Kap., Rn. 32.

[15] BVerwG VRS Bd. 66/1984, 309, 312; BGH NZV 1997, 116; Hentschel/*König*/Dauer, § 7 StVG, Rn. 14; NK-GVR/*Kuhnert*, §7 StVG, Rn. 12.

[16] *Greger*, Haftungsrecht des Straßenverkehrs, § 1, Rn. 10; *Rohe* AcP 201 (2001), 117, 148 f. m.w.N.

(2) Fahrerhaftung gem. § 18 StVG

Gem. § 18 Abs. 1 S. 1 StVG ist in den Fällen des § 7 Abs. 1 StVG auch der Führer des Kraftfahrzeugs zum Ersatz des Schadens verpflichtet. Anders als beim Halter, der sich nur im Falle höherer Gewalt exkulpieren kann, genügt für den Fahrer gem. § 18 Abs. 1. S. 2 StVG aber bereits der Nachweis fehlenden Verschuldens, um sich zu entlasten. Demnach handelt es sich bei der Fahrerhaftung, im Gegensatz zu § 7 StVG, nicht um eine Gefährdungshaftung, sondern um eine Verschuldenshaftung mit umgekehrter Beweislast.[17] Aufgrund dieser unterschiedlichen Haftungskonzeptionen sind die Abs. 2 und 3 des § 7 StVG, die einen Ausschluss der Ersatzpflicht im Falle höherer Gewalt und die Haftung bei einer sogenannten Schwarzfahrt regeln, nicht auf die Haftung des Fahrers anwendbar.[18] Im Übrigen gelten jedoch die oben zur Halterhaftung aufgeführten Ausnahmen und Haftungsbegrenzungen für die Haftung des Fahrzeugführers entsprechend.

Führer des Kfz oder des Anhängers i.S.d. § 18 StVG ist, wer das Fahrzeug oder den Anhänger lenkt und die tatsächliche Gewalt darüber ausübt.[19] Etwas anderes gilt bei Übungs- und Prüfungsfahrten für Fahrschüler und Fahrlehrer. Gem. § 2 Abs. 15 S. 2 StVG gilt in diesen Fällen der Fahrlehrer als Führer des Fahrzeugs.

bb) Haftung nach BGB

Neben den speziellen verkehrsrechtlichen Haftungsnormen des StVG stehen dem Geschädigten eines Verkehrsunfalls zur Durchsetzung seiner Schadensersatzforderungen auch sämtliche Anspruchsgrundlagen des sonstigen Haftungsrechts zur Verfügung. § 16 StVG stellt dies ausdrücklich klar. In Betracht kommen hierfür

---

[17] BGH VersR 1983, 438, 440; Geigel/*Kaufmann*, Haftpflichtprozess, 25. Kap., Rn. 311; Roth/*Janeczek*, Verkehrsrecht, § 2, Rn. 1.

[18] Berz/Burmann/*Grüneberg*, Handb. d. Straßenverkehrsrechts, 4 A., Rn. 75; Hentschel/*König*/Dauer, Straßenverkehrsrecht, § 18 StVG, Rn. 3.

[19] Burmann/*Heß*/Jahnke/Janker, Straßenverkehrsrecht, § 18 StVG, Rn. 3; Himmelreich/Halm/*Luckey*, Handb. d. Fachanwalts Verkehrsrecht, Kap. 1, Rn. 44.

insbesondere die deliktsrechtlichen Anspruchsgrundlagen des BGB. Zwar sind die Voraussetzungen der §§ 7 und 18 StVG im Falle eines Gerichtsprozesses leichter nachzuweisen als die der §§ 823 ff. BGB, das macht letztere jedoch im Prozess nicht unbedeutend. Im Gegensatz zu den StVG-Ansprüchen können sie sich auch gegen andere Personen als den Halter oder den Fahrer eines Kfz richten, so dass auch nicht motorisierte Verkehrsteilnehmer, wie z.B. Fußgänger oder Fahrradfahrer in Betracht kommen. Darüber hinaus sind die Anspruchsgrundlagen des BGB auch dann von Bedeutung, wenn es um Forderungen geht, die sich oberhalb der Haftungshöchstgrenzen des StVG bewegen, da für diese Ansprüche keine höhenmäßigen Haftungsbeschränkungen existieren.

(1) Haftung gem. § 823 Abs. 1 BGB

Die Vorschrift des § 823 Abs. 1 BGB dient in erster Linie dem Schutz des Integritätsinteresses.[20] Damit ist das Interesse des Gläubigers an der Unversehrtheit seiner außerhalb vertraglicher Beziehungen liegender (leistungsferner) Rechtsgüter gemeint.[21] Der Tatbestand knüpft dabei weder an die Person noch an das Vermögen selbst an, sondern ist auf die Verletzung bestimmter Rechtsgüter bezogen.[22]

Anspruchsvoraussetzung des § 823 Abs. 1 BGB ist demnach eine, durch zurechenbares Verhalten des Schädigers ausgelöste, Rechtsgutverletzung. Diese Verletzung muss zudem rechtswidrig und schuldhaft herbeigeführt worden sein und zu einem zurechenbaren Schaden führen. Von der Norm selbst werden das Leben, der Körper, die Gesundheit, die Freiheit oder sonstige Rechte als geschützte Rechtsgüter aufgezählt. Die im hier untersuchten Kontext relevanten Kfz-Schäden sind bei den Eigentumsverletzungen zu veror-

---

[20]   Palandt/*Sprau*, Einf v § 823, Rn. 1.
[21]   *Looschelders*, Schuldrecht AT, § 10, Rn. 10; Medicus/*Petersen*, Bürgerliches Recht, § 13, Rn. 238; PWW/*Schaub*,§ 823; Rn. 41; *Wandt*, Gesetzliche Schuldverhältnisse, § 16, Rn. 22.
[22]   Hk-BGB/*Staudinger*, § 823, Rn. 1; Jauernig/*Teichmann*, BGB, § 823, Rn. 1; NK-GVR/*Pardey*, § 823, Rn. 2.

ten. Eine Verletzung des Eigentums kann durch einen Eingriff in die Sachsubstanz, durch Entziehung der Sache und unter Umständen auch durch eine Beeinträchtigung des bestimmungsgemäßen Gebrauchs stattfinden.[23] Reine Vermögensschäden sind indes nicht vom Schutzbereich des § 823 Abs. 1 BGB umfasst und stellen insbesondere auch keine Verletzung eines „sonstigen Rechts" dar.[24]

Auch im Rahmen des Deliktsrechts kann die Haftung des Schädigers dadurch entfallen, dass sein Verhalten durch einen rechtlich anerkannten Rechtfertigungsgrund gedeckt war.[25] Ihm kann in diesen Fällen nicht vorgehalten werden, sich widerrechtlich verhalten zu haben, da die Verletzung des Rechtsguts ausnahmsweise erlaubt war und aus diesem Grunde nicht im Widerspruch zur Rechtsordnung stand.[26] Die Gründe für eine Rechtfertigung der schädigenden Handlung können dabei aus der gesamten Rechtsordnung entnommen werden.[27] Es kann sich also um gesetzliche Rechtfertigungsgründe, aber auch um öffentlich-rechtliche Befugnisse, Duldungspflichten oder die Einwilligung des Geschädigten handeln.[28]

(2) Haftung gem. § 823 Abs. 2 i.V.m. Schutzgesetzverletzung

Als Grundlage für einen Schadensersatzanspruch kommt auch § 823 Abs. 2 BGB in Frage, der einen selbstständigen Tatbestand darstellt und zum Abs. 1 des § 823 BGB in Anspruchskonkurrenz steht.[29] Der Anknüpfungspunkt für die Haftung des Schädigers besteht hierbei, anders als im Abs. 1, jedoch nicht in der Verletzung eines Rechtsgutes, sondern im Verstoß gegen eine individualschützende Norm,[30] so dass von § 823 Abs. 2 BGB jedes von einem

---

[23] MüKoBGB/*Wagner*, § 823 BGB, Rn. 164; Palandt/*Sprau*, § 823, Rn. 7.
[24] MüKoBGB/*Wagner*, § 823 BGB, Rn. 247.
[25] Ermann/*Schiemann*, BGB, § 823, Rn. 146; *Kropholler*, Studienkommentar BGB, § 823, Rn. 29; PWW/*Schaub*, § 823, Rn. 14.
[26] MüKo/*Wagner*, § 823, Rn. 60.
[27] Jauernig/*Teichmann*, BGB, § 823, Rn. 51.
[28] Vgl. *Medicus*/*Lorenz*, SchuldR II, Rn. 1250 ff.; Palandt/*Sprau*, § 823, Rn. 28 ff.; PWW/*Schaub*, § 823, Rn. 14 ff.
[29] Hk-BGB/*Staudinger*, § 823, Rn. 141.
[30] Bamberger/*Roth*/*Spindler*, BGB, § 823, Rn. 146; PWW/*Schaub*, § 823, Rn. 223.

Schutzgesetz umfasste Interesse erfasst wird, während Abs. 1 nur bestimmte Rechtsgüter oder absolute Rechte schützt.[31] Einer der wesentlichen Unterschiede zwischen diesen beiden Anspruchs-grundlagen besteht daher darin, dass, im Gegensatz zu Abs. 1, von § 823 Abs. 2 BGB auch reine Vermögensinteressen geschützt wer-den.[32] Die Rechtswidrigkeit des schadensbegründenden Verhaltens ist durch die Verletzung des einschlägigen Schutzgesetzes bereits indiziert.[33] Auch im Rahmen des Abs. 2 kann diese Indikation jedoch durch den Nachweis des Vorliegens eines Rechtfertigungsgrundes widerlegt und so die Rechtswidrigkeit ausgeschlossen werden.

b) Haftung des Versicherers

Neben der Inanspruchnahme des Schädigers, besteht für den Ge-schädigten häufig auch die Möglichkeit, seinen Schaden direkt ge-genüber einem Versicherer geltend zu machen und damit einen Schuldner zu erhalten, der über eine gesicherte Zahlungsfähigkeit verfügt. Ein solcher Anspruch besteht in fast allen Fällen, in denen auf Schädigerseite ein Kfz beteiligt war. Grund dafür ist die in § 1 PflVG normierte Pflicht des Kraftfahrzeughalters, eine Kfz-Haft-pflichtversicherung für sich, den Eigentümer und den Fahrer abzu-schließen. Ein Verstoß gegen diese Versicherungspflicht, von der gem. § 2 Abs. 1 PflVG nur wenige Ausnahmen bestehen, ist gem. § 6 PflVG strafbar. Dieser Versicherungszwang soll in erster Linie dem Schutze des Dritten dienen, der so im Falle eines Schadens zumindest einen solventen Schuldner zum Ausgleich in Anspruch nehmen kann.[34] Damit der Versicherungsschutz in einem angemes-senen Umfang besteht, sind in der Anlage zu § 4 Abs. 2 PflVG ge-wisse Mindestversicherungssummen und im KfzPflVV ein Mindest-umfang vorgesehen. Um allen Fahrzeughaltern die Erfüllung ihrer Versicherungspflicht zu ermöglichen, herrscht für Kfz-Haftpflichtver-

---

[31] Hk-BGB/*Staudinger*, § 823, Rn. 141; *Kropholler*, BGB, § 823, Rn. 32.
[32] Bamberger/Roth/*Spindler*, BGB, § 823, Rn. 146; Palandt/*Sprau*, § 823, Rn. 56.
[33] BGH NJW 1993, 1580, 1581; Bamberger/Roth/*Spindler*, § 823, Rn. 162; Palandt/*Sprau*, § 823, Rn. 60; PWW/*Schaub*, § 823, Rn. 232.
[34] *Bauer*, Kraftfahrtversicherung, Rn. 770; Römer/*Langheid*, VVG, § 115, Rn. 3.

sicherer gem. § 5 Abs. 2 PflVG ein grundsätzlicher Kontrahierungszwang, für den gem. § 5 Abs. 4 PflVG nur enge Ausnahmen bestehen.

Kommt es zum Versicherungsfall, ist der Versicherer, wie bei allen Haftpflichtversicherungen, gem. § 100 VVG verpflichtet, den Versicherungsnehmer von Ansprüchen freizustellen, die von einem Dritten auf Grund der Verantwortlichkeit des Versicherungsnehmers für eine während der Versicherungszeit eintretende Tatsache geltend gemacht werden und unbegründete Ansprüche abzuwehren.[35] Außerdem umfasst die Haftpflichtversicherung gem. § 101 VVG auch die Deckung der außergerichtlichen und gerichtlichen Kosten zur Abwehr von Ansprüchen.

Durch entsprechende Regelungen in den Allgemeinen Versicherungsbedingungen (AVB) lassen sich Versicher in der Regel eine Regulierungsvollmacht erteilen, die ihnen die Befugnis verleiht, gegen den Versicherungsnehmer geltend gemachte Schadensersatzansprüche in seinem Namen zu erfüllen oder abzuwehren und alle dafür zweckmäßig erscheinenden Erklärungen abzugeben.[36] Diese Regelung gibt den Versicherern die Möglichkeit, direkt mit dem Geschädigten zu verhandeln und soll zu einer sachlichen und möglichst reibungslosen Schadensregulierung beitragen.[37] Für den Versicherer besteht hierbei ein weiter Entscheidungsspielraum.[38] Sofern er den geltend gemachten Anspruch als begründet ansieht, steht es ihm frei, den Schaden ohne Prozess zu regulieren. Hält er ihn hingegen für unbegründet, steht es ihm ebenso zu, ihn abzuwehren und einen Rechtsstreit darüber einzugehen. Allerdings verletzt der Versicherer seine dem Versicherungsnehmer gegenüber bestehenden Pflichten, wenn er offensichtlich unbegründete Ansprüche reguliert oder gewissermaßen „auf gut Glück" an den Geschädigten zahlt.[39] Dies rührt daher, dass der Versicherungsnehmer ein eigenes Interesse daran hat, dass unbegründete Ansprüche ab-

---

[35] Bauer, Kraftfahrtversicherung, Rn. 806; van Bühren/*Therstappen*, Handbuch Versicherungsrecht, § 2, Rn. 195.
[36] Ziff. A. 1.1.4 AKB 2015.
[37] Bauer, Kraftfahrtversicherung, Rn. 771.
[38] Ferner/*Wolfram-Korn*, Straßenverkehrsrecht, § 21, Rn. 61.
[39] BGH VersR 1981, 180.

gewehrt werden. Leistet der Kfz-Haftpflichtversicherers auf unbegründete Ansprüche, wirkt sich dies, da die Kosten des Versicherers über die Prämien an die Versicherungsnehmer weitergegeben werden, nicht nur zum Nachteil des gesamten Kollektivs aus, es betrifft ihn auch individuell, da sich ein dem Versicherungsnehmer zugerechneter Schaden in der Regel negativ auf seinen Schadenfreiheitsheitrabatt auswirkt und damit höhere Prämienzahlungen mit sich bringt.[40]

Ein besonders praxisrelevantes Charakteristikum der Kfz-Haftpflichtversicherung ist der gem. § 115 Abs. 1 VVG ohne weitere Voraussetzungen bestehende Direktanspruch des Dritten gegen den Versicherer des Schädigers. Dieser Anspruch ist durch die gesetzliche Formulierung („im Rahmen der Leistungspflicht") zwar auf die vereinbarte Versicherungssumme beschränkt[41], besteht aber in vielen Fällen sogar dann, wenn der Versicherer im Innenverhältnis zum Versicherungsnehmer nicht zur Leistung verpflichtet ist (sog. krankes Versicherungsverhältnis[42]). So bleibt der Versicherer gem. § 117 Abs. 1 VVG dem Dritten gegenüber auch dann zur Leistung verpflichtet, wenn er im Verhältnis zum Versicherungsnehmer von seiner Leistungspflicht befreit ist (z.B. wegen eines Zahlungsverzugs bei der Folgeprämie gem. § 38 Abs. 2 VVG). Nach Abs. 2 derselben Vorschrift kann sich ein Versicherer auf einen Umstand, der das Nichtbestehen oder die Beendigung des Versicherungsverhältnisses zur Folge hat (z.B. Kündigung, Rücktritt oder Anfechtung), dem Dritten gegenüber erst einen Monat nach Anzeige des Umstandes gegenüber der zuständigen Zulassungsstelle berufen.[43] Dadurch soll sichergestellt werden, dass die zuständige Stelle über die Beendigung des Versicherungsschutzes informiert wird.[44] Gem. § 117 Abs. 3 VVG ist die Leistungspflicht des Versicherers in den Fällen der Abs. 1 und 2 allerdings auf die vorgeschriebene Mindestver-

---

[40]   Vgl. Ziff. I.3.5 AKB 2015.
[41]   BGH VersR 1973, 1045, 1046; Prölss/Martin/*Knappmann*, Versicherungsvertragsgesetz, § 115, Rn. 11.
[42]   *Bauer*, Kraftfahrversicherung, Rn. 927; *Burmann*/*Heß*/Höke/Stahl, Das neue VVG im Straßenverkehrsrecht, Rn. 477; *Wandt*, Versicherungsrecht, Rn. 1080.
[43]   MüKoVVG/*Schneider*, § 117, Rn. 22; Prölss/Martin/*Knappmann*, Versicherungsvertragsgesetz, § 117, Rn. 15.
[44]   *Wandt*, Versicherungsrecht, Rn. 1082.

sicherungssumme beschränkt. Nach § 123 Abs. 4 VVG besteht im Rahmen der Nachhaftungszeit (§ 117 Abs. 2 VVG) auch für den Fahrer des Kfz der Versicherungsschutz fort, solange er keine Kenntnis von der wirksamen Kündigung des Versicherungsverhältnisses hat. Eine Haftung des Versicherers besteht allerdings nicht, wenn der Versicherungsnehmer die Schädigung vorsätzlich herbeigeführt hat, da es sich hierbei um einen Risikoausschluss handelt.[45]

2. Art und Umfang des Schadensersatzes

a) Schadensbegriff

Steht die Haftung des Schädigers gemäß den gesetzlichen Haftungsnormen dem Grunde nach fest, stellt sich sowohl die Frage nach der Art als auch nach dem Umfang des Schadensersatzes. Den Ausgangspunkt der Betrachtung bildet der natürliche Schadensbegriff, der jede unfreiwillige Beeinträchtigung von Rechtsgütern einer Person als Schaden ansieht.[46] Darunter fallen nicht nur Vermögens- sondern auch Nichtvermögensschäden. Zur Ermittlung des konkreten Schadens befürworten Rspr.[47] und h.L.[48] im Grundsatz die von *Mommsen*[49] begründete Differenzhypothese, die einen Vergleich zwischen der realen und einer hypothetischen Lage vornimmt. Ein Schaden liegt demnach dann vor, wenn der Wert des Vermögens einer Person durch den Eintritt des schädigenden Ereignisses geringer ist, als der Vermögenswert der hypothetisch oh-

---

[45] BGH VersR 1971, 239, 240; VersR 1990, 888, 889; MüKoVVG/*Schneider*, § 117, Rn. 32; van Bühren/*Therstappen*, Handbuch Versicherungsrecht, § 2, Rn. 221; *Wandt*, Versicherungsrecht, Rn. 1081.

[46] Bamberger/Roth/*Schubert*, BGB, § 249, Rn. 10; *Fuchs/Pauker*, Delikts- und Schadensersatzrecht, S. 340 f.; Hk-BGB/*Schulze*, Vor §§ 249 – 253, Rn. 5; Palandt/*Grüneberg*, Vorb v § 249, Rn. 9; *Staake*, Gesetzliche Schuldverhältnisse, § 11, Rn. 5.

[47] BGH NJW 1998, 302, 304, NJW 2000, 734, 736; NJW 2001, 673, 674; NJW-RR 2005, 611,612; jeweils m.w.N.

[48] *Esser/Schmidt*, Schuldrecht Bd. 1 AT/2, S. 194; *Larenz*, Schuldrecht I Allg. Teil, S. 482; MüKoBGB/*Oetker*, § 249, Rn. 18 f.; *Magnus*, Schaden und Ersatz, S 301; *Mertens*, Begriff des Vermögensschadens, S. 17 ff.; Palandt/*Grüneberger*, Vorb v § 249, Rn. 10; *Stoll*, Begriff und Grenzen des Vermögensschadens, S. 5 f.

[49] *Mommsen*, Zur Lehre von dem Interesse, S. 3.

ne dieses Ereignis bestehen würde.[50] Im Falle eines Kfz-Schadens wäre also die Situation nach dem Verkehrsunfall mit den dadurch entstandenen Schäden am Auto mit der hypothetischen Situation ohne den Unfall zu vergleichen, in der das Kfz unbeschädigt geblieben ist. Die alleinige Anwendung dieser Differenzhypothese kann allerdings zu Unbilligkeiten und Wertungswidersprüchen führen. Erlangt der Geschädigte auch Vorteile durch das schädigende Ereignis, beispielsweise eine Entgeltfortzahlung bei Arbeitsunfähigkeit oder eine Versicherungsleistung bei Sachschäden, führt ein reiner Vermögensvergleich nicht zu einem Schaden und der Schädiger müsste nicht haften. Eine Korrektur dieser Unbilligkeiten erfolgt über die Lehre vom normativen Schadensbegriff[51], nach der auch der Normzweck der verletzten Haftungsnormen zu berücksichtigen ist.[52] Dabei ist sie jedoch nicht als Ersatz sondern lediglich als Ergänzung zur Differenzhypothese zu verstehen.[53]

b) Unfallbedingte Schadenspositionen

Ausgehend vom normativen Schadensbegriff können durch einen Verkehrsunfall eine Reihe von Schadenspositionen entstehen, die der Schädiger dem Geschädigten im Regelfall zu ersetzen hat. Dazu gehören unter anderem:

- Reparaturkosten oder Neubeschaffungskosten[54]

- Sachverständigenkosten[55]

- Merkantiler Minderwert des beschädigten Fahrzeugs[56]

---

[50] Bamberger/Roth/*Schubert*, BGB, § 249, Rn. 12; *Wandt*, Gesetzliche Schuldverhältnisse, § 22, Rn. 8.

[51] In der Literatur vor allem vertreten von: *Neuner*, AcP 133, 292 ff.

[52] BGH NJW 1965, 1430; NJW 1968, 1823, 1823 f.; NJW 1970, 1411; BGHZ 98, 212, 217.

[53] Palandt/*Grüneberg*, Vorb v § 249, Rn. 13.

[54] Balke/*Reisert*/Quarch, Regulierung von Verkehrsunfällen, § 8, 82., Rn. 1 ff.; Himmelreich/Halm/ *Luckey*, Handbuch d. Fachanwalts Verkehrsrecht, Kap. 1, Rn. 216.

[55] BGH VersR 1985, 441, 441 f.; NJW-RR 1989, 953, 956; VersR 2005, 380; NJW 2007, 1450; NK-GVR/*Kuhnert*, § 249 BGB, Rn. 69 ff.; Sattler S. 7 m.w.N. aus der Rspr.

[56] BGHZ 35, 396; Himmelreich/*Halm*/Staab/*Fitz*, Handbuch der Kfz-Schadensregulierung, Kap. 10. Rn. 104 ff.; *Roth*, Verkehrsrecht, § 3, Rn. 139 ff.

- Abschleppkosten[57]

- An- und Abmeldekosten eines Ersatzfahrzeugs[58]

- Nutzungsausfallentschädigung[59] oder Mietwagenkosten[60] für den Zeitraum in dem das eigene Fahrzeug nicht zur Verfügung steht

- Rückstufungsschäden in der Kaskoversicherung[61]

- Heilbehandlungskosten[62]

- Schmerzensgeld[63]

- Verdienstausfall des Geschädigten[64]

- Vermehrte Bedürfnisse des Geschädigten[65]

- Anwaltsgebühren[66]

- Gebühren für einen Kostenvoranschlag[67]

- Beerdigungskosten[68]

- Unterhaltsschäden[69]

---

[57] NK-GVR/*Kuhnert*, § 249 BGB, Rn. 101; van Bühren/*Lemcke*/Jahnke; Anwalts-Handbuch Verkehrsrecht, Teil 3, Rn. 284 ff.

[58] *Roth*, Verkehrsrecht, § 3, Rn. 142.

[59] BGHZ 66, 239, 249; BGHZ 98, 212, 216 f.; BGH NZV 2009, 334, 335.

[60] BGHZ 132, 373; Balke/*Reisert*/Quarch, Regulierung von Verkehrsunfällen, § 8, 69. Rn. 1 ff. und 89., Rn. 27.

[61] Himmelreich/Halm/*Luckey,* Handbuch d. Fachanwalts Verkehrsrecht, Kap. 1, Rn. 217; van Bühren/*Lemcke*/Jahnke, Anwalts-Handbuch Verkehrsrecht, Teil 3, Rn. 343 ff.

[62] BGH VersR 1969, 1040, 1041; VersR 1970, 129, 130.

[63] BGHZ 18, 149; *Roth*, Verkehrsrecht, § 2, Rn. 303.

[64] Balke/*Reisert*/Quarch, Regulierung von Verkehrsunfällen, § 8, 89., Rn. 37.

[65] *Roth*, Verkehrsrecht, § 3, Rn. 174.

[66] Himmelreich/Halm/Staab/*Engelbrecht,* Handbuch der Kfz-Schadensregulierung, Kap. 14, Rn. 1 ff.; Palandt/*Grüneberg*, § 249, Rn. 57.

[67] NK-GVR/*Kuhnert,* § 249 BGB, Rn. 98, m.w.N.

[68] Himmelreich/Halm/Staab/*Kreuter-Lange*, Handbuch der Kfz-Schadensregulierung, Kap. 17, Rn. 132 ff.

[69] Himmelreich/Halm/Staab/*Kreuter-Lange*, Handbuch der Kfz-Schadensregulierung, Kap. 17, Rn. 139 ff.

c) Art des Schadensersatzes: Herstellung in Natur oder Geldersatz

Hinsichtlich Art und Umfang des Schadensersatzes ist § 249 BGB als Ausgangspunkt der Rechtsfindung heranzuziehen. Nach Abs. 1 hat der zum Schadensersatz Verpflichtete den Zustand herzustellen, der bestehen würde, wenn der zum Ersatz verpflichtende Umstand nicht eingetreten wäre. Die Vorschrift knüpft damit weder an das Wert- noch an das Summeninteresse des Geschädigten, sondern vielmehr an dessen Integritätsinteresse an und geht deshalb in erster Linie von einer Wiederherstellung durch Naturalrestitution aus.[70] Da es dem Geschädigten allerdings nicht zugemutet werden soll, dem Schädiger sein Rechtsgut zur Wiederherstellung anzuvertrauen,[71] kann bei Personen- oder Sachschäden gem. § 249 Abs. 2 BGB statt dessen auch der dazu erforderliche Geldbetrag verlangt werden, ohne dass hierfür weitere Voraussetzungen vorliegen müssen. Dieser Geldanspruch stellt eine besondere Form der Naturalrestitution dar.[72] Obschon die Bezeichnungen differieren – teilweise wird hier von einem Wahlrecht des Geschädigten gesprochen[73], andere bezeichnen dies als Ersetzungsbefugnis[74] – macht die Begrifflichkeit für den Gläubiger des Schadensersatzanspruchs keinen Unterschied. Er ist gleichermaßen berechtigt, entweder eine Wiederherstellung in Natur oder den dafür erforderlichen Geldbetrag vom Schuldner zu verlangen.

---

[70] Hk-BGB/*Schulze*, § 249, Rn.1; Jauernig/*Teichmann*, BGB, § 249, Rn. 1; *Staake*, Gesetzliche Schuldverhältnisse, § 11, Rn. 53.

[71] Erman/*Ebert*, BGB, § 249, Rn. 3; *Medicus*, JZ 1985, 42; MüKoBGB/*Oetker*, § 249, Rn. 357.

[72] BGH NJW 1972, 1800, 1801; BGHZ 5, 105, 109; BGHZ 92, 85, 87; PWW/*Luckey*, § 249, Rn. 3.

[73] Jauernig/*Teichmann*, BGB, § 249, Rn. 1; *Sattler*, Erstattungsfähigkeit von Privatgutachterkosten, S. 7.

[74] Bamberger/Roth/*Schubert*, BGB, § 249, Rn. 193; MüKoBGB/*Oetker*, § 249, Rn. 357; Palandt/*Grüneberg*, § 249, Rn. 5.

d) Umfang des Schadensersatzanspruchs

Fällt die Wahl des Geschädigten auf die Auszahlung eines Geldbetrages, so kann er gem. § 249 Abs. 2 S. 1 BGB nur den Betrag verlangen, der zur Herstellung eines wirtschaftlich gleichwertigen Zustandes erforderlich ist.[75] Der Geschädigte soll zwar einen vollständigen Schadensausgleich erhalten (Grundsatz der Totalreparation[76]), aber keine Bereicherung erfahren (Bereicherungsverbot[77]). Die Vorschrift knüpft damit nicht an den Verkehrswert der Sache, sondern an die Wiederherstellungskosten an.[78] Ob der Geschädigte diesen Betrag tatsächlich zur Wiederherstellung verwendet oder bloß eine fiktive Berechnung durchführt und die beschädigte Sache nicht repariert, liegt dabei grundsätzlich im Rahmen seiner Dispositionsfreiheit.[79]

aa) Erforderlichkeitskriterium und Wirtschaftlichkeitspostulat

Ersatzfähig ist also nur der zur Wiederherstellung erforderliche Geldbetrag, der im konkreten Fall mittels objektiver Kriterien zu bestimmen ist.[80] Nach einer verbreiteten Formulierung der Rspr. sind solche Aufwendungen ersatzfähig, die vom Standpunkt eines verständigen, wirtschaftlich denkenden Menschen in der Lage des Geschädigten zur Behebung des Schadens zweckmäßig und angemessen erscheinen.[81] Aus § 249 Abs. 2 S. 1 BGB lässt sich also ableiten, dass der Geschädigte von mehreren Alternativen der Schadensbeseitigung bzw. der Wiederherstellung grundsätzlich diejenige

---

[75] BGHZ 30, 29, 31; BGHZ 40, 345, 347; NJW 1992, 302, 303.
[76] *Fuchs/Pauker*, Delikts- und Schadensersatzrecht, S. 345 f.; Jauernig/*Teichmann*, BGB,
      Vor §§ 249 – 253, Rn. 2; *Peifer*, Gesetzliche Schuldverhältnisse, § 3, Rn. 96.
[77] BGHZ 162, 161, 165, m.w.N.; BGHZ 154, 395, 398; *Fuchs/Pauker*, Delikts- und Schadensersatz-
      recht, S. 364; *Peifer*, Gesetzliche Schuldverhältnisse, § 3, Rn. 96; *Wandt*, Gesetzliche Schuld-
      verhältnisse, § 23, Rn. 2; Wussow/*Kürschner*, UHR, Kap. 30, Rn. 2.
[78] *Staake*, Gesetzliche Schuldverhältnisse, § 11, Rn. 57; *Wandt*, Gesetzliche Schuldverhältnisse,
      § 23, Rn. 5.
[79] BGH NJW 1997, 520; BGHZ 154, 395,398; NJW 2003, 2085; VersR 2009, 1130, 1131;
      NJW 2010, 1357, 1359; *Peifer*, Gesetzliche Schuldverhältnisse, § 3, Rn. 97; *Wandt*,
      Gesetzliche Schuldverhältnisse, § 23, Rn. 12.
[80] BGHZ 61, 346, 347 = NJW 1974, 34.
[81] BGH NJW 1992, 302, 303; NJW 1994, 999, 1000; NJW 2009, 58.

zu wählen hat, die voraussichtlich die geringsten Kosten verursacht (Wirtschaftlichkeitspostulat oder Wirtschaftlichkeits-gebot).[82] So ist beispielsweise ein Werkstattrabatt des Geschädigten bei der Feststellung der Erforderlichkeit zu berücksichtigen.[83] Andererseits beinhaltet diese Formel aber auch den Gedanken, dass der Geschädigte nicht dazu verpflichtet ist, zugunsten des Schädigers zu sparen.[84] Er darf z.B. grundsätzlich die üblichen Stundenverrechnungssätze einer markengebundenen Fachwerkstatt ansetzen und muss sich nicht auf eine möglicherweise günstigere freie Werkstatt verweisen lassen.[85]

bb) Mitverschulden und Betriebsgefahr

War der Geschädigte an der Entstehung oder der Entwicklung des Schadensereignisses beteiligt, wirkt sich dies auf den Umfang des Schadensersatzanspruches aus. Es kommen die §§ 254 BGB und 17 Abs. 2 StVG zur Anwendung, die dazu führen können, dass er nicht alle getätigten Aufwendungen vom Schädiger ersetzt verlangen kann bzw. der Schadensersatzanspruch nicht die volle Höhe des zur Wiederherstellung erforderlichen Betrags umfasst.

§ 254 Abs. 1 BGB regelt den Fall, dass bei der Entstehung des Schadens ein Verschulden des Geschädigten mitgewirkt hat. In solchen Fällen hat er einen seinem Verschuldens- und Verursachungsbeitrag entsprechenden Teil des Schadens selbst zu tragen. Es kommt also zur Quotelung des Schadens zwischen den beteiligten Parteien.

Allerding besteht weder eine Rechtspflicht dazu, sich durch eigenes Verhalten nicht selbst zu schädigen noch dazu, dem Schädiger gegenüber den Schaden abzuwenden bzw. möglichst gering zu hal-

---

[82] BGHZ 66, 239, 248 f.; BGHZ 115, 364, 373; BGHZ 154, 395, 398; BGHZ 155, 1, 3; BGHZ 162, 161, 164; Bamberger/Roth/*Schubert*, BGB, § 249, Rn. 181; MüKoBGB/*Oetker*, § 249, Rn. 385.
[83] BGH NJW 2012, 50.
[84] BGHZ 63, 295, 300; BGH NJW 1992, 302, 303; *Wandt*, Gesetzliche Schuldverhältnisse, § 23, Rn. 10.
[85] BGHZ 155, 1; BGHZ 183, 21, 24 Rn. 7 ff.; BGH VersR 2014, 214, Rn. 9.

ten. Technisch gesehen handelt es sich bei dem Gebot, die eigenen Interessen zu wahren, deshalb um eine Obliegenheit, zu deren Beachtung der Geschädigte zwar nicht verpflichtet ist, deren Missachtung ihm aber Rechtsnachteile in Form von geminderten Schadensersatzansprüchen einbringt.[86] Ihr liegt die Überlegung zugrunde, dass jemand, der diejenige Sorgfalt außer Acht lässt, die jedem ordentlichen und verständigen Menschen obliegt, um sich vor Schaden zu bewahren, auch den Verlust oder die Kürzung etwaiger Ansprüche in Kauf nehmen muss (sog. Verschulden gegen sich selbst).[87]

Denselben Zweck verfolgt auch die § 254 Abs. 1 BGB verdrängende Sonderregelung des § 17 Abs. 2 StVG, der für Schadensfälle gilt, die durch mehrere Kfz verursacht wurden. Dabei stellt diese Vorschrift sprachlich jedoch nicht auf das Verschulden, sondern auf den Verursachungsbeitrag der Fahrzeughalter ab und eröffnet somit schon durch ihren Wortlaut die Möglichkeit, auch die von allen Kfz ausgehende Betriebsgefahr zu berücksichtigen.[88] In der Regel führt allein diese Betriebsgefahr zu einer ca. 20 prozentigen Anrechnung des Verursachungsbeitrags.[89] Ausgeschlossen ist die Quotelung und damit auch die Berücksichtigung der Betriebsgefahr allerdings gem. § 17 Abs. 3 StVG im Falle eines unabwendbaren Ereignisses.

Aus dem Bereich des Mitverschuldens stammt zudem die sich aus § 254 Abs. 2 S. 1 Alt. 2 BGB ergebende Schadensminderungspflicht. Auch sie stellt keine einklagbare Rechtspflicht, sondern eine Obliegenheit dar, deren Missachtung zur Anspruchskürzung führen

---

[86] BGHZ 3, 46, 49 f.; BGHZ 9, 316, 318 f.; BGH NJW 1997, 2234, 2235; Bamberger/Roth/*Unberath,* BGB, § 254, Rn. 9; *Kötz/Wagner,* Deliktsrecht, Rn. 744; MüKoBGB/*Oetker,* § 254, Rn. 3; Palandt/*Grüneberg,* § 254, Rn. 1.

[87] BGH NJW 1972, 36, 38; NJW 1979, 1363, 1364; NJW 1998, 1137, 1138; NJW 2001, 149, 150; NJW 2004, 3328; NJW 2006, 1426, 1427.

[88] BGHZ 6, 319, 322; BGHZ 20, 259, 260 f.; MüKoBGB/*Oetker,* § 254, Rn. 12 ff. In anderen Fällen der Gefährdungshaftung wird diese Sach- oder Betriebsgefahr dem Geschädigten jedoch über den Wortlaut des § 254 BGB hinaus ebenso entgegengehalten vgl. BGH NJW 1952, 1015, 1016; NJW 1972, 1415; BGH NJW-RR 2000, 212, 213; *Larenz,* SchuldR I, § 31 I, S. 541 f.; *Looschelders,* Die Mitverantwortlichkeit des Geschädigten im Privatrecht, S. 135 ff; *Roth,* Verkehrsrecht, § 2, Rn. 103.

[89] Burmann/*Heß*/Jahnke/Janker, Straßenverkehrsrecht, § 17 StVG, Rn. 20; Ferner/*Bachmeier,* Straßenverkehrsrecht, § 15, Rn. 86; *Kötz/Wagner,* Deliktsrecht, Rn. 560.

kann.[90] Da jedoch der Begriff der „Schadensminderungspflicht" insbesondere in der Rechtsprechung weit verbreitet ist, wird im weiteren Verlauf dieser Arbeit davon abgesehen, in terminologischer
Konsequenz von einer „Schadensminderungsobliegenheit" zu sprechen, um Irritationen des vorgeprägten Lesers zu vermeiden.

Sie ist verletzt, wenn es der Geschädigte unterlässt, ihm zumutbare
Maßnahmen zu ergreifen, um den Schaden abzuwenden oder so
gering wie möglich zu halten.[91] Ist beispielsweise einer Werkstatt
die Reparatur des beschädigten Wagens nur mit einiger Verzöge-
rung möglich, obliegt es dem Geschädigten, zur Verhinderung un-
nötig hoher Nutzungsausfallschäden, eine andere Werkstatt zu beauftragen, die den Schaden schneller reparieren kann.[92] Diese
Schadensminderungspflicht steht in einem gewissen Ergänzungs-
verhältnis zum oben bereits angesprochenen Wirtschaftlichkeitspostulat. Während es im Rahmen des Mitverschuldens darum geht, den
Schaden abzuwenden bzw. zu begrenzen, basiert das Wirtschaftlichkeitsgebot darauf, dass der Schadensersatz nur die zur Wiederherstellung notwendigen Leistungen umfassen soll. Beide lassen
aber ein Prinzip erkennen, wonach der Schädiger sich so verhalten
soll, wie es ein verständiger und wirtschaftlich denkender Mensch
tun würde, um sich selbst vor Schaden zu bewahren.[93] Die Abgrenzung gestaltet sich jedoch mitunter schwierig. Dies wird schon allein
durch die Tatsache deutlich, dass bestimmte Probleme des Schadensrechts von einigen Autoren im Kontext der Erforderlichkeit, von
anderen aber im Bereich der Schadensminderungspflicht behandelt
werden. So verhält es sich z.B. mit dem Recht des Geschädigten,
eine markengebundene Werkstatt zu beauftragen.[94] Teilweise werden gewisse Aspekte, beispielsweise die Problematik der Unfaller-

---

[90] MüKoBGB/*Oetker,* § 254, Rn. 68; NK-GVR/*Zeycan,* § 254 BGB, Rn. 72; Palandt/*Grüneberg,*
      § 254, Rn. 36.
[91] BGH NJW 1951, 798; BGH VersR 1965, 1173, 1174; Hk-BGB/*Schulze,* § 254, Rn. 8; *Kropholler,*
      Studienkommentar BGB, § 254, Rn. 2.
[92] LG Karlsruhe, VersR 1982, 562.
[93] BGH r + s 1986, 257, 258; BGH NJW 1989, 290; BGH DAR 1996, 314; 315; Geigel/*Knerr,* Haft-
      pflichtprozess, 2. Kap., Rn. 42; MüKoBGB/*Oetker,* § 254, Rn. 76; Palandt/*Grüneberg,* § 254,
      Rn. 36.
[94] *Schulze* behandelt dies im Rahmen der Schadensminderungspflicht (in: Hk-BGB, § 254, Rn. 8),
      Grüneberg spricht es demgegenüber im Zusammenhang der Erforderlichkeit an (in: Palandt,
      § 249, Rn. 24).

satztarife im Rahmen der Mietwagenkosten, auch an beiden Stellen aufgegriffen.[95] Bedeutsam wird die Abgrenzung zwischen Erforderlichkeit i.Sd. § 249 Abs. 2 S. 1 BGB und Schadensminderungspflicht gem. § 254 Abs. 2 S. 1 Alt 2 BGB im Rahmen der prozessualen Darlegungs- und Beweislast. Während der Geschädigte den Beweis zu erbringen hat, dass sein Aufwand erforderlich war, liegt es am Schädiger darzulegen, dass der Geschädigte gegen seine Schadensminderungspflicht verstoßen hat.[96]

cc) Insbesondere Reparatur eines Kfz und Erforderlichkeit eines Schadensgutachtens

(1) Ersatz der Reparaturkosten

Bei Beschädigung seines Kfz kann der Geschädigte auf zwei verschiedene Arten Naturalrestitution erreichen. Durch Ersatz der Reparaturkosten (Integritätsinteresse) oder durch Anschaffung eines gleichwertigen Kfz (Wertinteresse).[97] Auch die letzte Möglichkeit ist nach Ansicht der Rspr. eine Art der Naturalrestitution.[98] Ist einer der beiden Wege deutlich günstiger als der andere, führt die Beachtung des Wirtschaftlichkeitsgebots dazu, dass die günstigere Alternative für die Restitution zu wählen ist. Eine Ersatzbeschaffung kommt daher regelmäßig nur bei starken Beschädigungen in Betracht, bei denen eine Reparatur höhere Kosten verursachen würde als die Anschaffung eines gleichwertigen Fahrzeugs.

Im Laufe der Zeit hat die Rspr. allerdings Fallgruppen entwickelt, in denen das Wirtschaftlichkeitspostulat zugunsten der Geschädigteninteressen eingeschränkt wird. Hierzu wird auf den Wiederbeschaffungswert (Kosten einer Ersatzbeschaffung ohne Abzug des Rest-

---

[95] So *Grüneberg* in: Palandt, § 249, Rn. 32 und § 254, Rn. 44; ebenso *Luckey* in: PWW, § 249, Rn. 37 und § 254, Rn. 20.

[96] *Fricke*, VersR 2011, 966.

[97] *Kropholler*, Studienkommentar BGB, § 249, Rn. 4; PWW/*Luckey*, § 249, Rn. 9.

[98] BGHZ 115, 364, 368; BGHZ 154, 395, 397; BGHZ 162, 161, 164; BGHZ 181, 242, 246; Anders: MüKo/Oetker, § 251 Rn. 10 f., 41 ff.; *Medicus/Petersen*, Bürgerliches Recht, Rn. 818.

werts) und den Wiederbeschaffungsaufwand (Wiederbeschaffungs-wert abzüglich des Restwerts des beschädigten Fahrzeugs) abge-stellt.[99]

Bis zur Höhe des Wiederbeschaffungsaufwands steht es dem Ge-schädigten frei, den Schaden fiktiv abzurechnen, ohne dass es da-rauf ankommt, ob eine Reparatur tatsächlich durchgeführt wird.[100] Zeigt der Geschädigte durch eine tatsächliche vorgenommene Re-paratur und eine Weiterbenutzung des Kfz von mindestens sechs Monaten ein Interesse an der Integrität seines Fahrzeugs, gewährt ihm die Rspr. sogar einen Integritätszuschlag von 30 % der dazu führt, dass in diesen Fällen Reparaturkosten bis zu 130 % des Wie-derbeschaffungswertes erstattungsfähig sind.[101]

Handelt es sich bei dem beschädigten Fahrzeug um einen Wagen, den der Geschädigte fabrikneu gekauft hat und mit dem noch nicht mehr als 1000 km zurückgelegt wurden,[102] berücksichtigt die Rspr. das besondere Interesse des Geschädigten am Eigentum und an der Nutzung eines Neufahrzeugs dergestalt, dass dieser – dem Wirtschaftlichkeitsgebot eigentlich widersprechend – die Kosten zur Beschaffung eines Neuwagens geltend machen kann.[103] Auch die-ses Neuwagen-Interesse muss der Geschädigte durch den Kauf ei-nes Neufahrzeugs nachweisen.[104]

Es wird deutlich, dass dem Geschädigten verschiedene Möglichkei-ten der Restitution zur Verfügung stehen und sich seine Wahl grundsätzlich an der Erforderlichkeit und an dem Wirtschaftlich-keitsgebot zu orientieren hat. Allerdings bestehen hiervon auch ei-nige Ausnahmen. Es ist daher von großer Bedeutung, verschiedene Schadenspositionen wie die Reparaturkosten, den merkantilen Min-derwert, den Restwert und auch den Wiederbeschaffungswert bzw. -aufwand korrekt beziffern zu können. Dies erfordert jedoch speziel-

---

[99] BGH NJW 1992, 302, 304; *Fuchs/Pauker*, Delikts- und Schadensersatzrecht, S. 388; Palandt/*Grüneberg*, § 249, Rn. 15 f.; *Wandt*, Gesetzliche Schuldverhältnisse, § 23, Rn. 20.
[100] BGHZ 155, 1, 3 f. = NJW 2003, 2086 f. m.w.N.
[101] BGH NJW 2008, 437, 438; BGHZ NJW 2008, 439; BGHZ 162, 161, 166; BGHZ 162, 170; BGHZ 115, 364; BGHZ 115, 375.
[102] BGH VersR 1983, 658; r + s 2010, 38, 39.
[103] BGHZ 181, 242, 248; NJW 1982, 433.
[104] BGHZ 181, 242, 251 f. = SVR 2009, 421, 421 f.

le Fachkenntnisse, die von einem durchschnittlichen Geschädigten nicht erwartet werden können und daher die Beauftragung eines Sachverständigen notwendig machen.

(2) Erforderlichkeit eines Schadensgutachtens

Wird durch einen Verkehrsunfall am Fahrzeug des Unfallgeschädigten ein Sachschaden verursacht, gibt dieser zur Feststellung des Schadens häufig ein Schadensgutachten bei einem Kfz-Sachverständigen in Auftrag. Dabei entsteht der Kontakt in vielen Fällen über die Werkstatt, an die sich der Geschädigte zum Zwecke der Reparatur wendet und die damit zumeist den ersten Zugriff auf den Geschädigten hat.[105] Die Aufgabe des Sachverständigen besteht dann darin, den entstandenen Schaden zu beziffern und dabei insbesondere Reparaturkosten, Materialkosten und Restwert des Unfallautos zu ermitteln. Das Gutachten kann also darüber Auskunft geben, ob eine Reparatur oder eine Neuanschaffung wirtschaftlicher ist oder bei einem offenkundigen Totalschaden zur Feststellung des Zeitwerts dienen. Ebenso kann es herangezogen werden, wenn der Geschädigte den Schaden nicht reparieren, sondern nur fiktiv abrechnen will.[106] Für ihre Arbeit nutzen viele Sachverständig Hilfsmittel in Form von Kalkulationsprogrammen, die für gängige Fahrzeugtypen automatisch ein Gutachten mit oben genannten Kosten bzw. Werten erstellen können. Stark verbreitet sind beispielsweise die Programme der Firmen DAT und Audatex.

Da die Begutachtung regelmäßig eine wichtige Voraussetzungen zur Geltendmachung des Schadensersatzanspruches ist, zählen die dadurch entstehenden Kosten, soweit sie hierfür erforderlich und zweckmäßig sind, zu den mit dem Schaden unmittelbar verbundenen und auszugleichenden Vermögensnachteilen.[107] Ebenso kön-

---

[105] *Engelke*, NZV 2012, 365, 366; Himmelreich/Halm/Staab/*Bergmann,* Handbuch der Kfz-Schadensregulierung, Kap. 13, Rn. 67; *Nehm*, DAR 2013, 557, 558.
[106] MüKoBGB/*Oetker,* § 249, Rn. 396.
[107] BGH NJW 1974, 34, 35; BGH NJW-RR 1989, 953, 956; VersR 2005, 380 = NJW 2005, 356 = DS 2005, 108; VersR 2007, 560 = NJW 2007, 1450 = DS 2007, 144.

nen die Sachverständigenkosten aber auch zum erforderlichen Herstellungsaufwand gehören, wenn eine vorherige Begutachtung zur tatsächlichen Durchführung der Wiederherstellung erforderlich und zweckmäßig ist.[108] In der Wahl des Sachverständigen ist der Geschädigte hierbei grundsätzlich frei und nicht an die Weisungen des Geschädigten oder dessen Versicherer gebunden.[109]

Zu beachten ist allerdings die sog. Bagatellgrenze. Teilweise wird sie bei Beträgen zwischen 600 und 750 Euro verortet.[110] Andere setzen sie für den Regelfall bei 1000 Euro[111] oder sogar bei 1.200 – 1.400 Euro[112] an. Erreicht der Schaden diese Grenze nicht, sind für gewöhnlich nur die Kosten eines Kostenvoranschlag zu ersetzen.[113] Ebenso wenig wie eine starre Bagatellgrenze festgelegt werden kann, sind aber Sachverständigenkosten auch nicht automatisch zu ersetzen, sobald die Reparaturkosten diese vom jeweiligen Gericht befürwortete Grenze überschreiten.[114] Liegt beispielsweise offensichtlich ein Bagatellschaden ohne das Risiko unentdeckter Schäden vor, darf ein Sachverständigengutachten auch bei Überschreiten der Bagatellgrenze dem Geschädigten nicht notwendig erscheinen.[115] Die Frage der Erforderlichkeit eines Sachverständigengutachtens bleibt also eine am äußeren Schadensbild und den Erkenntnismöglichkeiten des Geschädigten zu orientierende Einzelfallentscheidung des Tatrichters.[116]

Eine Vielzahl der freien bzw. unabhängigen Sachverständigen ist in Verbänden organisiert. Zu den größten und bekanntesten dieser Verbände zählen der Bundesverband der freiberuflichen und unabhängigen Sachverständigen für das Kraftfahrzeugwesen e.V. (BVSK), der Verband der unabhängigen Kfz-Sachverständigen e.V.

[108] BGH NJW 1974, 34, 35; VersR 2005, 380 = NJW 2005, 356 = DS 2005, 108; DS 2007, 144; *Vuia*, DS 2013, 182, 183.
[109] BGH NJW 2007, 1450, 1451; MüKoBGB/*Oetker*, § 249, Rn. 399.
[110] Vgl. Himmelreich/Halm/Staab/*Bergmann*, Handbuch der Kfz-Schadensregulierung, Kap. 13, Rn. 67. Vgl. auch BGH NJW 2000, 2108.
[111] MüKoBGB/*Oetker*, § 249, Rn. 398.
[112] Burmann/Heß/*Jahnke*/Janker, Straßenverkehrsrecht, § 249 BGB, Rn. 162.
[113] BGH NJW 2005, 356, 357; LG Koblenz VersR 1979, 480; MüKoBGB/*Oetker*, § 249, Rn. 398.
[114] LG Nürnberg-Fürth, NZV 2009, 244, 245; AG Nürnberg, zfs 2009, 149.
[115] LG Nürnberg-Fürth, NZV 2009, 244, 245.
[116] Vgl. *Birkeneder*, VRR 2012, 164.

(VKS) und der Verband freier Kraftfahrzeug-Sachverständiger e.V. (VFK). Diese Verbände führen unter anderem auch Honorarbefragungen durch, auf die noch zurückzukommen ist.

II. Rechtsbeziehungen und Interessenlagen der Beteiligten

In den durch einen Unfall ausgelösten Prozess der Schadensregulierung sind verschiedene Rechtssubjekte involviert, deren Ziele und Interessen sich stark voneinander unterscheiden und zum Teil sogar antagonistisch gegenüberstehen. Kommt es zu Problemen bei der Regulierung, ist es Aufgabe der Gerichte, eine Lösung zu finden, die nach Möglichkeit den schutzwürdigen Interessen aller Beteiligten gerecht wird. Das macht es erforderlich, die verschiedenen Interessenlagen der Beteiligten zu erkunden.

1. Geschädigter

Das Interesse des Unfallgeschädigten besteht in erster Linie darin, einen vollständigen Ausgleich seiner wirtschaftlichen Nachteile zu erhalten.[117] Bei Sachschäden gehört hierzu vor allem die Erstattung der Reparaturkosten bzw. der Kosten einer gleichwertigen Ersatzbeschaffung. Aber auch sämtliche anderweitigen Nachteile sollen ausgeglichen werden. So z.B. die aus der Beschädigung des eigenen Fahrzeugs resultierende Mobilitätseinschränkung, die durch die Nutzung eines Mietwagens beseitigt werden kann.

Der Geschädigte nimmt hierbei als „Herr des Restitutionsverfahrens"[118] eine zentrale Rolle ein. Er ist es, der über die durchzuführenden Maßnahmen entscheidet, die jeweiligen Leistungserbringer (Werkstatt, Mietwagenunternehmen, Sachverständiger, etc.) beauf-

---

[117] *Van Bühren*, MDR 1997, 318, 320.
[118] BGH NJW 2000, 800, 802; NJW 2005, 3134, 3135; NJW 2010, 606, 607.

tragt und ggf. auch die zugehörigen Vertragsverhandlungen führt.[119] Ein weiteres Anliegen der meisten Geschädigten dürfte, neben der Vollständigkeit des Schadensausgleichs, auch eine schnelle[120] und zugleich möglichst bequeme Regulierung sein, die ihm selbst wenig Zeit und Mühe abverlangt.[121]

Hinsichtlich der Kosten geht der Geschädigte im Allgemeinen davon aus, dass sämtliche durch die Schadensbeseitigung ausgelösten Ausgaben vom Unfallgegner bzw. dessen Kfz-Haftpflichtversicherer ausgeglichen werden.[122] Für ihn bestehen daher keine Anreize, nach günstigen Angeboten zu suchen oder niedrige Preise auszuhandeln.[123] Auf den ersten Blick kämen nämlich sämtliche Anstrengungen lediglich dem Schädiger oder dessen Versicherer zugute, ohne dem Geschädigten einen eigenen Vorteil einzubringen.[124]

Auch wenn die Versicherungsunternehmen sicherlich dazu bereit wären, dem Geschädigten die Regulierung abzunehmen, um diese möglichst kostengünstig durchzuführen, scheuen sich die Geschädigten in der Regel davor, diese Aufgaben auf den Versicherer des Unfallgegners zu übertragen oder auch nur einzelne Empfehlungen bzgl. Werkstätten, Mietwagenunternehmen oder Gutachtern anzunehmen. Der Grund dafür liegt in der Befürchtung, dass der Versicherer einen billigen aber minderwertigen Dienstleister vermittelt oder der vom Versicherer beauftragte Leistungserbringer, in der Hoffnung auf weitere Aufträge, auch in dessen Interesse und damit zulasten der Interessen des Geschädigten handeln und urteilt. Dies gilt in besonderem Maße für den Sachverständigen, der in kriti-

---

[119] *Göbel*, NZV 2006, 512.
[120] Vgl. *Alexander*, VersR 2006, 1168; *Kuhn*, NZV 1999, 229; *Roth*, Verkehrsrecht, § 1, Rn. 11. Bezogen auf die gerichtliche Durchsetzung: *Bachmeier*, Beck'sches Mandatshandbuch Verkehrszivilsachen, Rn. 691.
[121] *Mikulla-Liegert*, DAR 1999, 289.
[122] *Griebenow*, NZV 2003, 353, 355; *Göbel*, NZV 2006, 512; *Van Bühren*, MDR 1997, 318.
[123] *Alexander*, VersR 2006, 1168, 1169; *Griebenow*, NZV 2005, 113, 114; *Herrler*, VersR 2007, 582, 583; *Kääb/Jandel,* NZV 1998, 268; *Oswald/Tietz*, NJW 2006, 1483; *Schiemann*, JZ 1996, 1077, 1078; vgl. auch LG Bonn, NZV 1998, 417.
[124] *Fricke*, VersR 2011, 966; *Wagner*, NJW 2006, 2289.

schen oder zweifelhaften Situationen unter Umständen eher im Interesse des Versicherers entscheiden könnte.[125]

Vielmehr ist der Geschädigte hingegen gewillt, den Service von selbst ausgewählten Werkstätten anzunehmen, die neben der Reparatur des Fahrzeugs häufig auch die Abwicklung mit der gegnerischen Versicherung und die Beauftragung eines Kfz-Sachverständigen zur Erstellung eines Schadensgutachtens anbieten. [126] Die Werkstatt steht vermeintlich im Lager des Geschädigten, der deshalb die oben beschriebenen Kollisionen mit seinen eigenen Interessen nicht vermutet.

Da es der Geschädigte ist, der die Verträge mit den Leistungserbringern abschließt, stehen auch nur ihm die Ansprüche aus diesen Rechtsverhältnissen zu.[127] Will der Versicherer vertragliche Ansprüche (z.B. Schadensersatzansprüche gegen einen Sachverständigen aufgrund eines mangelhaften Gutachtens) geltend machen, muss er sich diese zunächst vom Geschädigten abtreten lassen.[128] Ebenso verhält es sich auf der anderen Seite mit den Vergütungsansprüchen der Leistungserbringer. Diese bestehen zunächst nur gegenüber dem Geschädigten, der seinerseits vom gegnerischen Versicherer Ersatz für diese Ausgaben verlangen kann. Will ein Leistungserbringer seine Forderung direkt beim Versicherer geltend machen, ist auch hierfür eine Abtretung des jeweiligen Anspruchs nötig.[129] Der Direktanspruch des § 115 VVG gegen den gegnerischen Kfz-Haftpflichtversicherer besteht nur für den Geschädigten. Es ist daher gängige Praxis der Leistungserbringer, sich schon bei Abschluss des Vertrages die Schadensersatzansprüche des Geschädigten gegen den gegnerischen Haftpflichtversicherer in Höhe der entstehenden Kosten abtreten zu lassen und dann selbst einzuziehen.[130] Solange allein die Höhe der Forderung streitig ist, nicht

---

[125] Balke/*Reisert*/Quarch, Regulierung von Verkehrsunfällen, § 8, 87., Rn. 4; *Mikulla-Liegert*, DAR 1999, 289, 291; *Sattler*, Erstattungsfähigkeit von Privatgutachterkosten, § 1, S. 3 f.
[126] Vgl. *Engelke*, NZV 2012, 365, 366.
[127] Vgl. *Göbel*, NZV 2006, 512.
[128] Van Bühren/*Lemcke*/Jahnke, Anwalts-Handbuch Verkehrsrecht, Teil 3, Rn. 323.
[129] Vgl. *Göbel*, NZV 2006, 512; van Bühren/*Lemcke*/Jahnke, Anwalts-Handbuch Verkehrsrecht, Teil 3, Rn. 336.
[130] Vgl. *Otting*, SVR 2011, 8; *Römermann*, NJW 2011, 3061.

aber die Haftung des Schädigers an sich, verstößt die Einziehung der Forderung durch die Leistungserbringer auch nicht gegen das Rechtsdienstleistungsgesetz, da solches Verhalten unter die Erlaubnis des § 5 Abs. 1 S. 1 RDG fällt.[131]

2. Schädiger

Das Interesse des Schädigers besteht in erster Linie darin, dem Geschädigten gegenüber nicht selbst für die ihm entstandenen Schäden haften zu müssen, sondern gemäß seines vertraglichen Anspruchs durch seinen Kfz-Haftpflichtversicherer von diesen Ansprüchen freigestellt zu werden. Für die meisten Fälle zutreffend, geht also auch er davon aus, dass sein Versicherer, wie es der Leistungsbeschreibung des § 100 VVG entspricht, die berechtigten Forderungen des Geschädigten befriedigt und die unberechtigten abweist. Etwas anderes gilt nur dann, wenn sich der Versicherer auf einen Umstand berufen kann, der zu seiner Leistungsfreiheit führt, z.B. gem. § 103 VVG wegen einer vorsätzlichen und widerrechtlichen Herbeiführung des Versicherungsfalles durch den Versicherungsnehmer.

Da er nicht davon ausgeht, mit den Kosten der Schadensbeseitigung belastet zu werden, hat auch der Schädiger kein Interesse daran, auf eine möglichst preiswerte Auswahl der Leistungserbringer hinzuwirken. Die wirtschaftlichen Nachteile, die dem Schädiger durch einen Verkehrsunfall entstehen können, beschränken sich in der Regel auf den bei ihm selbst entstandenen Schaden und eine mögliche Rückstufung in eine niedrigere Schadensfreiheitsklasse seitens seines Versicherers.[132]

Mehr noch als dem Geschädigten, der immerhin ein wirtschaftliches Interesse an der Regulierung hat, ist dem Schädiger also daran gelegen, seine Anstrengungen in der Sache so gering wie möglich zu halten. Häufig ist die Angelegenheit für ihn bereits nach Anzeige des

---

[131] Vgl. BGH NJW 2012, 1005; NZV 2013, 31; *Otting*, SVR 2011, 8, 10 f.
[132] Vgl. Ziff I.3.5 AKB 2008.

Schadens und der Erfüllung seiner Aufklärungspflicht[133] gegenüber dem Versicherer erledigt.[134]

3. Leistungserbringer

Zu der Gruppe der Leistungserbringer werden hier die Personen und Unternehmen gezählt, derer sich der Geschädigte in der dem Unfall nachfolgenden Restitutionsphase bedient. Ihr gehören beispielsweise Werkstätten, Mietwagenunternehmen und insbesondere auch Sachverständige an. Wie oben bereits erläutert wurde, werden sie in der Regel vom Geschädigten beauftragt und sind dessen Vertragspartner. In rechtlicher Hinsicht sind sie allerdings nicht Erfüllungsgehilfen des Geschädigten, da er sich nicht zur Erfüllung von gegenüber dem Schädiger bestehenden Obliegenheiten an sie wendet, sondern in erster Linie zwecks Herstellung des beschädigten Fahrzeugs, deren Kosten das Gesetz dem Schädiger auferlegt.[135] Ein eventuelles Verschulden des Leistungserbringers wird deshalb auch nicht dem Geschädigten gem. §§ 278, 254 Abs. 2 S. 2 BGB zugerechnet.[136] Kann dem Geschädigten kein eigenes Verschulden angelastet werden, trägt damit der Schädiger das Risiko eines Fehlschlags oder einer mangelhaften Leistung.[137] Er hat auch dann die Kosten eines Sachverständigengutachtens zu ersetzen, wenn sich nachträglich herausstellt, dass dieses fehlerhaft ist.[138] Ebenso trägt er das Risiko, dass die tatsächlichen Kosten der durchgeführten Maßnahmen die vorherigen Schätzungen überstei-

---

[133] Vgl. Ziff. E.1.3 AKB 2008.
[134] *Mikulla-Liegert*, DAR 1999, 289, 290.
[135] BGH NJW 1975, 160; KG DAR 2003, 318; Balke/*Reisert*/Quarch, Regulierung von Verkehrsunfällen, § 8, 87., Rn. 6.
[136] BGHZ 63, 182, 186; NK-GVR/*Kuhnert*, § 249 BGB, Rn. 81.
[137] Vgl. LG Köln, DAR 2003, 226, 227; KG DAR 2003, 318.
[138] KG DAR 2003, 318; *Buschbell*, MAH Straßenverkehrsrecht, § 24, Rn. 108; NK-GVR/*Kuhnert*, § 249 BGB, Rn. 81; van Bühren/*Lemcke*/Jahnke, Anwalts-Handbuch Verkehrsrecht, Teil 3, Rn. 308.

gen, obwohl der Geschädigte nach seinem Stand der Kenntnis die kostengünstigste Methode der Schadensbehebung gewählt hat.[139]

Leistungserbringer sind im Rahmen ihrer gewerblichen Tätigkeit in die Kfz-Schadensregulierung eingebunden und sind deshalb daran interessiert Gewinne zu erzielen.[140] Sie befinden sich hierbei in einer komfortablen Situation, da sie es mit Kunden zu tun haben, die nicht an Preisvergleichen oder Preisverhandlungen interessiert sind. Für den Kunden spielt der Preis eine derart untergeordnete Rolle, dass die Honorarvereinbarung oder die voraussichtlichen Kosten im Vorfeld oftmals gar nicht zwischen den Vertragsparteien geklärt werden.[141] Es ist also erkennbar, dass die Leistungen und Preise dieser Marktsegmente nicht, wie in anderen Bereichen, dem Vertragsmechanismus des Wettbewerbs unterliegen und die Anbieter so die Möglichkeit haben, hohe Preise durchzusetzen.[142] Bezüglich der Mietwagenkosten wurde dies durch die Diskussion um die sogenannten Unfallersatztarife sehr deutlich. Es trifft aber auch in besonderem Maße auf die von Sachverständigen angefertigten Schadensgutachten zu, wie später noch zu zeigen sein wird.

Dass die Angehörigen dieser Gruppe daran interessiert sind, Gewinne zu erwirtschaften und auch bestrebt sind, diese zu maximieren, ist verständlich und als solches nicht verwerflich. Teilweise wird ihnen jedoch vorgeworfen, mittels gezielten Zusammenwirkens und unter Ausnutzung der Unwissenheit der Geschädigten, möglichst hohe Schäden und Honorare zu generieren[143] oder Gefälligkeitsgutachten mit überhöhten Kostenrechnungen zu erstellen.[144] Wirtschaftlich belastet werden durch ein solches Verhalten allerdings

[139] BGHZ 63, 182, 185 f. = BGH NJW 1975, 160; NZV 1992, 66, 67; *Fricke*, VersR 2011, 966, 971; *Grunsky*, NZV 2000, 4, 5; Hentschel/*König*/Dauer, Straßenverkehrsrecht, § 12 StVG, Rn. 6.
[140] Himmelreich/Halm/Staab/*Richter*, Handbuch der Kfz-Schadensregulierung, Kap. 2, Rn. 47; *Wagner*, NJW 2006, 2289.
[141] *Bullery*, NZV 2005, 36; *Göbel*, NZV 2006, 512, 514, *Griebenow*, NZV 2005, 113, 114.
[142] Vgl. *Griebenow*, NZV 2005, 113, 114; Himmelreich/Halm/Staab/*Richter*, Handbuch der Kfz-Schadensregulierung, Kap. 2, Rn. 42; *Wagner*, NJW 2006, 2289; *Wolff*, zfs 2006, 248, 249.
[143] *Engelke*, NZV 2012, 365, 366; *Griebenow*, NZV 2005, 113, 114; *Mikulla-Liegert*, DAR 1999, 289, 290.
[144] *Mikulla-Liegert*, ebd.; van Bühren/*Lemcke*/Jahnke, Anwalts-Handbuch Verkehrsrecht, Teil 3, Rn. 311.

nicht (direkt) die Geschädigten, sondern die erstattungspflichtigen Versicherer und damit auch das gesamte Versicherungskollektiv.[145]

4. Versicherer

Nach einer Unfallsituation wie der hier gedachten, in der einer der Beteiligten zu 100 % haftet, ist es dessen Versicherer, der die gesamten Kosten der Schadensbehebung zu tragen hat. Gem. § 100 VVG hat er seinen Versicherungsnehmer von den Schadensersatzansprüchen des Geschädigten freizustellen. Folglich ist es auch der Versicherer des Schädigers, der alleine ein wirkliches Interesse an der Geringhaltung der Regulierungskosten hat.

Dieses Bestreben ist umso verständlicher, wenn man die Schaden-Kosten-Quote (auch Combined Ratio) der Versicherer im Bereich Kraftfahrzeug-Haftpflichtversicherung betrachtet. Dieser Wert gibt das Verhältnis der Kosten für eingetretene Schäden (Brutto-Schadenquote) und der Aufwendungen für den Versicherungsbetrieb (Brutto-Kostenquote) zu den Prämieneinnahmen wieder.[146] In den letzten Jahren befand sich dieser Wert in der Schaden- und Unfallversicherung beharrlich nah an der 100-Prozent-Marke.[147] Eine Weitergabe der Kosten an die Versicherungsnehmer ist allerdings wegen des starken Prämiendrucks auf dem Markt und der hohen Wechselbereitschaft der Kunden nicht ohne Weiteres möglich, weshalb versucht wird, eine Verbesserung der Schadensquote über ein effizientes Schadensmanagement zu erreichen.[148] Darüber hinaus liegt eine Vermeidung unnötiger Kosten auch im Interesse des Versicherungskollektivs, da sich bei zu hohen Regulierungskosten Prämienerhöhungen nicht vermeiden lassen.[149]

---

[145] *Böhm/Strecke*, zfs 2015, 4; *Griebenow*, NZV 2003, 353; *Hootz*, BB 1996, 2215, 2216; *Schiemann*, JZ 2005, 1058, 1059.

[146] *Wagner*, Gabler Versicherungslexikon, S. 133; *von Fürstenwerth/Weiß*, Versicherungsalphabet, S. 104.

[147] *GDV*, Statistisches Taschenbuch 2015, Tabelle 57.

[148] Himmelreicht/Halm/Staab/*Richter*, Handbuch der Kfz-Schadensregulierung, Kap. 2, Rn. 30; *Kuhn*, NZV 1999, 229; *Pamer*, DAR 1999, 299.

[149] *Mikulla-Liegert*, DAR 1999, 289, 290.

Die hohe Schaden-Kosten-Quote gibt einen deutlichen Hinweis darauf, dass der Betrieb der Kfz-Haftpflichtversicherungssparte für die Versicherer derzeit wenig gewinnversprechend ist. Dennoch wird sie von den meisten Versicherern aufrechterhalten. Grund dafür ist der Gedanke des sog. Cross Sellings, das darauf abzielt, mittels dieser Sparte den ersten Kontakt zu dem Kunden herzustellen und im Nachgang weitere lukrativere Versicherungsprodukte vermitteln zu können.

Auch bei der Betrachtung der Interessen der Versicherer wird die Principal-Agent-Problematik deutlich. Es ist festzuhalten, dass im Grunde nur der Versicherer ein Interesse daran hat, den Schadensaufwand zu minimieren.[150] Die Mittel, die ihm hierfür zur Verfügung stehen, sind jedoch stark begrenzt, da – wie oben bereits beschrieben – nicht der Versicherer, sondern der Geschädigte die reparaturbezogenen Verträge abschließt und die zugehörigen Verhandlungen mit den Leistungserbringern führt. Obwohl sie die wirtschaftliche Belastung am Ende zu tragen haben, besteht für die Versicherer also keine Möglichkeit auf die vereinbarten Kosten Einfluss zu nehmen.[151] Die oben angesprochene Regulierungsvollmacht, ebenso wie die Möglichkeit die Auswahl der Leistungserbringer vertraglich einzuschränken, besteht für den Versicherer nur gegenüber den eigenen Versicherungsnehmern. Zu dem Geschädigten, der Herr des Restitutionsverfahrens ist, besteht eine solche vertragliche Beziehung nicht. Daher sind die Möglichkeiten des Versicherers dem Anschein nach darauf beschränkt, so schnell wie möglich Kontakt zu dem Geschädigten herzustellen,[152] um ihn auf günstige Angebote und seine Pflicht zur Schadensminderung bzw. auf das Wirtschaftlichkeitsgebot hinzuweisen und ggf. im Nachhinein überhöhte Kosten zurückzuweisen.

---

[150] Himmelreich/Halm/Staab/*Richter*, Handbuch der Kfz-Schadensregulierung, Kap. 2, Rn. 26; van Bühren, MDR 1997, 318, 320.

[151] Vgl. BGH NZV 2005, 32, 33; *Cavada*, Die Unfallersatztarife, S. 137; *Griebenow*, NZV 2003, 353; *dies.*, NZV 2005, 113, 114; *Oswald/Tietz*, NJW 2006, 1483; *Wolff*, zfs 2006, 248, 249.

[152] Vgl. *Kuhn*, NZV 1999, 229, 229 f.; *Mikulla-Liegert*, NZV 1999, 289, 291.

5. Zusammenfassung

An der Geringhaltung der Restitutionskosten hat allein der Versicherer ein wirkliches Interesse. Für den Geschädigten, der als einziger Beteiligter maßgeblichen Einfluss auf die Kosten ausüben kann, besteht demgegenüber dazu gerade kein Anreiz. Dass dieser Mangel an Preissensibilität von den profitorientierten Leistungserbringern zu eigenen Gunsten genutzt wird, ist dabei nicht verwunderlich. Übersehen wird aber vielfach, dass sich hohe Wiederherstellungskosten auch in den Prämien der Kfz-Haftpflichtversicherung niederschlagen und somit letztlich an die Versicherungsnehmer weitergegeben werden.

Kapitel 3:   Die Principal-Agent-Problematik in der Unfallersatzwagenanmietung

Inhalt dieses Kapitels sind die Auswirkungen der Principal-Agent-Situation auf den Bereich Unfallersatzwagenanmietung sowie eine Darstellung der dagegen vorgenommenen Maßnahmen aus Rechtsprechung und Versicherungswirtschaft. Die über einen langen Zeitraum intensiv geführte Debatte zu den Unfallersatzwagenanmietungen liefert wichtige Erkenntnisse, die im nächsten Kapitel für das Verständnis und die Bewertung der eigenen Lösungsansätze für das Problemfeld der Sachverständigenkosten genutzt werden.

Die Vergleichbarkeit der Mietwagen- und der Sachverständigenkosten ergibt sich zum einen daraus, dass beide Schadenspositionen nach einem Verkehrsunfall hinsichtlich der Interessenlage der Beteiligten, wie sie bereits im zweiten Kapitel dargestellt wurden, ähnlichen Bedingungen unterliegen. Zum anderen bestimmt sich die Erstattungsfähigkeit anhand derselben rechtlichen Wertungsgrundlage, namentlich dem Erforderlichkeitskriterium des § 249 Abs. 2 S. 1 BGB.

Die ständige Verfügbarkeit eines Fahrzeugs wird von der Rechtsprechung als ein vermögenswertes Gut anerkannt.[153] Wird dem Geschädigten, bedingt durch einen Verkehrsunfall, diese ständige Verfügbarkeit entzogen, kann er sie durch Anmietung eines Ersatzfahrzeugs wiederherstellen und die dadurch entstehenden Kosten vom Schädiger ersetzt verlangen, um wirtschaftlich so gestellt zu sein, als ob das schädigende Ereignis nicht eingetreten wäre. Die dadurch entstehenden Mietwagenkosten sind demnach zu den Herstellungskosten i.S.d. § 249 Abs. 2 S. 1 BGB zu zählen.[154] Lediglich in Sonderfällen, wie z.B. einer voraussichtlich ganz geringen Fahrleistung des Geschädigten, muss sich dieser auf andere Mobilitätsoptionen (z.B. Taxifahrten) verweisen lassen.[155]

---

[153]   BGHZ 98, 212, 216 ff. = VersR 1986, 1103, 1104 ff. = NJW 1987, 50, 50 ff.; *Körber*, NZV 2000, 68.
[154]   BGH NJW 1974, 34; *Greger*, NZV 1994, 337.
[155]   OLG München, NZV 1992, 362; OLG Hamm, NZV 2002, 82; MüKoBGB/*Oetker*, § 249, Rn. 429.

Während der Anspruch auf Anmietung eines Mietwagens dem Grunde nach nicht in Frage steht, waren die Kosten der Ersatzwagenanmietung in der Vergangenheit Gegenstand einer langjährigen Kontroverse, in der über die Höhe und die Berechtigung bestimmter Tarife gestritten wurde. Die Grundzüge dieser Diskussion sollen im Folgenden wiedergegeben werden. Der rein dogmatische Streit darüber, ob dieses Problem bei der Erforderlichkeit i.S.d. § 249 Abs. 2 S. 1 BGB zu verorten ist,[156] oder ob es als Problem der Schadensminderungspflicht gem. § 254 Abs. 2 S. 1 BGB anzusehen ist,[157] hatte für den Gang dieses Diskurses keine direkten Auswirkungen. Die Verortung im Rahmen des § 249 Abs. 2 S. 1 BGB erscheint jedoch deutlich sinnvoller, da die Anmietung eines Ersatzfahrzeuges der Mobilitätswiederherstellung bzw. -erhaltung dient und damit zum Restitutionsverfahren zählt.

Dieser Streit über die Höhe der Mietwagenkosten herrschte allerdings nicht schon immer, sondern begann erst im Jahre 1992. Um die Auseinandersetzung zwischen Autovermietern und Versicherern nachvollziehen zu können, werden deshalb zunächst die Ursprünge der Streitigkeiten aufgezeigt und erläutert, wie sich die Zweiteilung des Marktes entwickelte. Die Kenntniss über den Ursprung der Streitigkeit verbessert zugleich auch das Verständnis für einige der Versuche, die seitens der Versicherer unternommen wurden, um den aus ihrer Sicht überhöhten Tarifen entgegenzuwirken.

I. 1992 – Aufgabe der Kooperation zwischen Versicherern und Autovermietern

Der Auslöser, der zur Auseinandersetzung um die sogenannten Unfallersatztarife führte, kann im Jahr 1992 verortet werden. In der Zeit davor hatte es zwischen Autovermietern und Kfz-Versicherern Absprachen über die Höhe der Mietwagenkosten gegeben, um den Regulierungsvorgang nach Verkehrsunfällen zu optimieren.[158] Diese

---

[156] So z.B. BGH, NJW 1996, 1958; Palandt/*Grüneberg*, § 249, Rn. 32.
[157] *Unberath*, NZV 2003, 497, 498.
[158] Zuletzt die Empfehlungen des HUK-Verbandes; zu den Motiven vgl. *Born*, VersR 1979, 877 f.

bestanden seit 1972 in Form eines Rahmenabkommens zwischen dem HUK-Verband und dem Gesamtverband der Kfz-Vermieter Deutschlands e.V.[159] Da das Bundeskartellamt gegen eine 1978 geplante Neufassung dieses Abkommens allerdings grundlegende kartellrechtliche Bedenken äußerte,[160] wurde es, in Abstimmung mit den Autovermietern, im Jahre 1980 vom HUK-Verband gegen unverbindliche Empfehlungen für die Verbandsmitglieder ersetzt, die faktisch jedoch ähnliche Wirkung wie das vorherige Rahmenabkommen entfalteten.[161] Den Verbandsmitgliedern wurde empfohlen, bei der Schadensregulierung auf den Abzug der Eigenersparnis bzw. ersparter Aufwendungen zu verzichten, wenn der Geschädigte ein Fahrzeug einer kleineren Klasse anmietet und die ungekürzte Übernahme der Kosten zuzusagen, wenn bestimmte Mietkostengrenzen nicht überschritten wurden.[162] In der Praxis fanden die Empfehlungen breite Zustimmung und wurden von den meisten Versicherern befolgt.[163] Viele Versicherer schlossen zusätzlich mit einzelnen Autovermietern bilaterale Verträge (sog. Regulierungsabkommen), die sich an dem Vorbild der HUK-Empfehlungen orientierten.[164]

Im Bereich der sog. Selbstfahrervermietwagen – so wurden damals die Angebote für Mieter genannt, die den Mietpreis selbst bezahlen mussten – wurden aber im Laufe der Zeit zunehmend Pauschalpreise etabliert, die den Unterschied zwischen den auf Tagespreisen basierenden Unfallersatztarifen und den normalen Mietpreisen vergrößerten.[165] Denn obwohl in 55 % der unfallbedingten Anmietungen die Mietdauer zwischen 8 und 14 Tage betrug, wurden die günstigeren Pauschaltarife im Unfallersatzgeschäft kaum angeboten.[166] In der Versicherungsbranche wuchs demzufolge der Unmut darüber, dass im Unfallersatzgeschäft weiterhin die teuren Tagesta-

---

[159] *Heitmann,* VersR 1986, 408, 408 f.; Abdruck des Abkommens in AnwBl 1972, 312.
[160] *Born,* VersR 1979, 877, 879 ff.; *Heitmann,* VersR 1986, 408, 409; *Möller/Durst,* VersR 1993, 1070.
[161] *Heitmann,* VersR 1986, 408.
[162] KG VersR 1996, 1556, 1557 = WuW/E OLG, 5677, 5678.
[163] *Heitmann,* VersR, 1986, 408, 409.
[164] KG VersR 1996, 1556, 1557 = WuW/E OLG, 5677, 5678.
[165] *Heitmann,* VersR 1993, 24, 25; *Möller/Durst,* VersR 1993, 1070, *Nettesheim,* DAR 1993, 235.
[166] Mitteilung in NZV 1993, 18; *Möller/Durst,* VersR 1993, 1070.

rife zu erstatten waren.[167] Als Reaktion kam es im Jahre 1992 zu einer Neuordnung der Empfehlungen durch den HUK-Verband. Sowohl die Berechnungsmethode als auch die durchschnittliche Mietkostengrenze wurden angepasst und orientierten sich nunmehr an diesen Pauschaltarifen, was zu Richtwerten führte, die ca. 35 % unter den bisherigen Beträgen lagen.[168] Die Autovermieter protestierten gegen diese Entwicklung und waren nicht gewillt, der neuen Empfehlung zu folgen.[169] Sie reagierten ihrerseits mit eigenen Preislisten, deren Preise nochmals höher lagen als bisher.[170] Anschließende Vermittlungsversuche zwischen den Verbänden blieben ohne Erfolg, so dass es seit dem 1.11.1992 keine branchenumfassenden Absprachen oder Empfehlungen mehr gab, die beidseitig aktzeptiert wurden.[171] Überdies erklärte das Bundeskartellamt die 1992 ausgesprochene Empfehlung im Nachhinein gem. § 38 Abs. 3 Alt 1 i.V.m. § 102 Abs. 4 S. 1 GWB a.F. für unzulässig.[172]

Zwischen Vermietern und Versicherern war nunmehr ein andauernder Streit über die Erforderlichkeit und Erstattungsfähigkeit der Unfallersatztarife entfacht. Die Autovermieter hielten an ihren hohen Tarifen fest oder trieben sie noch weiter in die Höhe.[173] Die Versicherer verweigerten ihrerseits zunehmend die Begleichung der Rechnungen und nahmen Kürzungen vor.[174] Im Streit darüber, ob die im Vergleich zum Normalgeschäft deutlich höheren Kosten im Unfallersatzgeschäft angemessen waren, wurden von der Vermieterseite als Argumente u.a. ein höheres Forderungsausfallrisiko, ein dispositiver Mehraufwand aufgrund schlechterer Planbarkeit und die Notwendigkeit von Wochenend- und Nachtdiensten genannt.[175] Diese vorgebrachten Argumente, die die angebotenen Unfallersatztari-

---

[167] *Freyberger*, MDR 1996, 1091; *Heitmann*, VersR 1993, 24, 25.
[168] KG VersR 1996, 1556, 1557; *Heitmann*, VersR 1993, 24, 25.
[169] *Otting*, VersR 1993, 290, 291; *Möller/Durst*, VersR 1993, 1070, 1071; *Nettesheim*, DAR 1993, 235.
[170] *Freyberger*, MDR 1996, 1091.
[171] *Möller/Durst*, VersR 1993, 1070, 1071; Mitteilung in NZV 1995, 346.
[172] WUW/E BKartA 2573, 2583.
[173] *Buchholz-Duffner*, NZV 1994, 315.
[174] *Griebenow*, NZV 2003, 353, 354.
[175] *Otting*, VersR 1993, 290; vgl. auch *Albrecht*, NZV 1996, 49.

fe betriebswirtschaftlich rechtfertigen sollten, hielt man auf der Gegenseite größtenteils für zweifelhaft und wenig überzeugend.[176]

II. 1996 – Billigung der Unfallersatztarife durch die Rechtsprechung

Zugleich fand der Streit über die Berechtigung der teuren Unfallersatztarife aber auch zwischen Versicherern und den Geschädigten statt. Auf dieser Ebene ging es um die Frage, ob der Geschädigte gegen das Wirtschaftlichkeitsgebot verstößt, wenn er seinen Mietwagen zu einem teuren Unfallersatztarif anmietet, obwohl ihm auch ein Normaltarif zugänglich gewesen wäre. Es wurde darüber also darüber gestritten ob, die Unfallersatztarife erforderlich i.S.d. § 249 Abs. 2 S. 1 BGB waren. In diesem Zusammenhang traten auch die Fragen auf, ob für den Geschädigten einerseits die Obliegenheit bestand, sich Angebote von mehreren Vermietern einzuholen und zu vergleichen (Erkundungsobliegenheit) und andererseits, ob er nicht zumindest den von ihm gewählten Vermieter nach günstigeren Konditionen als dem angebotenen Unfallersatztarif befragen musste (Erkundigungsobliegenheit).

Diese Fragen wurden vor die Gerichte getragen, wobei die Urteile der verschiedenen Instanzgerichte allerdings sehr uneinheitlich ausfielen.[177] Im Mai 1996 erging zu diesem Streitthema dann ein Urteil des BGH,[178] in dem dieser feststellte, dass der bei einem Verkehrsunfall Geschädigte in der Regel nicht allein deshalb gegen seine Pflicht zur Geringhaltung des Schadens verstoße, weil er ein Ersatz-

---

[176] Griebenow, NZV 2003, 353; dies. NZV 2005, 113, 114 ff.; Möller/Durst, VersR 1993, 1070, 1072 f.; Wagner, NJW 2006, 2289, 2292; Wolff, zfs 2006, 248, 250; insb. auch Albrecht, NZV 1996, 49 der zu dem Ergebnis kommt, dass die Unfallersatztarife aufgrund geringerer Risiken sogar günstiger sein müssten; krit. dazu wiederum Wenning, NZV 2004, 609, 610 f.

[177] Zur Erkundungsobliegenheit: Restriktiv urteilten z.B.: OLG Koblenz r + s 1992, 124; OLG Köln VersR 1993, 767; OLG Hamm NJW-RR 1994, 923 = NZV 1994, 358; OLG Nürnberg NZV 1994, 24; großzügiger dagegen: OLG Karlsruhe DAR 1993, 229; OLG Stuttgart NZV 1994, 313; OLG Frankfurt/M. NZV 1995, 108; vgl. auch Körber, NZV 2000, 68, 69. Zur Erkundigungsobliegenheit vgl. die Zusammenfassung von Notthoff in VersR 1995, 1015, 1019 und VersR 1996, 1200, 1204.

[178] BGHZ 132, 373 = BB 1996, 2213 = DAR 1996, 314 = JZ 1996, 1075 = NJW 1996, 1958 = r +s 1996, 266 = NZV 1996, 357.

fahrzeug zu einem Unfallersatztarife anmiete. Im Rahmen der subjektbezogenen Schadensbetrachtung sei auf die spezielle Situation des Geschädigten, insbesondere auf seine individuellen Erkenntnis- und Einflussmöglichkeiten sowie auf die möglicherweise gerade für ihn bestehenden Schwierigkeiten Rücksicht zu nehmen. Dementsprechend brauche er sich bei der Anmietung eines Ersatzfahrzeugs nur auf den ihm in seiner Lage ohne Weiteres offenstehenden Markt zu begeben und müsse bei der Auswahl des Tarifs nicht erst eine Art Marktforschung betreiben.[179] Auch die Pflicht, sich nach günstigeren Sondertarifen zu erkundigen, wurde im erwähnten Urteil vom BGH abgelehnt. Es könne weder davon ausgegangen werden, dass der Geschädigte von solchen Tarifen wisse oder dass ihm die Unterschiede bekannt seien, noch sei von ihm zu erwarten, das vielschichtige Tarifgeflecht der Autovermieter zu durchschauen.[180] Solange sich seine aufgewendeten Kosten im Rahmen des Üblichen bewegten, seien sie also vom Schädiger bzw. dessen Versicherer zu erstatten. Nur wenn es ohne Weiteres erkennbar sei, dass das von ihm ausgewählte Unternehmen Preise verlangt, die außerhalb des Üblichen liegen, dürfe er zu solchen Bedingungen keinen Mietvertrag auf Kosten des Schädigers abschließen.[181] Üblich war es zu dieser Zeit nun gerade, dass dem Geschädigten fast ausschließlich die teureren Unfallersatztarife angeboten wurden.[182] Nach Ansicht des BGH zählten sie damit zu den gem. § 249 Abs. 2 S. 1 BGB erforderlichen Kosten.

Danach ergab sich für die Prüfung der Erforderlichkeit folgendes zweistufiges Muster: Sofern die Erforderlichkeit der Mietwagenkosten im Prozess in Frage gestellt wurde, war in einem ersten Schritt festzustellen, ob sich der gewählte Tarif im Rahmen des üblichen Niveaus bewegte. Nur wenn dies nach den Feststellungen des Gerichts nicht der Fall war, musste in einem zweiten Schritt geklärt werden, ob dem Geschädigten in seiner speziellen Situation ein günstigerer Tarif zugänglich war.

---

[179]   BGH NJW 1996, 1958, 1958 f.
[180]   BGH NJW 1996, 1958, 1959.
[181]   BGH NJW 1996, 1958, 1959.
[182]   BGH NJW 1996, 1958, 1959; OLG Karlsruhe, DAR 1998, 311; *Greger*, NZV 1994, 337, 340; *Rixecker*, NZV 1991, 369, 370; *Notthoff*, VersR 1995, 1015, 1019.

Hinsichtlich der Üblichkeit des gewählten Mietwagentarifs, ging der BGH ohne nähere Erläuterung davon aus, dass die tatsächlich erbrachten Aufwendungen des Geschädigten zusammen mit der Mietwagenrechnung hierfür ein Indiz liefern, dessen Aussagekraft allerdings im Einzelfall durch die sonstigen Umstände erschüttert werden kann.[183] Es lag im Verantwortungsbereich des Schädigers bzw. der Versicherung, diese Indizwirkung anzugreifen, indem dargelegt wurde, dass sich die geforderten Kosten eben nicht im Bereich des Üblichen bewegten.[184] Sollte dies gelingen und festgestellt werden, dass der gewählte Tarif oberhalb des Üblichen lag, stand dem Geschädigten in einem zweiten Schritt noch die Möglichkeit offen, darzulegen, dass ihm im Rahmen seiner Möglichkeiten und Kenntnisse ein günstigerer Tarif nicht ohne Weiteres zugänglich war. Dies wurde in der Regel schon dann angenommen, wenn er nachweisen konnte, zwei oder drei Vergleichsangebote bei anderen Vermietern eingeholt zu haben.[185]

Es war, wie oben dargelegt, üblich dass dem Geschädigten nur die teureren Unfallersatztarife angeboten wurden. Wählte der Geschädigte hiervon einen Tarif mit durchschnittlichen Preisen aus, wurde kein Verstoß gegen das Wirtschaftlichkeitsgebot angenommen. Dies galt auch dann, wenn er sich zuvor nicht nach günstigeren Tarifen erkundigt hatte. Solange ein Verstoß gegen diese umstrittene Erkundigungspflicht nicht dazu führte, dass – orientiert an den üblichen Unfallersatztarifen – überdurchschnittliche Kosten verursacht wurden, hatte er nach Ansicht des BGH keine Auswirkungen und war deshalb ohne Belang.[186]

Festzuhalten ist hierbei, dass die Billigung der Unfallersatztarife durch den BGH nicht auf ihrer betriebswirtschaftlichen Rechtfertigung beruhte, sondern vielmehr darauf, dass die Gepflogenheiten der Vermieterbranche, die es dem Geschädigten erschwerte, einen

---

[183] BGH NJW 1996, 1958, 1959 f.; *Greger*, NZV 1996, 430, 431; *Notthoff*, VersR 1996, 1200, 1203. Bzgl. Reparaturkosten vgl. auch BGH NZV 1989, 465.
[184] So schon zuvor *Greger*, NZV 1994, 337, 339.
[185] So schon BGH VersR 1985, 1092 = NJW 1985, 2639; BGH NJW 1985, 2637; BGH JZ 2005, 1056, 1057; BGH NJW 2006, 2621, 2622; vgl. auch BGH, r + s 2009, 37, 38, BGH NJW 2010, 2569, 2570.
[186] BGH NJW 1996, 1958, 1959.

günstigeren Tarif zu finden, nicht zu seinen Lasten gehen sollten.[187] Außerdem ging der BGH zu jener Zeit davon aus, dass sich die Unfallersatztarife nur um ca. 25 % von den Normaltarifen unterscheiden.[188] Es war jedoch abzusehen, dass die Schere zwischen diesen beiden Tarifen zunehmend größer werden würde.[189]

Mit diesem höchstrichterlichen Urteil waren die Streitigkeiten um das Unfallersatzwagengeschäft indes nicht beigelegt. Obschon viele Gerichte der Ansicht des BGH folgten,[190] war weiterhin eine uneinheitliche Rechtsprechung in den Instanzen zu beobachten, die mit unterschiedlichen Begründungen von dem Urteil des BGH abwich.[191] In einem Urteil vom 13.10.1998 ließen die Richter des BGH erkennen, dass ihnen dieser Zustand durchaus bekannt war. Sie räumten ein, dass die Rechtsansichten verschiedener örtlicher Gerichte von der eigenen abwichen.[192] Die Rechtsordnung, so der BGH weiter, erkenne aber kein berechtigtes Interesse eines im Rechtsverkehr Handelnden an, sich an dieser rechtlich unzutreffenden Praxis auszurichten, selbst dann, wenn sie – zeitweilig – durch örtliche Gerichte gestützt würde. Entscheidend sei die „wirkliche Rechtslage" und nur eine ihr entsprechende Handhabung sei als rechtmäßig zu erachten.[193]

III. Maßnahmen der Versicherungswirtschaft gegen die Unfallersatztarife

Die Chance der Versicherungsunternehmen, die Erforderlichkeit eines Unfallersatztarifs vor Gericht erfolgreich anzugreifen, sank durch die höchstrichterliche Billigung der Unfallersatztarife deutlich. Zudem wurde auch die unterschiedliche Entwicklung der Normal-

---

[187] BGH NJW 1996, ebd.; *Bullery*, NZV 2005, 34, 36; *Wolff*, zfs 2006, 248, 249.
[188] BGH NJW 1996, ebd.; *Wagner*, NJW 2006, 2289, 2290.
[189] AG Frankfurt a.M., NZV 2002, 83, 86; *Wolff*, zfs 2006, 248, 249.
[190] Vgl. dazu *Wenning*, NZV 2004, 609.
[191] Beispielsweise AG Frankfurt, NZV 2002, 83; AG Speyer, VersR 2003, 222; LG Bonn, NZV 1998, 417; LG Freiburg, NJW-RR 1997, 1069, 1070; LG Regensburg, NJW-RR 2004, 455; vgl. auch *Wolff*, zfs 2006, 248, 249.
[192] BGH VersR 1999, 65, 67 = NJW 1999, 279, 281 = NZV 1999, 41, 42 f.
[193] BGH ebd.

und der Unfallersatztarife durch diese Rechtsprechung noch verstärkt.[194] Insbesondere in der Zeit nach dem Urteil des BGH aus dem Jahre 1996 waren die Versicherer deshalb bemüht, andere Mittel und Wege zu finden, um dieser Entwicklung entgegenzuwirken. Allerdings wurden auch schon zuvor, parallel zu den Anstrengungen, die Unfallersatztarife auf dem Rechtsweg anzugreifen, andere Versuche der Einflussnahme auf die Preisentwicklung angestellt. Die verschiedenen Maßnahmen sollen kurz vorgestellt werden.

1. Versicherungseigene Autovermietung – Carpartner

Eine der Bemühungen, von denen sich die Versicherer sinkende Regulierungskosten erhofften, erfolgte bereits im Jahre 1993 mit der Etablierung einer versicherungseigenen Autovermietung, der Carpartner Autovermietung GmbH (Carpartner). Dieses Unternehmen wurde von sechs Versicherern als Reaktion auf die Untersagung der HUK-Empfehlungen gegründet,[195] um Einfluss auf die Konditionen auf dem Markt für Unfallersatzfahrzeuge ausüben zu können. Die Firma Carpartner vermietete hierzu Ersatzwagen an unfallgeschädigte Selbstfahrer. Zur Umsetzung unterhielt sie jedoch keine eigene Fahrzeugflotte, sondern griff auf das Angebot von ca. 120 Autovermietern zurück, mit denen einheitliche Rahmenabkommen abgeschlossen wurden. Diese hielten an etwa 620 Stationen bundesweit Mietwagenkontingente für Carpartner bereit und stellten den Unfallgeschädigten die Fahrzeuge im Namen und auf Rechnung von Carpartner zur Verfügung.[196]

Die Preise, die Carpartner von den Mietern verlangte, orientierten sich an den HUK-Empfehlungen von 1992 und lagen damit deutlich unter dem marktüblichen Niveau.[197] Vertreten durch die Autovermieter, schloss Carpartner direkte Mietverträge mit den Unfallgeschädigten ab. Zur Bereitstellung des Mietwagens bestand ein weiteres

---

[194] Schiemann, JZ 2005, 1058; Wolff, zfs 2006, 248, 249.
[195] BGH NJW 1998, 2825, 2827; Mitteilung in NZV 1995, 346, 347.
[196] KG, VersR 1996, 1556, 1557 = WuW/E OLG, 5677, 5678.
[197] BGH NJW 1998, 2825, 2927.

Mietverhältnis zwischen Carpartner und dem Autovermieter, bei dem die Preise durch einen Großkundenrabatt in der Regel 3 – 5 % unter dem lagen, was Carpartner von seinen eigenen Mietern verlangte.[198]

Weiterhin bestanden Kooperationsverträge zwischen Carpartner und vielen Kraftfahrzeughaftpflichtversicherern. Zuletzt arbeitete Carpartner mit über 60 Versicherern zusammen, deren gemeinsamer Marktanteil – bezogen auf die Bruttoprämieneinnahmen der Kraftfahrzeughaftpflichtversicherung – 60,5 % ausmachte.[199] Diese Verträge sahen vor, dass Carpartner die Klärung der Haftungsfrage und der Notwendigkeit einer Ersatzfahrzeuganmietung übernahm und den Geschädigten vor Abschluss eines Mietvertrags über die Möglichkeit aufklärte, statt einer Ersatzanmietung Nutzungsausfall geltend zu machen und so in Zweifelsfällen auf die Inanspruchnahme des Nutzungsausfalls hinwirkte.[200] Auch sollte Carpartner darüber informieren, dass der Versicherer auf einen Eigenersparnisabzug verzichte, sofern ein Ersatzfahrzeug einer tieferen Klasse angemietet wurde. Den Versicherern ließ Carpartner einen Unfallbericht und eine Mitteilung über die Mietzinsrechnung zukommen und erhob für dieses Bündel an Dienstleistungen einen Servicebeitrag von ihnen, der zur Subventionierung des Mietwagengeschäfts diente und es ermöglichte, die Fahrzeuge zu sehr niedrigen Preisen anzubieten.[201] Zwar wurde dieser Beitrag später nicht mehr erhoben, so dass die Mietpreise entsprechend erhöht werden mussten (im Durchschnitt um 9,5 %),[202] doch auch nach dieser Erhöhung waren die Carpartner-Angebote im Vergleich zur Konkurrenz immer noch günstiger.

Die Etablierung des Carpartner-Systems hatte zudem Folgen, die über den durch die günstigen Angebote entstandenen Preisdruck hinausgingen. Von Versichererseite wurden die Preise der Carpartner GmbH in vielen zivilgerichtlichen Verfahren als Referenz-

---

[198] BGH NJW 1998, 2825; KG VersR 1996, 1556, 1557.
[199] BGH NJW 1998, 2825; KG VersR 1996, 1556, 1557.
[200] BGH NJW 1998, 2825.
[201] BGH NJW 1998, 2825, 2827.
[202] BGH NJW 1998, 2825.

preis verwendet und dem Geschädigten, der zu einem höheren Preis angemietet hatte, der Vorwurf gemacht, gegen seine Schadensminderungspflicht verstoßen zu haben, da durch Carpartner ein günstigerer Mietpreis ohne Weiteres zugänglich gewesen sei.[203] Außerdem orientierten sich viele Versicherer bei dem Abschluss ihrer Individualabkommen an den Carpartnerpreisen, die sich damit zu einem Referenzwert entwickelten.[204]

Nachdem das BKartA ein Verfahren eingeleitet hatte, in dem der Gesellschaftsvertrag der Carpartner GmbH unter dem Gesichtspunkt eines Verstoßes gegen § 1 GWB geprüft werden sollte, kündigten im Juni und Juli 1995 alle Versicherer die bestehenden bilateralen Vereinbarungen, um einer Untersagungsverfügung zu entgehen.[205] Gleichwohl erfolgte die Verfügung im Juli 1995[206] und wurde im Januar 1998 vom BGH[207] bestätigt. Die Carpartner GmbH hatte ihre Geschäftstätigkeit derweil schon am 30.06.1997 weitgehend eingestellt.[208]

In seinem Urteil stellte der BGH fest, dass mit der Gründung der Firma Carpartner die Interessen der Vertragsparteien koordiniert werden sollten und sie das Ziel verfolgten, unter Beschränkung des Wettbewerbs die Verhältnisse auf dem Markt für die gewerbliche Vermietung von Unfallersatzfahrzeugen zu ihren Gunsten zu beeinflussen. Es sollten Preise durchgesetzt werden, die sich mit den Mitteln des Wettbewerbs nicht hätten erreichen lassen, sondern nur durch Subventionierung mittels der erhobenen Servicebeiträge möglich waren. Das der Gründung der Carpartner GmbH zugrunde liegende Konzept war nach Ansicht des BGH dazu geeignet, die Verhältnisse auf dem Markt für die gewerbliche Vermietung von Unfallersatzfahrzeugen spürbar zu beeinträchtigen und schränkte die Freiheit der Autovermieter bei der Gestaltung ihrer Preise ein. Die Maßnahme der Versicherer, die nach Ansicht des BGH das an sich

---

[203] *Speer*, Aktives Schadensmangement, S. 195, m.w.N. zu den betreffenden Verfahren.
[204] BGH NJW 1998, 2825, 2828; KG VersR 1996, 1556, 1557.
[205] BGH NJW 1998, 2825, 2826.
[206] WUW/E BKartA 2795, 2808 f.; Mitteilung in NZV 1995, 346.
[207] BGH WuW/E DE-R, 115 = DAR 1998, 311 = NJW 1998, 2825 = NZV 1998, 240; zfs 1998, 251 = VersR 1998, 1432.
[208] BGH NJW 1998, 2825, 2826.

nicht zu beanstandende Ziel verfolgte, die Mietwagenkosten bei der Schadensregulierung von Kfz-Unfällen zu reduzieren, wurde also untersagt, weil es nicht mit wettbewerbskonformen sondern mit kartellrechtswidrigen Mitteln erreicht werden sollte.[209]

2. Regulierungsabkommen mit Mietwagenunternehmen

Ein weiterer Versuch der Einflussnahme seitens der Versicherer bestand darin, mit vorzugsweise großen, überregionalen Mietwagenunternehmen Regulierungsabkommen zu schließen.[210] Zwar bestanden derartige Abkommen zwischen Versicherern und Autovermietern auch schon vor 1996 und stellten damit keine durch das BGH-Urteil aus diesem Jahr eingeleitete neue Form des Schadensmanagements dar. Vor dieser Zeit wurden sie allerdings noch mit Inhalten abgeschlossen, die sich stark an den HUK-Empfehlungen orientierten.[211] Bedingt durch die grundsätzliche Billigung der Unfallersatztarife durch den BGH, änderte sich nun der Inhalt der Regulierungsabkommen. Die wichtigste Vereinbarung bestand regelmäßig in der Verpflichtung des Vermieters, den Geschädigten auf die Vorteile eines Normaltarifs hinzuweisen oder zumindest auf Basis eines niedrigen Unfallersatztarifs abzurechnen.[212] Obschon sich die Preise damit immer noch auf einem hohen Niveau befanden, gelang es den Versicherern so zumindest eine gewisse Reduzierung des Regulierungsaufwandes zu erwirken.[213] Die kooperierenden Vermieter konnten ihrerseits von einer reibungslosen Erstattung durch die Versicherer profitieren.

Sogenannte „individuelle" oder „bilaterale" Abkommen dieser Art wurden allerdings nur zurückhaltend geschlossen. Gründe dafür waren einerseits ein starker Widerstand von den Verbänden der Autovermieter, andererseits die vor dem Hintergrund des kartellrechtli-

---

[209] Pressemitteilung des BGH Nr. 1/1998 vom 13. Januar 1998.
[210] AG Frankfurt a.M. NZV 2002, 83, 85.
[211] Vgl. *Köhler*, NJW 1995, 2019.
[212] AG Frankfurt a.M., NZV 2002, 83, 85; *Körber*, NZV 2000, 68, 75.
[213] AG Frankfurt a.M. NZV 2002, 83, 86.

chen Verbots der vertikalen Preis- und Konditionenbindung bestehenden Zweifel an der rechtlichen Zulässigkeit derartiger Verträge.[214] Innerhalb der Literatur gelangte man diesbezüglich zu unterschiedlichen Ergebnissen.[215] Eine gerichtliche Entscheidung zu dieser Frage blieb allerdings aus.

3. Kontaktaufnahme mit dem Geschädigten

Auch durch eine möglichst frühe Kontaktaufnahme zu dem Geschädigten, versuchten die Versicherer, die Regulierungskosten für
Ersatzwagen einzudämmen.[216] Zumeist auf schriftlichem Wege in
Form sogenannter Erst- oder auch Empfehlungsschreiben, teilweise
aber auch telefonisch, wurde versucht, den Geschädigten direkt an
einen kooperierenden Autovermieter mit günstigen Tarifen zu vermitteln oder durch Auflistung sonstiger günstiger Mietwagenunternehmen, unter explizitem Hinweis auf die Schadensminderungspflicht, zumindest eine Anmietung zu günstigen Konditionen zu erwirken.[217] Da sie die günstigsten Tarife am Markt darstellten, wurde
– solange sie existierten – natürlich insbesondere häufig auf die Tarife der Carpartner GmbH hingewiesen.[218]

Die Versicherer waren bestrebt, den Kontakt zum Geschädigten so
schnell wie möglich herzustellen, um ihm im besten Fall schon vor
Anmietung eines Ersatzfahrzeugs Hinweise auf günstige Vermieter
geben zu können.[219] In vielen Fällen, in denen ein Mietverhältnis bereits bestand, wurde allerdings auch versucht, den Geschädigten
zur Beendigung des derzeitigen Vertrages zu bewegen und einen

---

[214] *Brinker/Siegert*, VersR 2006, 30.
[215] Für eine rechtliche Zulässigkeit der Regulierungsabkomen: *Brinker/Siegert*, VersR 2006, 30;
Bunte, VersR 1997, 1429; *Cavada*, Die Unfallersatztarife, S. 138 – 155; *Hootz*, Festschrift für
Reimer Schmidt (1976), 657, 658 ff.; *Speer*, Aktives Schadensmanagement, S. 223; dagegen:
Köhler, NJW 1995, 2019.
[216] *Pamer*, DAR 1999, 303 ff.; *Staehlin*, NZV 2007, 396.
[217] *Griebenow*, NZV 2003, 353, 354; *Kuhn*, NZV 1999, 229.
[218] Vgl. OLG Düsseldorf VersR 1996, 640 = NZV 1995, 450; OLG München NJW-RR 1996, 163;
OLG Stuttgart NJW 1996, 45, 46; OLG Hamburg, VersR 1997, 1549; OLG LG Karlsruhe NZV
2005, 263; *Cavada*, Die Unfallersatztarife, S. 112.
[219] Aus diesem Grunde übernahm der GDV auch den Betrieb der Notrufsäulen und richtete den
Zentralruf der Autoversicherer ein. Vgl. dazu *Speer*, Aktives Schadensmanagement, S. 425 ff.

neuen Mietwagen zu günstigeren Konditionen anzumieten. Da der Kfz-Haftpflichtversicherer des Unfallgegners von den Geschädigten zumeist als Gegenspieler und nicht als Unterstützer angesehen wird, wurde diesem Vorgehen selbstredend einige Skepsis entgegengebracht. [220] Daneben stand einem durchschlagenden Erfolg dieser Methoden aber auch entgegen, dass eine unklare Rechtslage bestand. Sowohl in der Rechtsprechung als auch in der Literatur existieren bis heute entgegengesetzte Ansichten darüber, ob einerseits die Einflussnahme auf den Geschädigten seitens des Versicherers rechtlich zulässig ist und andererseits ob der Geschädigte den Vorschlag des Versicherers annehmen muss, um nicht gegen seine Schadensminderungspflicht zu verstoßen.

a) Zulässigkeit der Empfehlung

aa) Kritik an den Erstschreiben

Gegen die Praxis der Erst- bzw. Empfehlungsschreiben wurde vorgebracht, dass sie gegen das Wettbewerbsrecht verstoße. So sieht z.B. *Staehlin* wegen Ausübung wirtschaftlichen Drucks, wegen des Verstoßes gegen das Transparenzgebot, der Ausnutzung der Zwangslage des Geschädigten und der fehlenden Einwilligung in die telefonische Kontaktaufnahme gleich mehrere Verstöße gegen die Vorschriften des UWG. [221] Auch die Oberlandesgerichte Düsseldorf[222] und München[223] sowie das Landgericht Karlsruhe[224] haben sich in ihren Urteilen gegen die Zulässigkeit eines Erstschreibens ausgesprochen.

In dem Fall des OLG Düsseldorf wurde allerdings maßgeblich darauf abgestellt, dass die gewählte Formulierung irreführend sei. In dem Schreiben der Versicherung hieß es u.a.:

---

[220]   Vgl. *Griebenow*, NZV 2003, 353, 354.
[221]   *Staehlin*, NZV 2007, 396 ff.
[222]   OLG Düsseldorf VersR 1996, 640 = NZV 1995, 450 = NJW-RR 1996, 164.
[223]   OLG München NJW-RR 1996, 163.
[224]   LG Karslruhe NZV 2005, 263.

„Wenn Sie dringend einen Mietwagen benötigen: Statt der Nut-
zungssentschädigung können Sie die Mietwagenkosten geltend
machen. Wir erstatten sie im Regelfall in voller Höhe, wenn Sie ei-
nen preiswerten Mietwagen nehmen. Einer der günstigsten uns be-
kannten bundesweiten Anbieter ist die Autovermietung [Carpartner],
die zu den nachstehenden Preisen abrechnet: ...

Selbstverständlich dürfen Sie auch bei jedem anderen Vermieter zu
diesen oder günstigeren Preisen anmieten, ohne die Ihnen insoweit
gesetzlich auferlegte Schadensminderungspflicht zu verletzen."[225]

Diese Formulierung könne bei dem Geschädigten die Vorstellung
hervorrufen, dass nur die Tarife der Carpartner GmbH erstattungsfähig wären und enthalte deshalb irreführende Angaben.[226] Zwar
besage der Text genau genommen nur, dass bei den Preisen von
Carpartner nicht gegen die Schadensminderungspflicht verstoßen
werde. Er könne aber leicht die unzutreffenden Vorstellung hervorrufen, dass Anmietungen zu höheren Preisen einen Verstoß gegen
die Schadensminderungspflicht bedeuten und dazu führen, dass
nicht alle Kosten erstattet werden.[227] Außerdem habe der beklagte
Versicherer mit der Firma Carpartner auf einen Vermieter hingewiesen, an dem er selbst Teilhaber war und der durch subventionierte
Preise eine Verfälschung des Wettbewerbs bewirke.[228] Dass Hinweise des Versicherers über günstige Anmietalternativen auch ohne
diese Mängel generell unzulässig wären, wird vom OLG Düsseldorf
hingegen nicht festgestellt. Vielmehr wird abschließend angemerkt,
dass ein Versicherungsunternehmen grundsätzlich nicht an seinem
berechtigten Anliegen gehindert sei, auf die Schadensminderungspflicht hinzuweisen und zu erklären, dass die Pflicht durch eine Anmietung zu nicht marktgerechten Preisen verletzt werde und deshalb Preisvergleiche angestellt werden müssten.[229]

---

[225] OLG Düsseldorf NZV 1995, 450.
[226] OLG Düsseldorf NZV 1995, 450, 450 f.
[227] OLG Düsseldorf NZV 450.
[228] OLG Düsseldorf NZV 450, 451.
[229] OLG Düsseldorf, ebd.

In dem Fall des OLG München, der sich ebenfalls mit einem Erstschreiben einer Versicherung befasste, lautete die Formulierung der Versicherung wie folgt:

„Rufen Sie uns zur Abklärung des in Frage kommenden Miettarifs bitte an. Sollten Sie uns nicht erreichen können, orientieren Sie sich bitte an den nachfolgenden Preisen [...], zu denen bundesweit unter der Telefonnummer [...] von der Firma [Carpartner] Mietwagen angeboten werden. Selbstverständlich ist es auch unproblematisch, wenn Sie zu diesen oder günstigeren Preisen bei einem [anderen] Mietwagenunternehmen anmieten. (Es folgt eine Tabelle der Mietpreise).«[230]

Auch hier stellte das Gericht auf den expliziten Verweis der Versicherung auf die Preise der Carpartner GmbH ab. Carpartner biete ohne sachlichen und wettbewerbskonformen Grund Verlustpreise an. Das verfolgte Ziel bestehe allein darin, im Unfallersatzwagen-Mietgeschäft einen Preisdruck auszuüben. Die subventionierten Preise verstießen gegen das Grundprinzip des Leistungswettbewerbs und die Praxis der Carpartner GmbH damit gegen die guten Sitten.[231] Durch den Verweis auf dieses sittenwidrige Angebot verstoße daher auch das Erstschreiben der Versicherung gegen die guten Sitten.[232] Jedoch wies das Gericht ausdrücklich darauf hin, dass viel dafür spräche, ein solches Schreiben für wettbewerbsrechtlich unbedenklich zu halten, wenn nicht das Anbieten der Tarife durch Carpartner selbst gegen das Wettbewerbsrecht verstoßen würde.[233]

Das LG Karslruhe hatte ebenfalls über einen Fall zu entscheiden, in dem ein Versicherer den Geschädigten hinsichtlich der Mitwagenkosten angeschrieben hatte.[234] In diesem Schreiben lautete es unter anderem:

---

[230]   OLG München NJW-RR 1996, 163.
[231]   OLG München NJW-RR 1996, 163, 164.
[232]   OLG München, ebd.
[233]   OLG München, ebd.
[234]   LG Karslruhe, NZV 2005, 263.

„7. Sollte ein Mietfahrzeug erforderlich sein, bieten wir Ihnen die Vermittlung zum Preis von 85,00 Euro pro Tag (netto incl. Kilometer und Nebenkosten) an. Bitte rufen Sie uns an, wir helfen Ihnen gerne …

9. Unfallbedingte Mietwagenkosten können wir in Höhe von 65,00 Euro (pro Tag netto incl. Kilometer und Nebenkosten) übernehmen.“[235]

Der Betrag von 65 Euro entsprach zu der Zeit dem Tagessatz der Nutzungsausfallgruppe J nach der Nutzungsausfalltabelle *Sanden/ Danner/Küppersbusch.*[236]

Das LG sah hierin eine unlautere geschäftliche Handlung im Sinne der §§ 3, 4 Nr. 1 und 10 UWG a.F.[237] (heute §§ 3, 4 Nr. 4, 4a Abs. 1 S. 2 Nr. 3 UWG). Die Beklagte habe dem Geschädigten einen bestimmten Vermieter aufzwingen wollen und dabei die Erstattungsfähigkeit als Druckmittel verwendet. Andere Autovermieter als Mitbewerber des aufgezwungenen Geschäftspartners würden dadurch behindert.[238] Indem lediglich ein sehr niedriger Preis als erstattungsfähig erklärt wird, werde zudem in unzulässiger Weise auf die Entscheidungsfreiheit des Geschädigten eingewirkt.[239] Außerdem handelte es sich bei dem vom Versicherer genannten Preis nach Ansicht des LG um ein Angebot, das die Kosten einer Autovermietung auf Dauer nicht decken könne. Der Preis würde sich demnach wohl eher auf ein kurzfristiges und einmaliges Angebot beziehen und stelle keinen marktüblichen Preis von gewisser Dauer dar. Selbst der von der Beklagten vorgeschlagene Vermieter habe für klassentiefere Mietwagen nur deutlich höhere Preise angeboten.[240]

---

[235] LG Karlsruhe, NZV 2005, 263. Warum nach den zitierten Textbausteinen die Vermittlung zum Preis von 85 Euro angeboten wird, Mietwagenkosten aber nur i.H.v. 65 Euro übernommen werden sollen, lässt sich anhand des Urteilstextes nicht zweifelsfrei aufklären. Am naheliegendsten ist, dass es sich um einen Tippfehler im Tatbestand handelt und durchgängig 65 Euro gemeint war.

[236] LG Karlsruhe, NZV 2005, 263, 264.

[237] LG Karlsruhe, ebd.

[238] LG Karlsruhe, NZV 2005, 263, 265.

[239] LG Karlsruhe, ebd.

[240] LG Karslruhe, NZV 2005, 263, 265.

Allerdings stellte auch das LG Karlsruhe fest, dass es einem Versicherer nicht generell untersagt werden könne, Mietwagenkosten zu beziffern mithin also Vorschläge für günstige Vermieter zu unterbreiten.[241] Die bestätigte einstweilige Verfügung bezog sich nur auf das Verhalten, dem Geschädigten mitzuteilen, dass ausschließlich ein Betrag erstattet werde, der dem Nutzungsausfall nach der aktuellen Nutzungsausfalltabelle entspricht.

Der BGH sah in einem Urteil aus dem Jahre 1998 in einer vom Versicherer ausgesprochenen Aufforderung zum Vermieterwechsel einen Eingriff in den eingerichteten und ausgeübten Gewerbebetrieb gem. § 823 Abs. 1 BGB i.V.m. § 1004 BGB.[242] Der Versicherer hatte in diesem Fall (wahrheitsgemäß) behauptet, dass es mit dem gewählten Vermieter schon häufiger Probleme gegeben hätte. Diese Probleme rührten nach Feststellung des BGH allerdings daher, dass der Versicherer eine nach höchstrichterlicher Ansicht falsche Rechtsauffassung vertrat und wurden somit maßgeblich durch ihn selbst verursacht.[243] Dass es sich hierbei nicht um eine allgmeine Absage an die Erstschreiben handelte, machte der BGH deutlich indem er unterstrich, dass den Versicherungsunternehmen nicht generell untersagt werden könne, *„an die Geschädigten heranzutreten, um mit diesen gemeinsam eine möglichst rationelle, den rechtlichen Verpflichtungen aller Beteiligten entsprechende Handhabung und Abrechnung zu erreichen."*[244]

Festzuhalten ist damit, dass sich die bekannten Urteile nicht generell gegen die Erstschreiben aussprachen, sondern sie nur aufgrund ihrer konkreten Begleitumstände für rechtswidrig hielten. Eine Empfehlung auszusprechen, die unter Beachtung der Rechtslage sachlich und neutral auf günstige Vergleichsangebote hinweist, erscheint auch nach den soeben näher erläuterten Urteilen nicht unzulässig.

---

[241] LG Karlsruhe, ebd.
[242] BGH VersR 1999, 65 = NJW 1999, 279 = NZV 1999, 41 = BGH GRUR 2012, 1153.
[243] BGH, NJW 1999, 279, 280 f.
[244] BGH, NJW 1999, 279, 281.

bb) Zustimmung zu den Erstschreiben

Ein großer Teil der Stimmen aus Literatur und Rechtsprechung hält einen Erstkontakt zwischen Versicherer und Geschädigtem zum Zwecke der Information über günstige Mietwagentarife grundsätzlich für zulässig.[245] Zum Teil wird es als berechtigtes Interesse oder ureigenste Aufgabe des Versicherers angesehen, den Geschädigten bei einer rationellen und schadensmindernden Abwicklung zu unterstützen.[246] Der Versicherer sei grundsätzlich befugt diese Aufgabe wahrzunehmen, solange die erteilten Hinweise den Geschädigten nicht in die Irre führen oder eine falsche Rechtslage widerspiegeln.[247] In andern Fällen wird in vergleichbarer Weise darauf abgestellt, dass die erteilten Informationen sachlich und neutral gestaltet sein müssen.[248] Insbesondere der BGH[249] entschied in einem zweiten Urteil zu diesem Thema im Jahre 2012 nunmehr im Interesse des Versicherers und war der Ansicht, dass (in diesem Fall wohl telefonische) Hinweise auf günstigere Mietwagenangebote zulässig seien, solange keine gegenläufigen Interessen des Geschädigten dadurch berührt würden. Dies sei aber auch dann nicht der Fall, wenn der Versicherer auf einen Vermieter hinweist, mit dem er zusammenarbeitet.[250]

---

[245] BGH WRP 2012, 1390 = GRUR 2012, 1153; OLG Stuttgart, NJWE-WettbR 1996, 45; OLG Hamburg, VersR 1997, 1549; LG Bonn, Urt. v. 28.07.2004, Az. 16 O 25/04, juris; LG Bielefeld NJW 2007, 2188; LG Dresden, Urt. v. 27.10.2009, Az. 43 HK O 19/09, BeckRS 2012, 18776; LG Nürnberg-Fürth, Urt. v. 20. Juli 2011, Az. 8 S 8758/10, juris; *Herrler*, VersR 2007 582, 586; *Körber*, NZV 2000, 68, 76; *Speer*, Aktives Schadensmanagement, S. 252 ff.

[246] OLG Hamburg, VersR 1997, 1549, 1550; LG Bonn, Urt. v. 28.07.2004, Az.16 O 25/04, juris, Rz. 32; LG Bielefeld, NJW 2007, 2188, 2191.

[247] LG Bielefeld, NJW 2007, 2188, 2191; vgl. auch OLG Hamburg, VersR 1997, 1549, 1550; OLG Stuttgart, NJW 1996, 45, 46 f.

[248] LG Nürnberg-Fürth, Urt. v. 20.07.2011, Az. 8 S 8758/10, juris, Rz. 23; LG Bonn, Urt. v. 28. Juli 2004, Az.16 O 25/04, juris, Rz. 33; vgl. auch *Speer*, Aktives Schadensmanagement, S. 252, 259.

[249] BGH VersR 2012, 1314 = WRP 2012, 1390 = GRUR 2012, 1153.

[250] BGH WRP 2012, 1390, 1392, Rz. 21 = GRUR 2012, 1153, 1154, Rz. 21; so schon zuvor LG Nürnberg-Fürth, Urt. v. 20.07.2011, Az. 8 S 8758/10, juris, Rz. 13 f.

cc) Zwischenergebnis

Entsprechend der gerichtlichen Entscheidungen ist ein Empfehlungsschreiben des Versicherers unzulässig, wenn es den Anschein erweckt, dass nur die Preise des vorgeschlagenen Vermieters erstattungsfähig sind und höhere Preise ungeachtet ihrer Üblichkeit nicht erstattet werden. Zudem darf sich die Empfehlung des Versicherers nicht auf ein Angebot beziehen, das gegen geltendes Recht verstößt oder auf einen Preis, der am Markt tatsächlich nicht zu realisieren ist. Schließlich liegt ein unzulässiges Verhalten auch dann vor, wenn der Versicherer aus sachlich nicht gerechtfertigten Gründen von bestimmten Vermietern abrät. Das ist z.B. der Fall wenn sich der Versicherer aufgrund vorhergegangener Rechtsstreitigkeiten gegen die Wahl eines bestimmten Vermieters ausspricht, obwohl diese Streitigkeiten allein dadurch entstanden sind, dass der Versicherer eine unzutreffende Rechtsauffassung vertritt.

Rechtlich nicht zu beanstanden sind demgegenüber sachliche Hinweise auf die Schadensminderungspflicht. Ebenso verhält es sich mit Vorschlägen für günstige Leistungserbringer, solange sie nicht irreführend sind oder eine falsche Rechtslage widerspiegeln. Die Empfehlung darf sich deshalb nur auf rechtskonforme Angebote beziehen und nicht den Eindruck erwecken, dass höhere Kosten per se zu einem Verstoß gegen die Schadensminderungspflicht führen. Eine Irreführung könnte durch den ausdrücklichen Hinweis vermieden werden, dass auch höhere Preise erstattet werden, soweit sie sich im Rahmen des Üblichen halten.

Mit der Rechtsprechung des BGH im Einklang stehende und daher rechtlich nicht zubeanstandene Formulierungen, stellen damit die beiden folgenden Textbausteine von Versicherern da, die im jeweiligen Urteil auch vom erkennenden Gericht gebilligt wurden.

Beispiel 1:

„Sie kommen ohne Fahrzeug nicht aus und wollen sich einen Wagen mieten. Dann sollten Sie auf Ihre gesetzliche Schadensminderungspflicht achten. Holen Sie auf jeden Fall Angebote von ver-

schiedenen Mietwagenunternehmen ein, und vergleichen Sie diese. Fragen Sie ausdrücklich nach Sondertarifen und günstigen Angeboten, wie z. B. Wochenpauschale oder Pauschalpreise inklusive Kilometer. Wir ersetzen die erforderlichen und marktgerechten Mietwagenpreise [...] Bitte erkundigen Sie sich nach einer preiswerten Autovermietung. Beispielsweise erhalten Sie bei der Autovermietung C. zu günstigen Preisen bundesweit Mietwagen in jeder Fahrzeugklasse. C. können Sie kostenlos unter der Telefonnummer 0130/... erreichen. Hier sind einige Beispiele, zu welchen Konditionen C. Fahrzeuge anbietet: ... "[251]

Beispiel 2:

„Wir können Ihnen ein Mietfahrzeug zu einem Tagespreis von netto [...] Euro vermitteln (inkl. aller Kilometer- und Haftungsbefreiung). Im Bedarfsfall rufen Sie uns bitte an. Zu diesem Preis kann z. B. von den Mietwagenfirmen G, Tel.-Nr. 0..., und Firma F, Tel.-Nr. 0..., ein Ersatzfahrzeug von uns vermittelt werden. Bitte rufen Sie uns auch hierzu an."[252]

b) Auswirkungen des Erstschreibens auf die Schadensminderungspflicht des Geschädigten

Auch wenn in der Rechtsprechung und im Schrifttum größtenteils die Ansicht vertreten wurde, dass die sog. Erstschreiben der Versicherer grundsätzlich rechtlich zulässig sind, ist damit noch nicht die Frage geklärt, wie sich ein darin erteilter Hinweis des Versicherers auf die Schadensminderungspflicht des Geschädigten und damit gegebenenfalls auch auf die Höhe des erforderlichen Geldbetrags i.S.d. § 249 Abs. 2 S. 1 BGB auswirkt.

---

[251] Entnommen aus: OLG Hamburg, VersR 1997, 1549. Der Hinweis bezog sich damals auf die Firma Carpartner. Der Text soll hier aber als Beispiel für einen Hinweis auf „normale" Angebote dienen.
[252] Entnommen aus: LG Bonn, Urt. v. 28.07.2004, Az. 16 O 25/04, juris, Rz. 11.

Überwiegend wird diesbezüglich die Ansicht vertreten, dass der Geschädigte den Hinweis des Versicherers nicht ignorieren dürfe.[253] Sofern keine triftigen Gründe dafür bestünden, den Hinweis unbeachtet zu lassen, müsse er sich an dem preisgünstigen Angebot des Versicherers orientieren.[254] Anderenfalls liege ein Verstoß gegen die Schadensminderungspflicht vor.[255] Allerdings gehöre es im Falle eines solchen Pflichtverstoßes zum Aufgabenbereich des Versicherers zu beweisen, dass dieser Verstoß auch tatsächlich ursächlich für die höheren Regulierungskosten war. Dies sei dann der Fall, wenn der Versicherer in der Lage war, dem Geschädigten ein konkretes und annahmefähiges Angebot zu unterbreiten.[256] Im Falle eines bereits bestehenden Mietverhältnisses sei hingegen ausschlaggebend, ob dem Geschädigten ein Wechsel zumutbar ist.[257]

Eine abweichende Ansicht vertritt das LG Weiden, das davon ausgeht, dass vom Geschädigten nur Empfehlungen bzgl. solcher Tarife zu berücksichtigen sind, die ihm auch ohne die Vermittlung durch den Versicherer zugänglich sind.[258] Ein Hinweis sei für die Schadensminderungspflicht nur relevant, wenn er ganz konkrete Angaben über eine oder mehrere Anmietmöglichkeiten in zumutbarer Entfernung des Geschädigten enthalte, die dieser ohne Hilfe des Versicherers mit zumutbarem Aufwand annehmen könne. Die Annahme des Vermittlungsangebots könne aber dann zu einem höheren Aufwand führen, *„wenn bestimmte Ausstattungsmerkmale gewünscht werden, sich kurzfristig Änderungen in Bezug auf den Anmietungszeitpunkt ergeben oder auch während des Gebrauchs des Fahrzeugs Schwierigkeiten (z.B. Unfall oder technische Pannen) auftreten.“*[259] Anders ausgedrückt sei es also zweifelhaft, ob der Service eines vom Versicherer vermittelten Autovermieters den Anforderungen des Geschädigten gerecht wird. Er könne sich dann

---

253 OLG Stuttgart, NJWE-WettbR 1996, 45, 46; LG Nürnberg-Fürth, Urt. v. 20.07.2011, Az. 8 S 8758/10, juris, Rz. 10; *Speer*, Aktives Schadensmanagement, S. 252; *Wolff*, zfs 2006, 249, 253.
254 OLG Stuttgart, NJWE-WettbR 1996, 45, 46.
255 LG Nürnberg-Fürth, Urt. v. 20.07.2011, Az. 8 S 8758/10, juris, Rz. 16; *Herrler*, VersR 2007 582, 586; *Wolff*, zfs 2006, 249, 253.
256 LG Nürnberg-Fürth, Urt. v. 20.07.2011, Az. 8 S 8758/10, juris, Rz. 11 f.
257 BGH VersR 2009, 801; *Speer*, Aktives Schadensmanagement, S. 253 ff.
258 LG Weiden, NJW-RR 2009, 675; ähnlich schon *Rixecker*, NZV 1991, 369, 371.
259 LG Weiden, NJW-RR 2009, 675, 677.

nicht darauf verlassen, dass seine speziellen Wünsche bezüglich des Fahrzeugs und des Anmietzeitpunkts berücksichtigt werden oder dass er bei auftretenden Schwierigkeiten, wie einem Unfall oder einer Panne, angemessene Hilfe von dem Vermieter erhält. Daher könne es diesem nicht zur Last gelegt werden, dass er sich an einen örtlichen Vertragspartner seines Vertrauens wendet.

Auch das aus § 115 Abs. 1 S. 3 VVG folgende Verbot der Naturalrestitution stehe dem in Frage stehenden Vorgehen entgegen. Der Versicherer dürfe seine Schadensersatzleistung demnach nur in Geld erbringen. Dieses Verbot könne nicht dadurch umgangen werden, dass aus rechtlicher Sicht ein Dritter tätig wird und der Versicherer die Mietwagenbestellung als „verdecktes Eigengeschäft" organisiert.[260]

c) Stellungnahme

Der Versicherer ist der einzige Teilnehmer des Restitutionsgeschehens, der ein wirkliches Interesse an der Geringhaltung der Mietwagenkosten hat. Es wäre nicht billig, ihm die Verfolgung dieses Interesses durch das Aussprechen von Empfehlungen zu verweigern, solange die schutzwürdigen Interessen der übrigen Beteiligten dadurch nicht beeinträchtigt werden. Zudem haben die Empfehlungsschreiben der Versicherer einen tendenziell wettbewerbsfördernden Effekt. Sie verbessern die Transparenz, indem sie dem Geschädigten zusätzliche Informationen über die verfügbaren Angebote liefern, die dieser für seine Entscheidung nutzen kann.

Eine Wettbewerbsbeschränkung durch die Angabe von Erstattungsgrenzen seitens der Versicherer, die zu einer Art Höchstpreisbindung führen könnten, ist in der Regel nicht zu befürchten, da lediglich der oder die günstigsten Vermieter benannt werden. Die in dem Schreiben genannten Mietpreise und damit die Preise, die von dem Versicherer in der Regel beanstandungslos reguliert werden, geben

---

[260] LG Weiden, NJW-RR 2009, 675, 678.

damit die Angebote der Vermieter wieder und werden gerade nicht von den Versicherern selbst festgelegt. Bei einer Veränderung der Mietpreise dürften sich somit auch die Angaben in den Empfehlungsschreiben ändern, so dass es sich nicht um feste Erstattungsgrenzen oder eine Höchstpreisbindung handelt.

Ein Wettbewerbsproblem ist aber möglicherweise dann zu befürchten, wenn (beispielhaft) ein konkreter Vermieter, wie früher Carpartner, benannt wird. Es kommt hier ein Verstoß gegen § 3 Abs. 1 UWG i.V.m § 4 Nr. 4 UWG in Betracht. Zur Erfüllung des Tatbestands fehlt es aber an einem konkreten Wettbewerbsverhältnis zwischen dem Versicherer und den möglicherweise behinderten Autovermietern, so dass sie nicht als Mitbewerber i.S.d. § 2 Nr. 3 UWG anzusehen sind.[261] Zudem wird von den Versicherern nicht gezielt der Zweck verfolgt, die Vermieter an ihrer wettbewerblichen Entfaltung zu hindern. Zweck der Empfehlung ist vielmehr der billigenswerte Versuch der Versicherer, die Regulierungskosten niedrig zu halten. Auch ein Verstoß gegen § 5 UWG durch eine Irreführung liegt nicht vor, solange nicht der Eindruck erweckt wird, dass die Angebote anderer Vermieter grundsätzlich nicht erstattungsfähig sind. Außerdem entschärft sich dieses Problem wenn bedacht wird, dass die Versicherer aus eigenem Interesse den günstigsten Vermieter auswählen und benennen. Es erfolgt also eine Auswahl anhand objektiver Kriterien, die es theoretisch jedem Wettbewerber ermöglicht in den Empfehlungsschreiben genannt zu werden. Zweifelsfrei unbedenklicher wäre aber dennoch die Auflistung von mehreren günstigen Vermietern.

Erlangt der Geschädigte durch das Empfehlungsschreiben des Versicherers Kenntnis von einem günstigen Angebot, das er ohne Weiteres annehmen kann, so würde er sich treuwidrig verhalten, wenn er dennoch ein teureres Angebot auswählt. Dies folgt aus dem sich aus § 242 BGB entspringenden Grundsatz von Treu und Glauben der die Parteien einer rechtlichen Sonderverbindung zu einem rücksichtsvollen Verhalten mit Rücksichtnahme auf die berechtigten Be-

---

[261] Vgl. OLG Düsseldorf, VersR 1996, 640 = NZV 1995, 450; LG Bielefeld, NJW 2007, 2188, 2189.

lange des anderen Teils verpflichtet.[262] Die rechtliche Sonderverbindung zwischen dem Geschädigten und dem Versicherer liegt hierbei in dem gesetzlichen Schuldverhältnis, das durch die Schadensersatzpflicht des Versicherers zwischen ihnen begründet wird. Zwar ist im Rahmen des § 242 BGB stets eine einzelfallabhängige Abwägung der jeweiligen Interessen vorzunehmen, die Interessen des Geschädigten können dem Interesse des Versicherers an einer möglichst günstigen Schadensregulierung, mithin an der Einhaltung des gesetzlich vorgesehenen Wirtschaftlichkeitspostulats, aber zumindest dann nicht entgegenstehen, wenn es sich um ein vom Leistungsumfang her übliches Angebot handelt und die Annahme dem Geschädigten keine Nachteile bringt.

Eine Beschränkung auf solche Angebote, die dem Geschädigten auch auf dem freien Markt ohne eine Vermittlung des Versicherers zugänglich wären, ist dabei auch unter Berücksichtigung der Interessen des Geschädigten nicht geboten. Ziel der Ersatzwagenanmietung ist die kurzfristige Erhaltung oder Wiederherstellung der Mobilität mittels eines Kfz. Eine Unabhängigkeit des Leistungserbringers, die dazu dient Zweifel des Geschädigten über die Qualität der Leistung auszuräumen, oder ein besonderes Vertrauensverhältnis zwischen den Vertragsparteien, ist zur Erreichung dieses Ziels nicht notwendig. Im Gegensatz zu anderen komplizierteren Restitutionsleistungen, wie beispielsweise der Reparatur des Kfz oder dem Schadensgutachten, ist für den Geschädigten ohne Weiteres erkennbar, ob das Ziel der Mobilitätserhaltung erreicht wurde. Erforderlich ist dafür lediglich ein mangelfreies Kfz, das der Klasse seines Unfallwagens entspricht (bzw. ein klassentieferer Wagen, um den Abzug der Eigenersparnis zu vermeiden). Wenn es um die Erhaltung der Mobilität des Geschädigten geht, ist die Besorgnis, durch die Intervention des Versicherers unbemerkt eine schlechte Leistung oder eine unvollständige Wiederherstellung zu erhalten, also unbegründet. Solange nicht bereits vor der Anmietung sachliche Gründe des Geschädigten für eine Ablehnung des vom Versicherer vorgeschlagenen Autovermieters sprechen (bspw. schlechte Erfahrungen in der Vergangenheit oder evtl. auch schlechte Online-

---

[262] Palandt/*Grüneberg*, § 242, Rn. 6.

Bewertungen), hat er daher nach hier vertretener Ansicht den Vorschlag des Versicherers bei seiner Auswahl zu berücksichtigen.
Wann sachliche Gründe für die Ablehnung eines Sachverständigen
durch den Geschädigten vorliegen, kann allerdings nicht abstrakt
beantwortet werden, sondern muss im Einzelfall unter Abwägung
der gegenläufigen Interessen beurteilt werden. Hinsichtlich der On-
line-Bewertungen sollte insbesondere berücksichtigt werden, welche Beurteilung andere verfügbare Sachverständige erhalten haben
und wie stark diese von den Bewertungen des vorgeschlagenen
Sachverständigen abweichen.

4. Abtretung der Schadensersatzansprüche

In Literatur und Rechtsprechung wurde konträr darüber diskutiert,
ob für den Vermieter eine Aufklärungspflicht besteht, deren Verletzung einen Schadensersatzanspruch des Geschädigten gegen den
Vermieter begründet. [263] Der BGH hat letztlich eine Aufklärungspflicht des Vermieters in bestimmten Fällen bejaht und bei Verletzung dieser Pflicht einen Schadensersatzanspruch aus culpa in
contrahendo gem. §§ 311 Abs. 2, 241 Abs. 2, 280 Abs. 1 BGB angenommen. [264] Biete der Vermieter dem Geschädigten einen Tarif
an, der deutlich über dem Normaltarif auf dem örtlich relevanten
Markt liegt und bestehe deshalb die Gefahr, dass die Haftpflichtversicherung nicht den vollen Tarif übernimmt, müsse der Vermieter
den Mieter darüber aufklären. [265] Es sei davon auszugehen, dass
sich der Geschädigte bei erfolgter Aufklärung „aufklärungsrichtig"
verhalte und einen Wagen zu einem günstigeren, vom Haftpflichtversicherer nicht zu beanstandenen Tarif anmiete. Bei einer Verletzung der Aufklärungspflicht könne der Geschädigte gem. § 249
Abs. 1 BGB verlangen, so gestellt zu werden, wie er ohne das
schädigende Verhalten gestanden hätte, was zu einem Schadens-

---

[263] Eine Auflistung der gegenläufigen Meinungen gibt der BGH in seinem Urteil vom 28.06.2006
(NJW 2006, 2618, 2619) wieder.
[264] BGH NJW 2006, 2618.
[265] BGH, ebd.

ersatzanspruch in Höhe der Tarifdifferenz führt.[266] Daneben ist natürlich auch ein Schadensersatzanspruch des Geschädigten denkbar, wenn der Vermieter auf eine ausdrückliche Frage des Geschädigten nicht wahrheitsgemäß geantwortet hat und dadurch ein
Schaden entstanden ist.[267]

In Literatur und Rechtsprechung wurde teilweise darauf hingewiesen, dass der Streit über die Höhe der Mietwagenkosten direkt zwischen dem Kfz-Haftpflichtversicherer und dem Vermieter ausgetragen werden könne, indem sich der Versicherer einen dem Geschädigten gegen den Vermieter zustehenden Schadensersatzanspruch
abtreten ließe und gegenüber dem Vermieter geltend mache.[268] Der
Anspruch des Versicherers auf Abtretung wurde mit einer entsprechenden Anwendung des § 255 BGB und dem Grundsatz der Vorteilsausgleichung begründet.

In der Praxis wurden diese Hinweise aufgegriffen und von einigen
Versicherern mit einer entsprechenden Vorgehensweise verfolgt.[269]
Um dem Vorwurf der Täuschung zu entgehen, behaupteten daraufhin zahlreiche Vermieter, nur einen einzigen Tarif anzubieten oder
ließen sich vom Geschädigten die Einhaltung der Aufklärungspflicht
schriftlich bestätigen.[270]

Seit der Änderung der Rechtsprechung des BGH im Jahre 2004 besteht für ein derartiges Vorgehen der Versicherer allerdings keine
Notwendigkeit mehr. Nach der vorherigen Rechtsprechung des
BGH wurde vermutet, dass die Wahl des Geschädigten bei erfolgter
Aufklärung auf einen günstigeren Tarif gefallen wäre, den der Versicherer nicht beanstandet hätte. In der Regel also auf einen Normaltarif. Blieb die Aufklärung aus, konnte dem Geschädigten zwar kein
Vorwurf wegen eines Verstoßes gegen seine Schadensminderungspflicht gemacht werden, der Versicherer konnte die Leistung
an den Geschädigten aber von der Abtretung der gegen den Sach-

---

[266] BGH NJW 2006, 2618, 2621.
[267] Vgl. MüKoBGB/*Emmerich*, § 311, Rn. 65.
[268] BGH NJW 1996, 1958, 1959; OLG Stuttgart, NZV 1994, 313, 315; *Greger*, NZV 1994, 337, 340;
        Lemcke, r + s 1996, 268, 269.
[269] Vgl. BGH NJW 1996, 1965; *Griebenow*, NZV 2003, 353, 356 ff.; *Wolff*, zfs 2006, 248, 251.
[270] *Griebenow*, NZV 2003, 353, 359; Vgl. auch *Wolff*, zfs 2006, 248, 249 u. 251.

verständigen gerichteten Schadensersatzansprüche abhängig machen. Im Ergebnis war er dann nur mit den Kosten des Normaltarifs belastet. Nach neuer BGH-Rechtsprechung ist dieser Zwischenschritt der Abtretung nicht mehr notwendig. Stellt sich nämlich heraus, dass der Mietpreis nicht den zur Herstellung erforderlichen Aufwand darstellt, was sich nunmehr direkt an den Normaltarifen orientiert, kommt es darauf an, ob dem Geschädigten ein wesentlich günstigerer Tarif zugänglich war. Ist das zu bejahen, beschränkt sich der Anspruch des Geschädigten gegen den Versicherer auf den günstigeren Tarif. Für die Zahlungsverpflichtung des Versicherers ist damit allein die Erforderlichkeit des Mietpreises maßgeblich, ohne dass es darauf ankommt, ob dem Geschädigten als Mieter eines Ersatzfahrzeugs möglicherweise Schadensersatzansprüche gegen den Vermieter zustehen, die er der Forderung des Vermieters entgegenhalten könnte. Der Schädiger oder der Haftpflichtversicherer können daher die eigene Leistung nicht mehr von der Abtretung etwaiger Ansprüche abhängig machen.[271]

IV. 2004 – Entschärfung des Problems durch geänderte Rechtsprechung

Die aufgeführten Bemühungen seitens der Versicherungswirtschaft, die Preise der Unfallersatztarife an die Normaltarife anzugleichen, brachten keinen spürbaren Erfolg. Der Betrieb der Carpartner GmbH wurde aus rechtlichen Gründen eingestellt und der Abschluss von Regulierungsabkommen erfolgte aus Zweifeln an der Zulässigkeit nur zurückhaltend. Auch die Vorgehensweisen der Erstschreiben oder der Abtretung der Schadensersatzansprüche führten, obwohl sie rechtlich zulässig waren, nicht dazu, dass sich die Preise im Unfallersatzwagengeschäft normalisierten. Dass die Bemühungen nicht erfolgreich waren, ließ sich insbesondere daran erkennen, dass die Mietwagenpreise des Unfallersatzgeschäfts in Relation zum Normaltarif prozentuale Werte erreichten, die beachtlich über den vom BGH im Jahre 1996 angenommenen 25 % lagen.

---

[271] BGH VersR 2005, 569 = DAR 2005, 271 = NJW 2005, 1043 = NZV 2005, 302 = r + s 2005, 216.

Nach Angaben aus Literatur und Rechtsprechung, lagen die Preise der Unfallersatztarife um mehrere hundert Prozent[272], teilweise sogar mehr als 400 %[273], über den Normaltarifen. Obschon es sich bei diesen Zahlen nur um Einzelfälle handelt, verdeutlichen sie doch, welches Ausmaß die Abweichung zwischen den Tarifen annehmen konnte.

Einen Wendepunkt stellte sodann das sog. Taxi-Urteil[274] des BGH aus dem Jahre 2004 dar, das vom VI. Zivilsenat gleich vier Mal innerhalb eines Jahres bestätigt wurde.[275] In diesem Urteil hielt der BGH zwar ausdrücklich an seiner bisherigen Rechtsprechung fest, die besagte, dass der Geschädigte nicht zwangsläufig gegen seine Schadensminderungspflicht verstoße, wenn er einen Mietwagen zum Unfallersatztarif anmiete, jedoch führte er aus, dass sich im Bereich des Unfallersatzgeschäfts ein besonderer Tarif entwickelt habe, der nicht mehr maßgeblich von Angebot und Nachfrage bestimmt werde. Unter solchen Umständen könnten die zuvor erwähnten Grundsätze keine uneingeschränkte Geltung mehr beanspruchen. Aus schadensrechtlicher Sicht könne insoweit der zur Herstellung erforderliche Geldbetrag nicht ohne weiteres mit einem Unfallersatztarif gleichgesetzt werden. Ein solcher gehöre nach der nunmehr neuen Ansicht des BGH nur dann zum erforderlichen Aufwand, wenn die gegenüber einem Normaltarif höheren Kosten betriebswirtschaftlich zu rechtfertigen seien. Die zuvor bereits beschriebene zweistufige Prüfung der Erforderlichkeit blieb damit zwar erhalten, es änderte sich jedoch der Ausgangspunkt indem nunmehr die Normaltarife als Referenzwert herangezogen wurden.[276] Wird die durch Vorlage der Rechnung indizierte Erforderlichkeit der Mietwagenkosten durch den Nachweis eines günstigeren Tarifs erschüttert, obliegt die Beweislast für die Berechtigung einer Erhöhung gegenüber dem Normaltarif dem Geschädigten bzw. seinem Rechtsnachfolger.[277]

---

[272] AG Frankfurt a.M. NZV 2002, 83, 86; *Griebenow*, NZV 2003, 353.
[273] AG Speyer, VersR 2003, 222.
[274] BGHZ 160, 377 = VersR 2005, 239 = NJW 2005, 51 = NZV 2005, 32 = r + s 2005, 41.
[275] NJW 2005, 135, 1041, 1043, 1933 = NZV 2005, 34, 301, 302, 357.
[276] *Wolff*, zfs 2006, 248, 250.
[277] BGH VersR 2005, 239, 240 f. = NJW 2005, 51, 53; VersR 2005, 850 = NJW 2005, 1933, 1934.

Es überrascht nicht, dass das vom BGH formulierte Erfordernis der betriebswirtschaftlichen Rechtfertigung die oben bereits angesprochene Diskussion um die Rechtfertigung der Preisdifferenz zwischen den Tarifen erneut entflammen ließ.[278] Im Rahmen des Gerichtsprozesses liegt es im Aufgabenbereich des Tatrichters die notwendigen Mehraufwendungen gem. § 287 ZPO zu schätzen, wobei er sich ggf. auch durch einen Sachverständigen beraten lassen kann.[279] Hierzu entschied der BGH im weitern Verlauf, dass es jedoch nicht notwendig sei, in jedem Einzelfall die konkrete Kalkulation des Vermieters zu überprüfen. Vielmehr seien allgemeine Erwägungen ausreichend, die generell dazu geeignet sind, die höheren Kosten zu rechtfertigen. Aus diesem Grunde wird ein pauschaler Aufschlag auf den Normaltarif für möglich gehalten.[280] Überwiegend wird hierbei ein Aufschlag von 20 % für sachgemäß erachtet.[281] Es besteht allerdings eine ganze Reihe davon abweichender Ansichten, innerhalb derer für die Höhe des Aufschlags von 0 % bis 50 % nahezu alle Werte vertreten werden.[282]

Lassen sich die gegenüber dem Normaltarif höheren Kosten des Unfallersatztarifs nicht betriebswirtschaftlich rechtfertigen, mithin also die Erforderlichkeit nicht nachweisen, so ist in einem zweiten Schritt zu prüfen, ob dem Geschädigten ein günstigerer Normaltarif zugänglich war. Der gewählte Tarif ist auch dann erstattungsfähig, wenn vom Geschädigten bewiesen werden kann, dass ihm „unter Berücksichtigung seiner individuellen Erkenntnis- und Einflussmöglichkeiten sowie den gerade für ihn bestehenden Schwierigkeiten unter zumutbaren Anstrengungen auf dem in seiner Lage zeitlich

---

[278] Vgl. *Freyberger*, MDR 2005, 301, 303 f.; *Griebenow*, NZV 2005, 113, 114 ff.; *dies.*, DS 2006, 88, 91 ff.; *Neidhardt/Kremer*, NZV 2005, 171.

[279] BGH VersR 2010, 683, 684; NJW-RR 2010, 679, 679 f.

[280] BGH VersR 2006, 133 = NJW 2006, 360, 361; VersR 2006, 669, 670 = NJW 2006, 1506, 1507; VersR 2006, 852, 854 = NJW 2006, 1726, 1727. Die betriebswirtschaftliche Rechtfertigung eines Mehraufwands verneinen hingegen: LG München I, zfs 2005, 492, 493 f.; *Diehl*, zfs 2005, 495; *ders.*, ZfS 2007, 331; *Griebenow*, NZV 2005, 113, 114 ff.; *Richter*, zfs 2005, 109, 112 ff.; *Schiemann*, JZ 2005, 1058, 1059; *Wagner*, NJW 2006, 2289, 2292 f.

[281] OLG Köln, NZV 2007, 199; NZV 2011, 450, 451; OLG Karlsruhe, VersR 2008, 92; LG Dortmund NZV 2008, 93, 95; LG Bonn, NZV 2010, 245, 247.

[282] Für 0 %: Wagner, NJW 2006, 2289, 2293; für höchstens 10 %: GDV, NJW-Spezial 2006, 548; für 25 %: LG Bonn, NZV 2007, 362, 364; für über 25 %: BAV, NJW-Spezial 2006, 548; für 30 %: LG Karlsruhe, NJW-RR 2006, 1396; LG Köln, NJW-RR 2006, 1400; LG Bielefeld, NJW 2008, 1601, 1602 f.; für weitere Nachweise vgl. *Vuia*, NJW 2008, 2369, 2373.

und örtlich relevanten Markt kein wesentlich günstigerer Tarif zugänglich war"[283] Hierbei geht die Rechtsprechung auch davon aus, dass es dem Geschädigten in der Regel zumutbar ist, sich nach günstigeren Angeboten zu erkundigen und zwischen verschiedenen Vermietern zu vergleichen.[284] Dazu sei ein vernünftiger und wirtschaftlich denkender Geschädigter schon unter dem Aspekt des Wirtschaftlichkeitsgebots gehalten, wenn er Bedenken gegen die Angemessenheit des angebotenen Unfallersatztarifs haben müsse, die sich schon aus der Höhe sowie der kontroversen Diskussion und der neuen Rechtsprechung zu diesen Tarifen ergeben könnten. Zudem liege eine Nachfrage in seinem eigenen Interesse, weil er anderenfalls Gefahr laufe, dass ihm ein überhöhter Tarif nicht in vollem Umfang erstattet wird.[285]

Die neue Rechtsprechung ist im Schrifttum vielfach auf Zustimmung[286] aber auch auf einige Kritik[287] gestoßen. Die Kritik bezieht sich dabei hauptsächlich darauf, dass durch die neuen Anforderungen an den Geschädigten der Streit zwischen Vermietern und Versicherern nunmehr doch auf dem Rücken des Geschädigten ausgetragen wird.[288] Dem ist zuzugeben, dass es sich bei der Rechtfertigung eines betriebswirtschaftlichen Mehraufwands gegenüber einem Normaltarif grds. um Angelegenheiten aus der Sphäre des Vermieters handelt, die für den Geschädigten nur schwer zugänglich sind und zu denen er aus diesem Grunde vor Gericht kaum substantiiert vortragen kann. Da aber nach der Rechtsprechung des BGH die Rechtfertigung des Mehraufwands nicht in jedem Einzelfall durch eine Überprüfung der Kalkulation des Vermieters zu erfolgen hat, sondern auch allgemeine Erwägungen zur Rechtfertigung ausreichen und dementsprechend ein pauschaler Aufschlag von (überwiegend) 20 % gebilligt wird, entschärft sich das Problem des Ge-

---

[283] BGH VersR 2005, 850, 851 = NJW 2005, 1933, 1934 = NZV 2005, 357, 358.
[284] BGH VersR 2005, 850, 851.
[285] BGH VersR 2005, 850, 851.
[286] *Bullery*, NZV 2005, 36; *Griebenow*, NZV 2006, 13, 19; *Riedmeyer*, zfs 2010, 70; *Wagner*, NJW 2006, 2289.
[287] *Bücken*, DAR 2006, 475; *Freyberger*, MDR 2005, 301, 302; *Greger*, NZV 2006, 1, 5; *Haertlein*, JZ 2007, 68; *Herrler*, VersR 2007, 582, 585 ff.; *Schiemann*, JZ 2005, 1058; *Vuia*, NJW 2008, 2369, 2369 f.
[288] *Greger*, NZV 2006, 1, 5; *Haertlein*, JZ 2007, 68, 71 ff.; *Herrler*, VersR 2007, 582, 585 f.

schädigten deutlich. Zudem dürfte, obwohl dies bislang nicht ausdrücklich festgestellt wurde, die Rechtsprechung des BGH, nach der ein Kfz-Vermieter seinen Kunden darüber aufzuklären hat, wenn er einen Tarif anbietet, der eventuell nicht in vollem Umfang vom Versicherer ersetzt wird, auch nach dem Taxi-Urteil fortgelten, so dass dem Geschädigten im Falle eines überhöhten Tarifs und unterlassener Aufklärung ein Schadensersatzanspruch gegen den Vermieter zusteht.[289]

V. Zwischenfazit

Die kontrollierende Wirkung von Angebot und Nachfrage war auf dem Markt für Unfallersatzwagen zeitweise nicht gegeben. Dies brachte Streitigkeiten und zum Teil kaum nachvollziehbare hohe Mietpreise mit sich. Durch die geänderte Rechtsprechung des BGH konnte jedoch wieder eine Situation der gerechteren und marktorientierten Preisbildung hergestellt werden. Die heranzuziehende Referenzgröße ist nunmehr der unter marktwirtschaftlichen Bedingungen gebildete Normaltarif, der grundsätzlich den erforderlichen Betrag darstellt. Ein demgegenüber höherer Mietpreis kann vom Geschädigten nur dann verlangt werden, sofern sich diese Mehrkosten betriebswirtschaftlich rechtfertigen lassen, oder ihm ein günstigerer als der von ihm gewählte Tarif nicht ohne Weiteres zugänglich war. Bei dieser Frage der Zugänglichkeit erfahren allerdings die individuellen Erkenntnis- und Einflussmöglichkeiten und die konkrete Situation des Geschädigten von der Rechtsprechung eine besondere Berücksichtigung.

Für die wesentlichen Streitpunkte dieser intensiv und kontrovers geführten Diskussion um die unfallbedingten Mietwagenkosten wurden damit letztes Endes sachgemäße Lösungen gefunden. Dass dies nicht für sämtliche Detailfragen dieses Themenkomplexes gelten kann, steht außer Frage. Eine derzeit geführte Debatte beschäftigt sich beispielsweise mit der korrekten Ermittlung der üblichen Nor-

---

[289] Vgl. BGH NJW 2006, 2618.

maltarife. Teilweise wird hierfür die Anwendung der Schwackeliste befürwortet.[290] Da diese Ermittlung aber auf Bedenken stößt,[291] bevorzugen andere die Anwendung der Liste des Fraunhofer Instituts.[292] Ebenso wird es vertreten den arithmetischen Mittelwert beider Erhebungen als Schätzgrundlage heranzuziehen.[293] Die Frage nach der zweckmäßigsten Ermittlungsmethode soll allerdings nicht Bestandteil dieser Untersuchung sein.

An dieser Stelle bleibt festzuahlten, dass der BGH für die Mietwagenkosten nunmehr versucht, die erforderlichen Kosten an den Preisen zu orientieren, die sich bei funktionierendem Wettbewerbs- und Vertragsmechanismus ergeben. Ob dabei ein pauschaler Aufschlag auf die Normaltarife nach betriebswirtschaftlichen Grundsätzen zu rechtfertigen ist, kann durchaus bezweifelt werden; grundsätzlich führt die Rechtsprechungsänderung des BGH aber zu wesentlich gerechteren Ergebnissen, als es zuvor der Fall war und verringert die Auswirkungen der Principal-Agent-Problematik.

---

[290] OLG Karlsruhe, NZV 2010, 472; OLG Köln, NZV 2010, 614; OLG Stuttgart, NZV 2011, 556; LG Bonn, NZV 2007, 362; LG Bielefeld, NJW 2008, 1601; *Vuja*, NJW 2008, 2369, 2372 f.

[291] *Buller*, NJW-Spezial 2008, 169; *Heß/Buller*, NJW-Spezial 2007, 255; *Richter*, VersR 2007, 620, 621.

[292] OLG München, r + s 2008, 439; OLG Hamburg, NZV 2009, 394; OLG München DAR 2009, 36, 37.

[293] OLG Saarbrücken, NJW-RR 2010, 541; OLG Karlsruhe, NJW-RR 2012, 26, m.w.N.; LG Bielefeld, SVR 2010, 221.

Kapitel 4: Die Prinicipal-Agent-Problematik der Sachverständigenkosten

I. Zweck und Erforderlichkeit eines Schadensgutachtens

Die Aufgabe des Sachverständigen im Rahmen des Wiederherstellungsprozesses besteht darin, den entstandenen Schaden zu beziffern und dabei insbesondere Reparaturkosten, Materialkosten und Restwert des Unfallautos zu ermitteln. Dem Geschädigten liefert er die benötigten Informationen, um die wirtschaftlichste Art der Wiederherstellung zu ermitteln. Auch für eine fiktive Abrechnung des Schadens, wird in der Regel ein Schadensgutachten benötigt.[294]

Da es sich bei der Begutachtung um eine wichtige Voraussetzungen zur Geltendmachung des Schadensersatzanspruches handelt, zählen die dadurch entstehenden Kosten, soweit sie hierfür erforderlich und zweckmäßig sind, zu den mit dem Schaden unmittelbar verbundenen und auszugleichenden Vermögensnachteilen.[295] Ist eine Begutachtung zur tatsächlichen Durchführung der Wiederherstellung erforderlich, zählen die dadurch enstehenden Kosten direkt zum Herstellungsaufwand.[296] Da die Schadensfeststellung der zweckentsprechenden Rechtsverfolgung dient, werden sie vielfach auch den Rechtsverfolgungskosten zugeordnet.[297] In der Wahl des Sachverständigen ist der Geschädigte hierbei grundsätzlich frei und nicht an die Weisungen des Geschädigten oder dessen Versicherer gebunden.[298] Zu beachten ist allerdings die zuvor bereits erläuterte sog. Bagatellgrenze.[299]

---

[294] MüKoBGB/*Oetker*, § 249, Rn. 396.
[295] BGH NJW 1974, 34, 35; BGH NJW-RR 1989, 953, 956; VersR 2005, 380 = NJW 2005, 356 = DS 2005, 108; VersR 2007, 560 = NJW 2007, 1450 = DS 2007, 144.
[296] BGH NJW 1974, 34, 35; VersR 2005, 380 = NJW 2005, 356 = DS 2005, 108; DS 2007, 144; *Vuia*, DS 2013, 182, 183.
[297] Vgl. MüKoBGB/*Oetker*, § 249, Rn. 396; Palandt/*Grüneberg*, § 249, Rn. 58.
[298] BGH NJW 2007, 1450, 1451; MüKoBGB/*Oetker*, § 249, Rn. 399.
[299] Dazu oben. auf S. 25 ff.

II. Die Gründe für das Principal-Agent-Problem der Sachverständigenkosten

Bei der Beauftragung des Sachverständigen geht der Geschädigte, ebenso wie bei der Wahl eines Mietwagens, davon aus, dass die Kfz-Haftpflichtversicherung des Unfallgegners am Ende die Kosten des Gutachtens übernehmen muss, so dass für ihn kaum Anreiz dazu besteht, Angebote zu vergleichen oder Preisverhandlungen zu führen.[300] Die bei einem Verkehrsunfall nahezu immer bestehende Gefahr einer Mithaftung gem. § 17 Abs. 2 StVG oder § 254 BGB scheint hierauf in vielen Fällen keinen maßgeblichen Einfluss zu haben. Dies mag zum einen daran liegen, dass dem Geschädigten als juristischen Laien die Gefahr einer Mithaftung nicht bewusst ist. Zum anderen wird aufgrund der subjektiven Tendenz, das eigene Verhalten als richtig anzusehen und den Verschuldensgrad des Unfallgegners überzubewerten, der eigene Haftungsanteil in der Regel als sehr gering und damit im Ergebnis nicht sonderlich stark ins Gewicht fallend angesehen.[301]

Als Herr des Restitutionsverfahrens ist er nach der Rechtsprechung in der Wahl des Sachverständigen frei und – wie bei der Anmietung eines Ersatzwagens – nicht an Weisungen des gegnerischen Kfz-Haftpflichtversicherers gebunden.[302] Der Versicherer, der seinerseits die Kosten des Gutachtens zu tragen hat, kann wiederum keinen direkten Einfluss auf die zwischen dem Geschädigten und dem Sachverständigen getroffenen Honorarabsprachen ausüben. Zugleich besteht das moralische Risiko, dass der Sachverständige aufgrund der Beauftragung durch den Geschädigten dazu geneigt ist, sein Gutachten „im Sinne des Geschädigten" zu erstellen.

Der Branche der Kfz-Sachverständigen bietet sich damit die Möglichkeit, ihre Preise unabhängig von kontrollierenden Marktmechanismen festzulegen. Konkret haben sich hierbei zwei mögliche Ab-

---

[300] *Göbel*, NZV 2006, 512.
[301] Ausschlaggebend ist letztlich auch die fehlende Möglichkeit des Geschädigten Vergleiche vorzunehmen. Dazu auf S. 118.
[302] BGHZ 154, 395, 398 = VersR 2003, 918, 919 = NJW 2003, 2085; BGH VersR 2005, 558, 559; BGH VersR 2007, 560, 561 = DS 2007, 144, 145, Rn. 16.

rechnungsmethoden etabliert. Sachverständige berechnen ihr Grundhonorar im Allgemeinen entweder nach Stundensätzen oder in Relation zur Schadenshöhe, wobei die letztere Berechnungsmethode nach Schätzung des BVSK von nahezu 100 % der freien Sachverständigen bevorzugt wird.[303] Allerdings kann diese Art der Honorarberechnung zu widersprüchlich wirkenden Ergebnissen führen. Obwohl die Arbeitsvorgänge und auch die aufzuwendende Arbeitszeit übereinstimmen, führt – bei gleichem technischen Schaden – durch diese Art der Berechnung ein Gutachten für einen teureren Wagen zu höheren Kosten. Auf den ersten Blick erscheint es aber wenig schlüssig, dass ein und derselbe Schaden an unterschiedlichen Kfz trotz exakt gleichem Arbeitsaufwand zu unterschiedlichen Honoraren führen soll. Eine Honorar- oder Gebührenordnung, wie sie für Anwälte, Notare, Ärzte, Architekten oder insbesondere auch für gerichtlich bestellte Sachverständige bestehen, existiert für private Sachverständige nicht.[304]

Auch wenn der größte Teil der Sachverständigen das Honorar anhand der festgestellten Schadenshöhe bestimmt, bedeutet dies nicht, dass alle Sachverständigen innerhalb dieser allgemeinen Methode ihre Kosten auf die gleiche Weise berechnen. Die konkrete Formel, die zur Kalkulation des Honorars verwendet wird, kann sich von Anbieter zu Anbieter unterscheiden. Zudem wird die Höhe des Honorars in der Regel gar nicht vorab mit dem Geschädigten besprochen.[305] Mitverantwortlich dafür ist das bereits erwähnte Desinteresse des Auftraggebers. Sollte die Frage nach den Kosten dennoch aufgeworfen werden, wird eine konkrete Auskunft zumeist mit der Begründung verweigert, dass der Schaden, anhand dessen sich das Honorar berechnet, ja erst noch ermittelt werden müsse.[306] Diese Begründung ist vergleichbar mit einer von Mietwagenunternehmen gelegentlich getroffenen Aussage. Wollte sich der Geschädigte über die zu erwartenden Mietpreise informieren, wurde ihm daraufhin oftmals entgegnet, man könne den Mietpreis noch nicht benen-

---

[303] BVSK-Honorarbefragung 2013, S. 3.
[304] Himmelreich/Halm/Staab/*Bergmann*, Handbuch der Kfz-Schadensregulierung, Kap. 13, Rn. 87.
[305] *Göbel*, NZV 2006, 512, 514.
[306] Vgl. *Freyberger*, MDR 1996, 1091, 1092; *Imhof/Wortmann*, DS 2011, 149, 152; *Otting*, VersR 1997, 1328, 1330.

nen, da die endgültige Mietdauer noch nicht feststehe.[307] Im Geschäft mit einem Unfallgeschädigten ist mithin die Tendenz der Leistungserbringer zu erkennen, konkreten Absprachen über die zu erwartenden Kosten nach Möglichkeit auszuweichen.

Die Bezeichnung des Sachverständigen ist in Deutschland nicht geschützt, so dass im Grunde jeder den Beruf des Sachverständigen ergreifen kann, ohne eine Prüfung ablegen oder seine Fachkenntnis nachweisen zu müssen.[308] Zwar gibt es durch das IfS (Institut für Sachverständigenwesen e.V.), die Berufsverbände oder andere Organisationen wie die DEKRA eine Reihe von Zertifizierungsverfahren, die die fachliche Eignung der Sachverständigen nachweisen sollen; das berufliche Tätigwerden von unqualifizierten Sachverständigen wird hierdurch jedoch nicht verhindert.[309] Geschützt ist allerdings die Bezeichnung des öffentlich bestellten Sachverständigen. Das unbefugte Führen dieser Bezeichnung stellt eine Straftat gem. § 132a StGB dar.

Für Schadensgutachten, die zum Zwecke der Beweisführung von einer Privatperson in Auftrag gegeben werden, besteht im Unterschied zu den Mietwagen kein „Selbstzahlertarif", der als Vergleich dienen kann oder eine Aussage darüber trifft, welche Preise unter marktwirtschaftlichen Bedingungen zustande kommen würden.[310] Demjenigen, der die Reparatur seines Unfallwagens mit eigenen Mitteln bezahlen muss, stellt sich ein Gutachten, das vor Instandsetzung des Fahrzeugs eingeholt wird, als unnötiger Kostenpunkt dar. Zudem ist der Nutzen einer Untersuchung, die ihn darüber informiert, mit welchen Reparaturkosten er zu rechnen hat, für den Auftraggeber außerhalb eines Prozesses als eher gering zu bewerten. Falls er seine Entscheidung über eine Instandsetzung des Fahrzeugs von den voraussichtlichen Kosten der Reparatur abhängig machen will, wird der durchschnittliche Betroffene einen günsti-

---

[307] Vgl. *Freyberger*, MDR 2005, 301, 302.
[308] Van Bühren/*Lemcke*/Jahnke, Anwalts-Handbuch Verkehrsrecht, Teil 3, Rn. 311;
vgl. auch Berz/Burmann/*Hörl*, Handb. d. Straßenverkehrsrechts, 10., Rn. 7 ff.
[309] *Engelke*, NZV 2012, 365, 366; *Nehm*, DAR 2013, 587, 558.
[310] *Engelke*, NZV 2012, 365, 368; *Nehm*, DAR 2013, 587, 558.

geren (ggf. sogar kostenlosen) Kostenvoranschlag der favorisierten Werkstatt einholen.

Das Zusammenspiel der aufgezeigten Begebenheiten auf dem Markt für Kfz-Schadensgutachten führt zu hohen Kosten, die in erster Linie die Kfz-Haftpflichtversicherer, indirekt aber die Versichertenkollektive, treffen.

III. Aktueller Stand der Rechtsprechung zur Erstattung der Sachverständigenkosten

1. Gesetzliche Anknüpfungspunkte

Die vertragliche Vereinbarung zwischen dem Auftraggeber und dem Sachverständigen über die Erstellung eines Gutachtens unterliegt aus rechtlicher Perspektive dem Werkvertragsrecht gem. § 631 ff. BGB.[311] Für die Höhe des Honorars ist damit § 632 Abs. 2 BGB maßgeblich, der besagt, dass die Vergütung – sofern keine konkrete Vereinbarung besteht – anhand einer Taxe und in Ermangelung einer solchen, anhand des Üblichen zu bestimmen ist. Es wurde bereits erwähnt, dass eine Gebührenordnung, wie sie beispielsweise für Ärzte oder Rechtsanwälte besteht, für Sachverständige nicht existiert.[312] Deshalb ist die Vergütung bei fehlender vertraglicher Vereinbarung anhand des Üblichen zu bestimmen.

Für das Schadensrecht sind die vertraglichen Abreden oder die werkvertraglichen Bestimmungen allerdings nicht ausschlaggebend. Das vereinbarte Honorar und der vom Schädiger zu ersetzende Betrag sind nicht unbedingt identisch.[313] Geht es um die Höhe des Schadensersatzes, ist wie bei den Unfallersatztarifen, § 249 Abs. 2 S. 1 BGB die zentrale Vorschrift, aus der sich die Frage nach der

---

[311] BGH NJW 1995, 392, 393; DAR 2006, 451; NJW 2006, 2472; NZV 2007, 182, 183.
[312] Himmelreich/Halm/Staab/*Bergmann*, Handbuch der Kfz-Schadensregulierung, Kap. 13, Rn. 87.
[313] BGH VersR 2007, 560, Rn. 13 = DS 2007, 144 = NJW 2007, 1450, 1451; Himmelreich/Halm/Staab/*Bergmann*, Handbuch der Kfz-Schadensregulierung, Kap. 13, Rn. 146 ff.; van Bühren/*Lemcke*/Jahnke, Anwalts-Handbuch Verkehrsrecht, Teil 3, Rn. 330, 332.

Erforderlichkeit des Betrags ableitet. Dem Grunde nach werden die Kosten für ein Schadensgutachten von der Rechtsprechung als erforderlich angesehen, wenn eine verständige und wirtschaftlich denkende Person sie für sachdienlich halten durfte.[314] Allerdings ist mit dieser Formel noch nicht die Frage danach beantwortet, ob das Honorar in der jeweiligen Höhe erforderlich war, oder ob es bei Beachtung des Wirtschaftlichkeitspostulats vom Geschädigten auch zu einem günstigeren Preis zu erlangen gewesen wäre. Die Rechtsprechung schreibt diesbezüglich dem in Übereinstimmung mit der Rechnung und der zugrunde liegenden Preisvereinbarung tatsächlich erbrachten Aufwand des Geschädigten eine Indizwirkung für den erforderlichen Betrag zu,[315] und rückt damit von ihrem Standpunkt ab, dass der Geschädigte seiner Darlegungslast allein durch die Vorlage der Rechnung genügt.[316] Denn nach Ansicht des BGH, bildet nicht die Höhe der vom Sachverständigen erstellten Rechnung als solche einen Anhalt zur Bestimmung des erforderlichen Betrags, sondern allein der vom Geschädigten in Übereinstimmung mit der Rechnung und der ihr zu Grunde liegenden getroffenen Preisvereinbarung tatsächlich erbrachte Aufwand.[317] Der Grund für die Annahme einer Indizwirkung des vom Geschädigten tatsächlich erbrachten Aufwands liege darin, dass bei der Bestimmung des erforderlichen Betrags die besonderen Umstände des Geschädigten zu berücksichtigen seien, wozu auch seine möglicherweise beschränkten Erkenntnismöglichkeiten zählen würden. Diese schlügen sich regelmäßig im tatsächlich aufgewendeten Betrag nieder, nicht hingegen in der Höhe der vom Sachverständigen erstellten Rechnung als solcher.[318]

Etwas anderes gelte nur, wenn für den Geschädigten klar erkennbar gewesen sei, dass das vereinbarte Honorar die üblichen Preise deutlich übersteigt.[319] Um dies beurteilen zu können, ist es deshalb

---

[314] BGH VersR 2003, 481, 482 = NJW 2003, 1398, 1399; VersR 2013, 1194, 1195, Rn. 5 = NJW 2013, 1823; vgl. auch oben auf S. 71.
[315] BGH VersR 2014, 1141, 1142, Rn. 16 = NJW 2014, 3151, 3153 f. = DS 2014, 282, 283, Rn. 16; dem folgend: LG Stuttgart DS 2015, 318, 318 f.
[316] So noch: BGH VersR 2014, 474 = NJW 2014, 255 = DS 2014, 90.
[317] BGH VersR 2016, 1133, 1135 = NZV 2016, 420, 422 m.w.N.; VersR 2016, 1387, 1389, Rn. 19.
[318] BGH ebd.
[319] BGH NJW 2014, 1947, 1948.

zunächst notwendig, festzustellen in welchem Rahmen sich die üblichen Preise bewegen. Hierfür ist es in der Rechtsprechung gebräuchlich, eine der bereits erwähnten Honorarbefragungslisten der oben genannten Sachverständigenverbände heranzuziehen, wobei häufig die Honorarbefragungen des BVSK verwendet werden.[320] Vom Geschädigten wird allerdings nicht verlangt, diese Honorarbefragungen zu kennen,[321] was sich maßgeblich auf die Erkennbarkeit eines erhöhten Honorars auswirkt. Selbst wenn der Preis tatsächlich überhöht sein sollte, ist dies nach den Kriterien der Rechtsprechung für den Geschädigten nur selten vorher feststellbar.

In einem neueren Urteil vom Juni 2017 hat der BGH nunmehr festgestellt, dass für den Sachverständigen gegenüber dem Geschädigten eine Aufklärungspflicht besteht. Ein Gutachter, der dem Geschädigten eines Verkehrsunfalls die Erstellung eines Gutachtens zu den Schäden an dem Unfallfahrzeug zu einem Honorar anbietet, das deutlich über dem ortsüblichen Honorar liegt, muss diesen über das Risiko aufklären, dass der gegnerische Kfz-Haftpflichtversicherer das Honorar nicht in vollem Umfang erstattet.[322] Damit hat der BGH seine bisherige Rechtsprechung zu den Aufklärungspflichten der Mietwagenunternehmen gegenüber dem Geschädigten unabgeändert auch auf Kfz-Gutachter übertragen.[323]

2. Erkundigungspflicht des Geschädigten

Überhöhte Honorare könnten vom Geschädigten auch durch einen eigenen Preisvergleich erkannt werden. Über eine, der Schadensminderungspflicht entspringende, mögliche Erkundigungspflicht des Geschädigten wurde auch in Literatur und Rechtsprechung diskutiert.[324] Der BGH hat seinerseits aber wiederholt betont, dass der

---

[320] NK-GVR/*Kuhnert*, § 249 BGB, Rn. 80. Kritisch dazu: LG Stuttgart DS 2015, 318, 319; vgl. auch schon oben S. 27.
[321] BGH SVR 2014, 181, 183.
[322] BGH, Urt. v. 01.06.2017 – VII ZR 95/16, BeckRS 2017, 114667.
[323] Vgl. oben S. 62.
[324] Befürwortend: AG Hagen, NZV 2003, 144; *Fricke*, VersR 2011, 966, 970; *Trost*, VersR 1997, 537, 543; ablehnend: *Gruber*, NVersZ 2002, 153, 155; *Grunsky*, NZV 2000, 4, 5; *Hörl*, NZV 2003, 305,

Geschädigte nicht zu einer Erforschung des Marktes verpflichtet sei und damit eine solche Pflicht des Geschädigten scheinbar abgelehnt. [325] Der Geschädigte dürfe nach den schadensrechtlichen Grundsätzen zwar nicht jeden beliebigen Preis zulasten des Schädigers vereinbaren. Solange es für ihn als Laien jedoch nicht erkennbar sei, dass der Sachverständige seine Preise willkürlich festsetzt, bzw. Preis und Leistung in einem auffälligen Missverhältnis zueinander stehen, würden sich die Kosten aus seiner Sicht als erforderlich darstellen. [326] In der instanzgerichtlichen Rechtsprechung wurde zuvor ein Preisvergleich aber vereinzelt für möglich und zumutbar gehalten und zum Beispiel ein Auswahlverschulden des Geschädigten angenommen, wenn dieser das erstbeste Angebot eines Sachverständigen aus dem Telefonbuch annimmt, ohne vorher Vergleichsangebote einzuholen. [327]

3. Beurteilung

Die derzeitige Situation auf dem Markt für Unfallschadensgutachten ähnelt den Verhältnissen auf dem Markt für Unfallersatzwagen vor der Rechtsprechungsänderung im Jahre 2004. Die Höhe der Sachverständigenhonorare sind der kontrollierenden Wirkung von Angebot und Nachfrage entzogen und es kann mit Recht bezweifelt werden, ob ein angemessenes Verhältnis zwischen der erbrachten Leistung und dem zu zahlenden Entgelt besteht.

Die Rechtsprechung des BGH im Kontext des Sachverständigenkostenersatzes setzt diesen auf dem Markt bestehenden Mängeln jedoch nichts entgegen. Eine entsprechende Anwendung der Grundsätze, die sich zu den Unfallersatztarifen entwickelt haben, wird abgelehnt. Obschon der BGH diese Möglichkeit in seinem Ur-

---

307; *Nehm*, DAR 2013, 557, 560; *Otting*, VersR 1997, 1328, 1330 f.; *Roß*, NZV 2001, 321, 322; *Wortmann*, VersR 1998, 1204, 1214; *ders.*, DS 2010, 102, 104.

[325] BGH VersR 2007, 560, 561, Rn. 17 = DS 2007, 144, 145 = NJW 2007, 1450, 1452; DS 2014, 90, 91, Rn. 7 = VersR 2014, 474, 475 ; NZV 2014, 445, 447, Rn. 15.

[326] BGH NJW 2014, 1947, 1948, Rz. 9; NVwZ 2014, 385 = VersR 2013, 1590, Rn. 19 m.w.N.

[327] AG Hagen NZV 2003, 144, 146 f.

teil ausdrücklich anspricht,[328] wird nicht der Anschein erweckt, dass tatsächlich der Versuch unternommen wurde, die Diskussion und die Ergebnisse der Debatte um die Unfallersatztarife nutzbar zu machen. Bei den Mietwagenkosten, so der BGH, habe sich ein besonderer Tarif entwickelt, der nicht mehr maßgeblich von Angebot und Nachfrage bestimmt werde, sondern insbesondere durch gleichförmiges Verhalten der Anbieter. Die darauf bezogene Rechtsprechung erhalte ihr Gepräge dadurch, dass die Unfallersatztarife erheblich über den Normaltarifen liegen würden. Es seien aber keine Anhaltspunkte dafür ersichtlich, dass sich eine derartige Marktsituation auch bei der Erstellung von Kfz-Schadensgutachten etabliert hat.[329]

Tatsächlich kann eine direkte Übertragung dieser Prinzipien kaum gelingen, da der hierfür erforderliche Vergleichsmarkt in Form des „Selbstzahlertarifs" fehlt. Es sollte allerdings hinterfragt werden, ob man es hinsichtlich der Überlegungen hierbei belassen kann. Es ist denkbar, dass abgesehen von der Lösung des Problems über einen Referenzwert auch andere Aspekte dieser extensiv geführten Diskussion zu einem gerechteren Ergebnis beitragen können.

Das einzige vom BGH angewandte Kriterium mit beschränkender Wirkung, ist die Erkennbarkeit eines deutlich überteuerten Honorars aus Sicht des Geschädigten. Viele Sachverständige geben aber vor der Erstellung des Gutachtens keine Auskunft über ihre Preise und zumindest nach Ansicht des BGH kann vom Geschädigten nicht verlangt werden, sich auf dem Markt für Sachverständigengutachten zurechtzufinden, Preisvergleiche anzustellen oder die Honorarbefragungen zu kennen. Hinzu kommen die unterschiedlichen Berechnungsmethoden der Sachverständigen und die fehlenden Qualifikationsanforderungen für den Beruf des Sachverständigen, die dem Geschädigten einen Vergleich zwischen verschiedenen Anbietern von Schadensgutachten erschweren.[330] Demnach kann diese Grenze der Erkennbarkeit nur in seltenen Ausnahmefällen vorliegen und ist praktisch nur von untergeordneter Bedeutung.

---

[328] BGH VersR 2007, 560, 561 = NJW 2007, 1450, 1452, Rn. 18.
[329] BGH ebd.
[330] Vgl. LG Saarbrücken, DS 2012, 358, 361; *Roß*, NZV 2001, 321, 322.

Unter den von der BGH-Rechtsprechung geschaffenen Umständen, hat der gegnerische Kfz-Haftpflichtversicherer den Vereinbarungen zwischen dem Sachverständigen und dem betroffenem Fahrzeugeigentümer kaum etwas entgegenzuhalten und somit auch verhältnismäßig teure Sachverständigenhonorare zu ersetzen.[331] Die Aussage des BGH, dass für den Geschädigten, obwohl er nicht zu einer Erforschung des Marktes verpflichtet sei, das Risiko bestehe, ohne nähere Erkundigungen einen Sachverständigen zu beauftragen, der sich später im Prozess als zu teuer erweist,[332] widerspricht damit (zumindest bezüglich des Grundhonorars) den tatsächlichen Begebenheiten, da, sofern die Bagatellgrenze überschritten ist, das Risiko, die Kosten selbst tragen zu müssen, aufgrund der hohen Schwelle der Erkennbarkeit äußerst gering ist.

Die sachverständigen- und geschädigtenfreundliche Rechtsprechung mag, wie schon bei den Unfallersatztarifen, daher rühren, dass der Streit zwischen Versicherern und Sachverständigen nicht auf dem Rücken des Geschädigten ausgetragen werden soll. Es fehlt ihr aber auch die Eignung, die bestehenden Mängel des Marktes auszugleichen und gerechte Ergebnisse herbeizuführen.

Abzuwarten bleibt, welchen Einfluss die vom BGH festgestellt Aufklärungspflicht des Sachverständigen hat.[333] Im Falle einer erfolgten Aufklärung dürfte für den Geschädigten zumindest die Erkennbarkeit einer überhöhten Honorarforderung gegeben sein, so dass diese bisher kaum bedeutsame Grenze der Rechtsprechung nun einen Anwendungsbereich finden könnte. Im Falle einer unterlassenen Aufklärung sind die überhöhten Kosten für den Geschädigten zwar weiterhin nicht erkennbar, allerdings kann der Versicherer in diesen Fällen Schadensersatzansprüche aus abgetretenem Recht gegen den Sachverständigen geltend machen.[334]

Das eigentliche Problem auf dem Markt für Schadensgutachten, namentlich der fehlende Preiswettbewerb unter den Gutachtern

---

[331] So auch: *Nehm*, DAR 2013, 557, 560.
[332] BGH VersR 2007, 560, 561 = DS 2007, 144, 145, Rn. 17 = NJW 2007, 1450, 1452.
[333] Vgl. oben S. 77.
[334] So auch im Fall des BGH, Urt. v. 01.06.2017 – VII ZR 95/16, BeckRS 2017, 114667.

aufgrund mangelnder Preissensibilität der Geschädigten, wird damit indes nicht beseitigt. Durch die Möglichkeit Schadensersatz aus abgetretenem Recht gegen den Sachverständigen geltend zu machen, müssen die Versicherer zwar die Kosten deutlich überhöhter Honorare nicht mehr erstatten. Zum einen ist aber noch ungeklärt, wo diese Grenze der deutlichen Überhöhung liegen und die Aufklärungspflicht eingreifen soll. Zum anderen richtet sich diese Rechtsprechung nur gegen Sachverständigenkosten, die in Relation zu den derzeit üblichen Honoraren, deutlich überhöht sind. Für den Umstand, dass die Preise für Schadensgutachten nicht unter wettbewerbsbedingungen gebildet und deshalb vermutlich insgesamt - also auch die üblichen Kosten – überhöht sind, bietet diese Rechtsprechung keine Lösung.

IV. Bisherige Ansätze zur Lösung des Principal-Agent-Problems

1. Versicherungseigenes Sachverständigenunternehmen – Carexpert

Während der Auseinandersetzungen um die Mietwagentarife wurde von einigen Versicherungsunternehmen die Carpartner Autovermietung GmbH als gemeinsames Mietwagenunternehmen gegründet. Mit den günstigen Preisen der Carpartner wurde seitens der Versicherer das Ziel verfolgt, den Wettbewerbsdruck auf die übrigen Mietwagenunternehmen zu erhöhen. In gerichtlichen Verfahren wurde sodann von kooperierenden Versicherern häufig auf die Carpartner-Tarife hingewiesen und damit die Zugänglichkeit eines günstigeren Angebots behauptet.[335]

Aus ähnlichem Kalkül heraus erfolgte vermutlich auch die Gründung der Carexpert Kfz-Sachverständigen GmbH. Dieses Unternehmen wurde im Jahre 1994 als eine gemeinsame Servicegesellschaft der

---

[335] Siehe oben S. 45 f.

R+V und der Viktoria eingerichtet.[336] Zwei Jahre später kam auch die KRAVAG-Versicherung als Beteiligte hinzu.[337] Bis heute bietet Carexpert bundesweit Dienstleistungen rund um Besichtigung und Beurteilung von Kfz-Schäden an und liegt mit ihren Preisen dabei deutlich unter dem Angebot der freien Sachverständigen.

Die Etablierung der Carexpert Kfz-Sachverständigen GmbH sorgte jedoch für weniger Aufsehen, als es bei der Carpartner Autovermietung GmbH der Fall war. Der Wettbewerbsdruck, der von dieser Maßnahme ausging dürfte weniger spürbar gewesen sein. Einerseits war bisher nicht die Rede von Subventionen durch die Versicherungswirtschaft und andererseits besteht für den Geschädigten nach dem oben Gesagten keine Erkundigungspflicht nach günstigeren Angeboten. Die Methode, mit der die Versicherer die Mietwagenpreise der Carpartner GmbH am Markt durchzusetzen versuchten, nämlich die Heranziehung der günstigen Preise als Referenzwert vor Gericht, machte mangels Erkundigungsobliegenheit somit weniger Sinn und der von Carexpert ausgehende Preisdruck auf die übrigen Sachverständigen hielt sich in Grenzen. Das Carexpert-Modell wurde demzufolge weniger kritisch beurteilt als die Carpartner GmbH. Eine Untersagungsverfügung oder ein Verfahren durch das Bundeskartellamt ist bis dato nicht erfolgt. Ein Verstoß gegen das Kartellrecht ist auch nicht ersichtlich. Insbesondere liegt keine Beeinträchtigung des Wettbewerbs durch gezahlte Subventionen, die zu wettbewerbsfremden Preisen führen, vor. Vielmehr tritt eine wettbewerbsfördernde Wirkung durch die Schaffung eines neuen Mitbewerbers ein.

Zu den Kunden der Carexpert GmbH zählen hauptsächlich Versicherungen, Leasinggesellschaften und andere Großunternehmen. Für private Auftraggeber bestehen, aufgrund der Nähe zur Versicherungswirtschaft, Bedenken hinsichtlich der Objektivität des zu erstellenden Gutachtens. Angesichts der großen Freiheiten, die der Geschädigte bei der Auswahl des Sachverständigen hat, dürfte seine Wahl damit in den seltensten Fällen auf eine versicherungseigene

---

[336] *Mikulla-Liegert*, DAR 1999, 289, 291.
[337] VW 1996, 347.

Servicegesellschaft fallen. Eine ernstzunehmende Konkurrenz für freie Sachverständige, mit dem Potential einen Preiswettbewerb anzuregen, stellt sie daher nicht dar.

2. Lösungsansätze der Instanzgerichte

Nicht nur die Versicherer, sondern auch einige Instanzgerichte versuchten den ihrer Meinung nach unangemessenen Sachverständigenkosten durch ihre Rechtsprechung entgegenzuwirken. Sie zogen für die Nebenkosten des Gutachtens oder auch für das Grundhonorar prozentuale oder absolute Grenzen, bei deren Überschreitung sie die Erforderlichkeit i.S.d. § 249 Abs. 2 S. 1 BGB ablehnten.

a) Begrenzung der Nebenkosten

Ein Teil der instanzgerichtlichen Rechtsprechung bezog sich auf die von den Sachverständigen berechneten Nebenkosten. Dieser Rechnungsposten beinhaltet in der Regel tatsächlich angefallene Aufwendungen wie z.B. Telefon- und Fahrtkosten, Porto-, Schreib- und Kopierkosten sowie Kosten für das Anfertigen der Fotos. Die Sachverständigen rechnen ihre Nebenkosten uneinheitlich, zum Teil nach konkretem Anfall und zum Teil pauschal, ab. In vielen Kostenaufstellungen der Sachverständigen erreichten die Nebenkosten einen sehr hohen Anteil am Gesamthonorar. In einem Fall des BGH mit Urteil vom 11.02.2014 waren es beispielsweise rund 42 % der gesamten Rechnung;[338] im Fall des AG Altena mit Urteil vom 17.02.2010 sogar fast 60 %.[339] Dieser Umstand ließ Bedenken darüber entstehen, ob derart hohe Nebenkosten tatsächlich gerechtfertigt sind oder ob sie nur dazu benutzt werden, den Gesamtpreis künstlich in die Höhe zu treiben.[340] *Balke* bezweifelt in diesem Zusammenhang zu Recht, dass bis zu vier Kopien des Originalgutach-

---

[338] BGH VersR 2014, 474 = NJW 2014, 1947 = SVR 2014, 181.
[339] AG Altena, Az. 2 C 459/09, BeckRS 2011, 09470.
[340] Vgl. *Balke*, SVR 2014, 181, 183.

tens und für lokale Schäden ganze Fotoserien von 10 bis 15 Fotos tatsächlich erforderlich sind.[341] In diesem Zusammenhang haben die Urteile des LG Saarbrücken und des OLG Dresden einige Aufmerksamkeit auf sich gezogen.

Das LG Saarbrücken hat in seinem Urteil vom 22.06.2012 eine pauschale Grenze in Höhe von 100 Euro für die erforderlichen Nebenkosten gezogen.[342] Die BVSK-Honorarbefragung, eine vom BVSK regelmäßig unter seinen Mitgliedern durchgeführte Befragung zur Höhe der üblichen Sachverständigenhonorare, sah die Kammer hinsichtlich der Nebenkosten – anders als bei den Grundhonoraren – nicht als geeignete Orientierungsgrundlage für den Geschädigten an. Die verschiedenen Berechnungen auf dem regionalen Markt würden hierfür ein insgesamt zu uneinheitliches Bild darstellen. Dies enthebe den Laien aber nicht von jeglicher Plausibilitätskontrolle hinsichtlich der geltend gemachten Nebenkosten, für den oberhalb dieser Grenze das Missverhältnis zwischen Preis und Leistung eindeutig erkennbar sei.[343] Bis zu einer Grenze von 100 Euro dürfe ein Geschädigter die abgerechneten Nebenkosten des Sachverständigen (zumindest auf dem im konkreten Fall betroffenen regionalen Markt) grundsätzlich für erforderlich halten. Sowohl pauschale als auch konkrete Nebenkostenabrechnungen bis zu dieser Höhe, hält das Gericht demnach generell für erforderlich und erstattungsfähig. Soweit die Nebenkosten diesen Betrag übersteigen, seien sie nur erstattungsfähig, wenn die besonderen Umstände des Einzelfalls einen gesteigerten Begutachtungsaufwand erforderlich machen.[344]

Das OLG Dresden stellte in seinem Urteil vom 19.02.2014 fest, dass in vielen Fällen eine Wechselwirkung zwischen Grundhonorar und Nebenkosten bestehe. Es sei zu beobachten, dass in Fällen niedriger Grundhonorare, tendenziell sehr hohe Nebenkostenpauschalen geltend gemacht würden. Das Gericht führte dazu aus,

---

[341] *Balke*, ebd.
[342] LG Saarbrücken NJW 2012, 3658 = DS 2012, 358; die Auffassung wurde nochmals bestätigt in: LG Saarbrücken, Urt. v. 06. Februar 2015 – 13 S 185/14 –, juris.
[343] LG Saarbrücken NJW 2012, 3658, 3661.
[344] LG Saarbrücken NJW 2012, 3658, 3662.

dass dann aber nicht mehr von Nebenkosten die Rede sein könne, da sie das Preisgefüge zugunsten des Sachverständigen verschieben würden, ohne dass dies für den Kunden und Geschädigten erkennbar sei. Es könne nur dann von Nebenkosten im eigentlichen Sinne gesprochen werden, wenn es sich um eine im Verhältnis zur Hauptforderung stehende Kostenposition von untergeordneter Bedeutung handele, da andernfalls unter dem Begriff Nebenkosten letztlich versteckte Kostenpositionen des Grundhonorars geltend gemacht werden könnten. Aus diesen Erwägungen hielt es die pauschal abgerechneten Nebenkosten eines Sachverständigengutachtens nur bis zu einer Grenze von 25 % des Grundhonorars für erforderlich.[345] Sollten die tatsächlichen Aufwendungen dadurch nicht abgedeckt werden, bleibe es den Sachverständigen unbenommen, anstatt einer pauschalen Erhebung von Nebenkosten die konkret angefallenen Nebenkosten zu berechnen.[346]

Demgegenüber lehnte das LG Arnsberg eine Beschränkung der Nebenkosten auf einen anteiligen Prozentsatz zum Grundhonorar ab. Als Gegenargument führte es aus, dass sich die Nebenkosten von Einzelfall zu Einzelfall unterscheiden würden und gerade ein Gutachten zu einem geringfügigem Schaden relativ gesehen mit höheren Nebenkosten verbunden sein könne, als ein Gutachten das sich auf einen größeren Schadenswert bezieht, weil z.B. die gleiche Anzahl an Lichtbildern erforderlich sei. Unterschiedlich schwere Schäden könnten dennoch den gleichen Aufwand zur Schadensfeststellung verursachen.[347]

Dieses Argument lässt sich zwar nur gegen eine am Grundhonorar orientierte prozentuale Begrenzung der Nebenkosten und nicht gegen die absolute Erforderlichkeitsgrenze des LG Saarbrücken[348] anführen, das gerade nicht auf das Verhältnis zwischen Grundhonorar und Nebenkosten abstellt, sondern davon ausgeht, dass die anfal-

---

[345] OLG Dresden, Urt. v. 19.02.2014, Az. 7 U 111/12, BeckRS 2014, 06732 unter II. 1. b) cc); so auch AG Arnsberg, Urt. v. 17. Juni 2009 – 3 C 99/09 –, juris, Rz 17; AG Altena, Urt. v. 17. Februar 2010 – 2 C 459/09 –, juris, Rz. 11 f.; AG Dortmund, Urt. v. 22. März 2010 – 417 C 11866/09 –, juris; Rz. 5 (30 %).
[346] OLG Dresden a.a.O.
[347] LG Arnsberg, Urt. v. 21.01.2015 – 3 S 210/14 –, juris.
[348] LG Saarbrücken NJW 2012, 3658 = DS 2012, 358.

lenden Nebenkosten einen Betrag von 100 Euro nur in Ausnahmefällen überschreiten dürften. Doch auch diesem Urteil stehen kritische Stimmen gegenüber.[349] Der BGH lehnte in einem das LG Saarbrücken betreffende Revisionsurteil eine pauschale Nebenkostengrenze von 100 Euro ab, da sie seiner Ansicht nach einer hinreichend tragfähigen Grundlage entbehre und im konkreten Fall losgelöst von den tatsächlich entstandenen Aufwendungen des Klägers berechnet worden sei.[350] Zuvor hatte schon das AG Seligenstadt direkten Bezug auf dieses Urteil des LG Saarbrücken genommen und die Annahme einer pauschalen Obergrenze als dogmatisch nicht stichhaltig abgelehnt. Der Sachverständige könne nur Ersatz der tatsächlich angefallenen und einzeln begründeten Kosten beantragen.[351] Auch das AG Lebach sprach sich bereits vor der Entscheidung des BGH ausdrücklich gegen die vom LG Saarbrücken vorgenommene pauschale Bemessung der Erforderlichkeitsgrenze aus und stellte stattdessen darauf ab, ob für den Geschädigten erkennbar sei, dass der Sachverständige sein Honorar quasi willkürlich festsetzt und Preis und Leistung in einem auffälligen Missverhältnis zueinander stehen.[352]

Das LG Saarbrücken entschied im weiteren Verfahren, dass im Falle konkret abgerechneter Nebenkosten das Justizvergütungs- und -entschädigungsgesetz als Orientierungshilfe für die Frage der Erforderlichkeit herangezogen werden könne.[353] Für die Nebenkostenberechnung enthalte das JVEG eine allgemeine, nicht auf gerichtliche Sachverständige beschränkte Bewertung der Angemessenheit des Aufwendungsersatzes.[354] Die Regelungen des JVEG bilden nach Ansicht des LG Saarbrücken allerdings nicht nur einen Maßstab zur Bestimmung dessen, was zur Vergütung von Nebenkosten eines Sachverständigen angemessen erscheint. Da sie für

---

[349] OLG Saarbrücken, Urt. v. 08.05.2014 – 4 U 61/13 –, juris.
[350] BGH VersR 2014, 1141, 1143, Rz 21 = NJW 2014, 3151, 3153, Rz. 21.
[351] AG Seligenstadt, Urt. v, 05.10.2012, Az. 1 C 610/12 (3), BeckRS 2014, 04273.
[352] AG Lebach, Urt. v. 22.02.2013 – 14 C 43/12 (20), BeckRS 2013, 04934
[353] LG Saarbrücken, Urt. v. 19.12.2014 – 13 S 41/13 –, juris, Rz 36 ff; so auch AG München, Urt. v. 22.08.2014, Az. 343 C 3510/14 und AG Bonn, Urt. v. 17.06.2015, Az. 110 C 194/15, BeckRs 2015, 11964. Zur Heranziehung des JVEG als Referenzwert für das Grundhonorar sogleich auf S. 90 ff.
[354] LG Saarbrücken, Urt. v. 19.12.2014 – 13 S 41/13 –, juris.

jedermann mühelos zugänglich seien, würden sie zugleich einen Rahmen dafür bilden, welche Nebenkosten für einen Geschädigten im Einzelfall erkennbar überhöht sind. Ein Geschädigter dürfe im Rahmen einer Plausibilitätskontrolle Nebenkosten eines Kfz-Sachverständigen jedenfalls dann nicht mehr für erforderlich halten, wenn die hierfür vorgesehene Vergütung nach den Regelungen des JVEG um mehr als 20% überschritten wird. Liege eine entsprechende Überschreitung vor, sei der Geschädigte grundsätzlich auf die Geltendmachung der (angemessenen) Nebenkosten im Rahmen der Wertansätze des JVEG beschränkt.[355] In der erneuten Revision entschied der BGH hierzu, dass diese Beurteilung rechtlich nicht zu beanstanden sei.[356] Seine bisherige Rechtsprechung der 100-Euro-Grenze änderte das LG Saarbrücken mit Blick auf die Rechtsprechung des BGH dahingehend ab, dass zwar eine schadensrechtliche Pauschalierung der Nebenkosten durch das Gericht im Falle konkret abgerechneter Nebenkosten nicht erfolgen könne, indes aber eine pauschalierte Abrechnung in Höhe von 100 Euro durch den Sachverständigen weiterhin möglich sei.[357]

b) Begrenzung der Gesamtkosten eines Gutachtens

Nicht nur für die Nebenkosten eines Schadensgutachtens, sondern auch für die gesamten Sachverständigenkosten wurden Erwägungen zu einer prozentualen Grenze angestellt. Das AG Hannover ließ in einem Urteil vom November 2011 erkennen, dass es Gutachterkosten, die ein Drittel der Schadenssumme überschreiten, für unverhältnismäßig erachtet.[358] Strenger, aber im Ansatz ähnlich, urteilte das AG Berlin-Mitte, das Sachverständigenkosten nur als angemessen ansah, wenn sie 25 % des ermittelten Fahrzeugschadens nicht übersteigen.[359] Differenzierter, aber noch strenger, entschie-

---

[355] LG Saarbrücken, ebd.
[356] BGH Urt. v. 26.04.2016, Az. VI ZR 50/15, Rn. 18 ff. = VersR 2016, 1133, 1136 = NZV 2016, 420, 423.
[357] LG Saarbrücken, Urt. v. 06.02.2015 – 13 S 185/14 –, juris.
[358] AG Hannover, Urt. v. 08.11.2011 – 562 C 3152/11 –,juris, Rz. 19.
[359] AG Berlin-Mitte NJW-RR 2012, 361.

den das LG München und das AG München, die bei einem Schaden unter 3.000 Euro Sachverständigenkosten bis zu 15 % und zwischen 3.000 und 5.000 Euro bis zu 10 % für angemessen hielten.[360]

Einer prozentualen Erforderlichkeitsgrenze hält *Vuia* entgegen, dass die Beurteilung aus ex ante Sicht zu erfolgen habe und dem Geschädigten die Höhe des Schadens zum Zeitpunkt der Beauftragung meistens nicht bekannt sei. Er hält es deshalb für angemessener, darauf abzustellen, ob es dem Geschädigten ohne Weiteres erkennbar ist, dass der von ihm ausgewählte Sachverständige ein Honorar verlangt, das außerhalb des Üblichen liegt.[361] Auch das LG Dortmund und das LG Nürnberg-Fürth lehnen eine prozentuale Beschränkung des Gesamthonorars im Verhältnis zur Schadenshöhe ab. Das Erstellen eines Gutachtens könnte unabhängig von der Schadenshöhe mit bestimmten Fixkosten verbunden sein und daher bei einem geringfügigen Schaden mit höheren Kosten verbunden sein.[362]

c) Bewertung

Der Vorschlag des LG Saarbrücken, die Erforderlichkeit der Nebenkosten an den Werten des JVEG zu orientieren, erscheint zumindest in der Hinsicht sinnvoll, dass die anfallenden Nebenkosten für private und gerichtlich bestellte Sachverständige gleich oder zumindest sehr ähnlich sein sollten, da es sich im Grunde um gleiche Tätigkeiten handelt und bei der Festlegung der Nebenkostenvergütung im JVEG auch die Abrechnungspraxis privater Sachverständiger Berücksichtigung gefunden hat.[363] Problematisch erscheint es hingegen, auch vom Geschädigten im Rahmen seiner Plausibilitäts-

---

[360] LG München, Urt. v. 04.03.2005, Az. 17 S 19313/04; AG München, Urt. v. 20.10.2009, Az. 344 C 12514/09, BeckRS 2009, 44581; AG München, Urt. v. 27.10.2009, Az. 344 C 12782/09, BeckRS 2009, 44582.

[361] *Vuia*, DS 2013, 182, 184.

[362] LG Nürnberg-Fürth, Urt. v. 29.02.2012, Az. 8 S 2791/11, BeckRS 2013, 04447; LG Dortmund, Urt. v. 05.08.2010, Az. 4 S 11/10, juris; mit ähnlichen Erwägungen im Kontext der Nebenkosten: LG Arnsberg, Urt. v. 21.01.2015 – 3 S 210/14 –, juris.

[363] Vgl. Lg Saarbrücken, Urt. v. 06.02.2015 – 13 S 185/14 –, juris.

kontrolle einen Vergleich mit den Maßstäben des JVEG zu verlangen. Zum einen ist davon auszugehen, dass der durchschnittliche Geschädigte nicht einmal von der Existenz des JVEG weiß. Darüber hinaus kann von ihm nicht erwartet werden, sich im Detail mit dem Gesetzestext des JVEG auseinanderzusetzen und ihn zu verstehen.

Generell erscheint aus der hier maßgeblichen schadensrechtlichen Perspektive eine gesonderte Betrachtung von Grundhonorar und Nebenkosten und damit eine isolierte Begrenzung allein der Nebenkosten nicht sinnvoll. Es kann *Heßeler*[364] darin zugestimmt werden, dass für die Frage der Erstattungsfähigkeit allein die Gesamtkosten ausschlaggebend sein sollten. Selbst wenn die vom Sachverständigen geltend gemachten Nebenkosten überhöht sein sollten oder schlicht einen großen Anteil am Betrag der Gutachterkosten einnehmen, kann das Gesamthonorar damit immer noch unterhalb der Preise anderer Anbieter liegen. Gleiches gilt auch für den umgekehrten Fall, dass der Sachverständige zwar ein hohes Grundhonorar abrechnet, dafür aber sehr geringe oder gar keine Nebenkosten verlangt.[365] Unabhängig von der Verteilung der Kosten auf Grundhonorar und Nebenkosten, stellt der Sachverständige mit dem geringsten Gesamthonorar damit die wirtschaftlichste und somit vorzugswürdige Alternative für den Geschädigten dar. Sollte allerdings vom Sachverständigen vordergründig ein niedriges Grundhonorar angegeben werden, um dem Geschädigten den Eindruck zu vermitteln, das eigene Angebot sei besonders günstig und werden die Nebenkosten sodann dazu verwendet, die Gesamtkosten zu erhöhen und das niedrige Grundhonorar auszugleichen, könnte dies eine unlautere geschäftliche Handlung i.S.d. §§ 3 I, II, 5a II S. 1 UWG darstellen.

Auch eine, in Relation zur Höhe des Fahrzeugschadens gemessen, prozentuale Begrenzung der gesamten Sachverständigenkosten stellt keinen sachgemäßen Lösungsansatz dar. Es ist der Kritik zuzustimmen, dass dem Geschädigten zum Zeitpunkt der Auftragser-

---

[364] *Heßeler*, NJW 2014, 1916, 1917.
[365] Vgl. AG Hannover, Urt. v. 08.11.2011, Az. 562 C 3152/11 – „juris, Rz. 16 f.

teilung die Kenntnis darüber fehlt, wie hoch der Schaden an seinem Kfz zu beziffern ist. Es stellt sich daher die Frage, wie er zu diesem Zeitpunkt die Erforderlichkeit der Sachverständigenkosten beurteilen soll, wenn ihm die notwendige Bemessungsgrundlage fehlt. Da sie den Geschädigten vor erhebliche Probleme stellen würde, kann auch eine durch die Rechtsprechung festgelegte prozentuale Grenze nicht befürwortet werden.

3. Das JVEG als Referenzwert

Es wurde bereits geschildert, dass für den Marktbereich der Kfz-Schadensgutachten kein üblicher „Selbstzahlertarif" existiert, wie es bei den Mietwagenkosten der Fall ist. Allerdings würde es die Beurteilung der Sachverständigenkosten entscheidend vereinfachen, wenn sich ein angemessener Vergleichswert finden ließe. Teilweise wurde deshalb vorgeschlagen, jene Vergütungswerte heranzuziehen, die für Sachverständige gelten, die von Gerichten für die Erstellung eines Gutachtens beauftragt werden. Sie richteten sich früher nach dem Gesetz über die Entschädigung von Zeugen und Sachverständigen (ZSEG). Heute gilt hierfür das Justizvergütungs- und Entschädigungsgesetz (JVEG), welches im Juli 2004 an die Stelle des ZSEG trat.

Der Unterschied zu dem zuvor vorgestellten Lösungsansatz des LG Saarbrücken liegt darin, dass das LG Saarbrücken das JVEG nur als tauglichen Referenzwert für die Nebenkosten des Gutachters ansieht. Die im Folgenden dargestellten Literaturansichten gehen weiter und wollen das JVEG als Maßstab für die gesamten Kosten eines Schadensgutachtens heranziehen.

a) Abrechnungsmethode analog JVEG

Wie bereits aufgezeigt wurde, berechnet der größte Teil der Sachverständigen seine Vergütung anhand des ermittelten Schadens. Da das JVEG jedoch eine Vergütung der gerichtlichen Sachverständigen nach Stundensätzen vorsieht, wurde im Schrifttum vereinzelt vertreten, dass auch für freie Sachverständige nur eine Abrechnung anhand des konkreten Arbeitsaufwands zulässig und eine Abrechnung in Relation zur Schadenshöhe unbillig sei.[366] Unabhängig von der Frage, ob ein solcher Vergleich überhaupt sachgemäß ist, würde dies eine Gegenüberstellung der Vergütungen beider Gruppen zweifellos vereinfachen. Zudem würde die arbeitszeitorientierte Berechnung, den eingangs beschriebenen Widerspruch beseitigen, dass sich trotz gleichem Arbeitsaufwand, allein durch die Automarke und den Wagentyp, häufig unterschiedlich hohe Honorare ergeben.

Dieser Ansicht stellten sich jedoch nicht nur die meisten Literaturmeinungen entgegen,[367] auch die Rechtsprechung des BGH lässt keinen Zweifel daran, dass er die schadensbasierten Berechnungsmethoden der Sachverständigen für ebenso zulässig hält wie die Kalkulation mittels eines Stundenlohns.[368] Er führt dazu aus, dass eine an der Schadenshöhe orientierte angemessene Pauschalierung des Honorars dem Umstand Rechnung trage, dass das Honorar des Sachverständigen die Gegenleistung für die Feststellung des wirtschaftlichen Werts der Forderung des Geschädigten sei.[369] Zudem wurde zur Rechtfertigung der Berechnungsmethode vorgebracht, dass die Bezugnahme auf die Schadenshöhe auch im Hinblick auf das Haftungsrisiko des Sachverständigen gerechtfertigt sei, da dieses mit steigendem Schaden wachse.[370] Auch wenn das JVEG für gerichtliche Sachverständige eine Vergütung nach Stundensätzen vorsieht, bedeutet dies demnach nicht, dass den übrigen Sachverständigen eine Berechnung des Honorars anhand der Schadenshöhe nicht gestattet ist. Mit Blick darauf, dass auch andere Berufsgruppen wie z.B. Gerichte,[371] Anwälte,[372] und Notare[373] ih-

---

[366] *Holz*, VersR 1998, 1217, 1218; *Kääb/Jandel*, NZV 1998, 268, 269; Palandt/*Grüneberg*, BGB (65. Aufl.), § 315, Rn. 10; *Trost*, VersR 1997, 537, 542.

[367] *Göbel*, NZV 2006, 512, 515; *Hörl*, NZV 2003, 305, 309; *Meinel*, VersR 2005, 201, 202; *Otting*, VersR 1997, 1328, 1330 f.; *Roß*, NZV 2001, 321, 323; *Wortmann*, VersR 1998, 1204, 1211.

[368] BGH VersR 2006, 1131, 1133, Rz. 18 = NZV 2006, 522, 524; VersR 2007, 560, 561, Rz. 20 = NJW 2007, 1450, 1452.

[369] BGH, a.a.O.

[370] *Göbel*, NZV 2006, 512, 516.

[371] Vgl. § 3 GKG.

re Gebühren am Streit-, Gegenstands- oder Geschäftswert orientieren, und es sich damit offenbar um eine gängige Kalkulationsmethode handelt, ist auch nicht ersichtlich, warum es den privaten Sachverständigen nicht erlaubt sein sollte, diese Berechnungsart zu verwenden.

b) Vergütungshöhe analog JVEG

Neben einer Harmonisierung der Berechnungsgrundlage wurde, insbesondere von *Trost,* auch vertreten, dass die Vergütungshöhe des JVEG (bzw. damals des ZSEG) als Maßstab herangezogen werden solle, wenn es darum geht, die Honorarhöhe privater Kfz-Sachverständiger auf ihre Billigkeit zu überprüfen.[374] Obwohl die entsprechenden Vorschriften nur auf gerichtliche Sachverständige direkte Anwendung finden, wären sie in ihren wesentlichen Punkten allgemeingültig. Zudem seien gerichtliche Sachverständige ausnahmslos hochqualifiziert, während die Arbeit der freien Sachverständigen ein Massengeschäft darstelle, das keiner wissenschaftlichen Vorbildung bedürfe.[375] Dies führt zu der Ansicht, dass private Sachverständige zumindest keine höhere Vergütung verlangen könnten, als ihre für ein Gericht tätigen Kollegen.

Demgegenüber stellen aber die deutlich überwiegenden Stimmen der Gegenansicht darauf ab, dass das ZSEG bzw. das heutige JVEG einen grundsätzlich anderen Regelungsinhalt habe und deshalb nicht auf die Vergütung der privaten Kfz-Sachverständigen übertragbar sei.[376] Das Gesetz sehe nur eine Entschädigung des Sachverständigen vor und sei nicht an marktüblichen Entgelten orientiert.[377] Es setze deshalb im Grunde voraus, dass der Sachver-

---

[372]   Vgl. § 2 RVG. Es sind allerdings auch abweichende Vergütungsvereinbarungen (§ 3a RVG) oder die Vereinbarung eines Erfolgshonorars (§ 4a RVG) zulässig.
[373]   Vgl. § 3 GNotKG.
[374]   *Trost,* VersR 1997, 537, 542.
[375]   *Trost,* ebd.
[376]   *Otting,* VersR 1997, 1328, 1331; *Roß,* NZV 2001, 321, 323; *Wortmann,* DS 2009, 253, 256.
[377]   *Göbel,* NZV 2006, 512, 517; *Hörl,* NZV 2003, 305, 309; *Meinel,* VersR 2005, 201, 202; *Otting,* VersR 1997, 1328, 1331; *Wortmann,* VersR 1998, 1204, 1210.

ständige nebenher weitere Einnahmen aus seiner Gutachtertätigkeit habe.[378] Freiberufler würden ihre Arbeit auf dem Markt auch nicht nur für eine Entschädigung anbieten, sondern regelmäßig ein Erwerbsinteresse verfolgen.[379] Außerdem würde eine entsprechende oder analoge Anwendung des Gesetzes zu einer vom Gesetzgeber nicht vorgesehenen Honorarverordnung für Sachverständige führen[380] und die Vertragsfreiheit zwischen dem Auftraggeber und dem Sachverständigen beeinträchtigen.[381]

Einige dieser Argumente können nicht überzeugen. Dass gerichtliche Sachverständige als Gegenleistung lediglich eine Entschädigung erhalten, traf zwar auf das ZSEG zu, gilt jedoch nicht mehr für das JVEG, das von diesem Prinzip Abstand genommen hat und den Sachverständigen nunmehr gem. §§ 8 ff. JVEG eine Vergütung zuspricht. Dass diese Begriffe nicht gleichzusetzen sind, zeigt der Unterschied zu Zeugen, Dritten und ehrenamtlichen Richtern, die auch nach dem JVEG weiterhin lediglich eine Entschädigung erhalten.[382] Zudem war der Gesetzgeber auch schon zu Zeiten des Entschädigungsprinzips bemüht, eine Annäherung an die außergerichtlich gezahlten Vergütungen zu erreichen.[383] Dies steht der Behauptung entgegen, dass die Vergütung der gerichtlichen Sachverständigen nicht auskömmlich sei und weitere Einnahmen aus der Tätigkeit als freier Sachverständiger voraussetze.

Nach Ansicht des BGH, steht einer Übertragung der Vergütungsgrundsätze aus dem JVEG auf die freien Sachverständigen allerdings entgegen, dass sich Privatgutachter, anders als gerichtliche Sachverständige, ihren Auftraggebern gegenüber vertrags- und deliktsrechtlich verantworten müssen, während die Haftung des gerichtlichen Sachverständige auf den Anwendungsbereich des § 839a BGB beschränkt ist. Dadurch ist die Haftung zwar einerseits auf reine Vermögensinteressen erweitert, andererseits aber auf grobe Fahrlässigkeit und Vorsatz beschränkt, damit der Sachver-

---

[378] *Hörl*, NZV 2003, 305, 309.
[379] *Otting*, VersR 1997, 1328, 1331.
[380] *Wortmann*, VersR 1998, 1204, 1211; *ders.*, DS 2009, 253, 256.
[381] *Göbel*, NZV 2006, 512, 517.
[382] Vgl. *Schneider*, JVEG, § 8, Rn. 3.
[383] BVerfG NJW-RR 2002, 67.

ständige seine Tätigkeit ohne den Druck eines möglichen Rückgriffs der Parteien ausüben kann.[384]

Diese Erläuterungen legen einen plausiblen Grund für die bestehenden Unterschiede in der Vergütung dar. Zwar drängen sich Zeifel darüber auf, dass die Honorare von Privatgutachtern noch angemessen sind, wenn sie die Vergütung eines gerichtlichen Sachverständigen ganz erheblich überschreiten,[385] die ungleichartigen Haftungslagen stellen allerdings einen Unterschied dar, der einer Gleichsetzung entgegensteht. Darüber hinaus ist auch *Wortmann* darin Recht zu geben, dass eine entsprechende Anwendung des JVEG im Grunde zu einer vom Gesetzgeber nicht vorgesehenen Honorarordnung für Sachverständige und damit zu einem Eingriff in die Vertragsfreiheit führen würde.

Zur Ermittlung der Erforderlichkeit erscheint eine Orientierung am JVEG selbst dann nicht geeignet, wenn sie mit einem Risikoaufschlag kombiniert würde. Während das Haftungsrisiko des privaten Gutachters in Relation zur Schadenssumme steigt, ist dieser Zusammenhang zwischen Arbeitsaufwand und Schadenshöhe nicht gegeben. Dem Umstand, dass bei höheren Schadenssummen auch ein höheres Haftungsrisiko für den Sachverständigen besteht, trägt das aufwandsabhängige Vergütungsmodell des JVEG daher nicht ausreichend Rechnung und kann auch durch einen pauschalen Risikoaufschlag nicht ausgeglichen werden.

Aus diesem Grunde kann das JVEG dem Geschädigten hinsichtlich des Grundhonorars auch nicht im Rahmen einer Plausibilitätskontrolle als Orientierungshilfe dienen, so wie es das LG Saarbrücken bzgl. der Nebenkosten vorgeschlagen hat.[386] Zudem würde der Geschädigte dabei vor weiteren Problemen stehen. Er hätte einen Vergleich zwischen den Stundensätzen des JVEG und der schadensabhängigen Vergütung der privaten Sachverständigen vorzunehmen, was für sich genommen schon schwer fallen dürfte. Dar-

---

[384] BGH VersR 2006, 1131, 1133, Rz. 19= NZV 2006, 522, 524; VersR 2007, 560, 561, Rz. 21 = NJW 2007, 1450, 1452.
[385] Ähnlich: *Buschbell*, DAR 2003, 55, 57.
[386] Vgl. Lg Saarbrücken, Urt. v. 06.02.2015 – 13 S 185/14 –, juris.

über hinaus kann von einem durchschnittlichen Geschädigten nicht verlangt werden, das JVEG zu kennen, geschweige denn es zu verstehen. Beispielsweise ist durchaus zu bezweifeln, dass ein durchschnittlicher Geschädigter die korrekte Zuordnung zu einer Honorargruppe vornehmen kann. Hinzu kommt, dass er nicht einschätzen kann, wieviele Stunden an Arbeitsaufwand für ein Schadensgutachten benötigt werden und er auch von den privaten Sachverständigen vorab nicht über die Kosten informiert wird. Die notwendigen Informationen für einen Vergleich stehen ihm mithin gar nicht zur Verfügung.

4. Nachträgliche Prüfungsobliegenheit des Geschädigten

Anstelle einer vorherigen Erkundigungspflicht, die von der Rechtsprechung bisher nicht befürwortet wird, ist auch eine nachträgliche Überprüfung der Honorarforderung durch den Geschädigten denkbar. In der Literatur wurde hierzu bereits vereinzelt vertreten, dass es sich um ein Mitverschulden des Geschädigten i.S.d. § 254 Abs. 2 BGB handeln könne, wenn er eine deutlich überhöhte Rechnung des Sachverständigen erhält und daraufhin den vollen Betrag zahlt.[387] Zu diesem Zeitpunkt stehe nämlich die konkrete Höhe des Honorars fest und sei damit überprüfbar.[388] Überschreite das geltend gemachte Honorar die Grenzen der §§ 315, 316 BGB sei der überhöhte Betrag nicht geschuldet.[389] Es wird aber einschränkend hinzugefügt, dass ein Mitverschulden nur dann anzunehmen sei, wenn der Geschädigte diesen Verstoß gegen die §§ 315, 316 BGB auch als Laie eindeutig erkennen konnte.[390]

Zunächst ist klarzustellen, dass der BGH zwischenzeitlich festgestellt hat, dass es, sofern keine Vergütungsvereinbarung vorliegt, für die Bestimmung des Sachverständigenhonorars gem. § 632 Abs. 2

---

[387] *Gruber*, NZVersZ 2002, 153, 155; *Holz*, VersR 1998, 1217, 1218; *Meinel*, VersR 2005, 201, 203; Vgl. auch *Grunsky*, NZV 2000, 4.
[388] *Gruber*, ebd.
[389] *Gruber*, ebd.; *Holz*, VersR 1998, 1217, 1218.
[390] *Gruber*, NZVersZ 2002, 153, 155; ähnlich: *Holz* VersR 1998, 1217, 1218; *Meinel*, VersR 2005, 201, 203; AG Gelsenkirchen, DAR 1996, 409.

BGB nicht primär auf die §§ 315, 316 BGB, sondern auf die übliche Vergütung ankommt.[391] Diese könne sich auch aus einer verbreiteten Berechnungsregel ergeben und sei nicht auf einen festen Betrag festgesetzt, sondern könne sich innerhalb einer gewissen Bandbreite bewegen.[392] Demnach wäre die soeben vorgestellte Ansicht dahingehend zu modifizieren, dass der Geschädigte die Rechnung nun nichtmehr anhand des schwer zu fassenden Billigkeitsmaßstabs der §§ 315, 316 BGB überprüfen müsste, sondern er nur noch festzustellen hätte, ob sich der geforderte Betrag im Rahmen des Üblichen bewegt.

Dieser Ansatz ist aber aufgrund der für den Geschädigten entstehenden Nachteile abzulehnen. Richtig ist zwar, dass durch die Rechnungsstellung die Höhe des geforderten Honorars nunmehr feststeht, für den Geschädigten ist sie dadurch jedoch nicht prüffähig oder vergleichbar geworden. Der durchschnittliche Geschädigte, der zum ersten Mal eine gutachterliche Rechnung erhält, hat keine weiteren Vergleichswerte, anhand derer er die Angemessenheit der Forderung beurteilen könnte. Sollte er sich tatsächlich bereits in einer solchen Situation befunden haben, so wird dies jedoch für gewöhnlich einige Jahre zurückliegen, so dass sich die Preise in der Zwischenzeit erheblich geändert haben könnten und auch eine alte Rechnung keinen Maßstab bieten kann. Es wäre zwar denkbar, dass der gegnerische Versicherer den Geschädigten über die aktuellen Preise informiert und vergleichbare Rechnungen zugänglich macht,[393] der Objektivität dieser Auswahl stünden aber sicherlich sowohl der Geschädigte als auch die Sachverständigen kritisch gegenüber.

Denkbar wäre aber, dass der Geschädigte die Beurteilung der Üblichkeit des Honorars anhand der BVSK-Honorarbefragung vornimmt.[394] Der HB Korridor dieser Befragung stellt einen Honorarkorridor dar, in dem je nach Schadenshöhe zwischen 50 und 60 % der

---

[391] BGH VersR 2007, 218.

[392] BGH ebd.

[393] Der BGH (DS 2007, 382) hat den Rat eines Versicherers an den Geschädigten, seiner Meinung nach überhöhte Sachverständigenkosten nicht zu zahlen, als zulässig angesehen und insbesondere keinen Verstoß gegen das Rechtsberatungsgesetzt darin gesehen.

[394] Vgl. dazu bereits oben auf S. 27 und 77.

BVSK-Mitglieder ihr Honorar berechnen. Jedenfalls für solche Honorare die sich innerhalb dieses Korridors bewegen, nimmt die Rechtsprechung in der Regel an, dass sie den üblichen Preisen auf dem Markt entsprechen.[395] Liegt dem Geschädigten die Rechnung des Sachverständigen bereits vor, kann er leicht überprüfen, ob der zu zahlende Betrag innerhalb dieses Korridors liegt.

Ein Grundsätzliches Problem dieses Ansatzes besteht zunächst darin, dass dem Geschädigten die BVSK-Befragung nicht bekannt ist. Allerdings ließe sich dies mit relativ geringem Aufwand beheben, indem der gegnerische Haftpflichtversicherer dem Geschädigten eine Kopie der aktuellen Befragung zukommen lässt. Es sollte dann darauf hingewiesen werden, dass es sich um eine objektive und von Dritten durchgeführte Befragung handelt, damit für den Geschädigten nicht der Eindruck einer Beeinflussung durch den Versicherer entsteht.

Zu Unsicherheiten für den Geschädigten kann es aber dann kommen, wenn die Forderung des Sachverständigen über dem HB Korridor der BVSK-Liste liegt. Für den Laien ist nicht erkennbar, ob jede Überschreitung dieser Werte sogleich eine unverhältnismäßige Forderung des Sachverständigen darstellt oder ob und wie weit ein eventueller Toleranzbereich gezogen werden müsste. Hierbei können insbesondere auch regionale Unterschiede bestehen. Als unerfahrenen Laien ist die Beurteilung dieser Frage dem Geschädigten nicht zumutbar. Überdies wird er einem hohen psychischen Druck ausgesetzt, wenn von ihm verlangt wird, eine Rechnung für eine von ihm in Auftrag gegebene Leistung nicht zu begleichen. Im Gegensatz zu vorvertraglichen Erkundigungen, die auch für den Geschädigten ersichtlich unverbindlich sind, fühlt er sich nach der Auftragserteilung gebunden.

Für die Fälle, in denen die Honorarforderung zwar überhöht war, der Geschädigte dies aber nicht erkennen konnte, regten *Gruber* und auch *Holz* an, dass sich der Versicherer den Anspruch auf Rückzah-

---

[395] LG Mannheim, DS 2007, 116; LG Saarbrücken, NJW 2012, 3658, 3660; LG Zweibrücken, Beschluss v. 11.09.2012, Az. 3 S 30/12, BeckRS 2012, 20217; LG Oldenburg, DS 2013, 119, 120; AG Heinsberg, Urt. v. 04.02.2014, Az. 18 C 403/13, BeckRS 2014, 03259.

lung abtreten lassen und gegenüber dem Sachverständigen geltend machen könne.[396] Eine Abtretung der Ansprüche des Geschädigten gegen den Sachverständigen an den Versicherer ist grundsätzlich zwar möglich und würde den Geschädigten in den zuvor geschilderten Fällen auch von dem Risiko der eigenen Bewertung und dem psychischen Druck befreien, im Ergebnis führt aber auch dieses Vorgehen lediglich zu einer nachträglichen Kontrolle, die vor Ausreißern jenseits der Üblichkeitsgrenze schützt. Ein Preiswettbewerb unter den Sachverständigen und marktbestimmte Honorare würden durch eine nachträgliche Prüfung kaum gefördert. Das bestehende Principal-Agent-Problem, das dazu führt, dass die üblichen Preise nicht von Angebot und Nachfrage bestimmt werden und somit ihre Angemessenheit angezweifelt werden kann, wird durch diese nachträgliche Kontrolle nicht gelöst, da sie sich nicht auf das allgemein hohe Preisniveau auswirkt, sondern gerade daran orientiert.

5. Rechtliche Angreifbarkeit der Honorarforderungen: Wucher und wucherähnliches Geschäft gem. § 138 BGB

Gelegentlich wurde auch der Tatbestand des Wuchers mit überhöhten Sachverständigenkosten in Verbindung gebracht. Beispielsweise wurde die Wucherrechtsprechung herangezogen, um die Billigkeit der Honorarforderung zu überprüfen[397] oder es wurde vor Gericht vorgebracht, dass die Forderung des Sachverständigen den Wuchertatbestand erfülle. Es soll deshalb im Folgenden überprüft werden, ob die gerichtliche Überprüfung der Sachverständigenkosten am Maßstab des § 138 BGB dazu geeignet ist, das auf dem Markt bestehende Principal-Agent-Problem zu lösen oder zumindest zu verringern.

Sowohl für den Tatbestand des Wuchers als auch für jenen des wucherähnlichen Geschäfts ist zunächst ein auffälliges Missverhältnis zwischen Leistung und Gegenleistung erforderlich. Für die Beurtei-

---

[396] *Gruber*, NZVersZ 2002, 153, 155; *Holz*, VersR 1998, 1217, 1218.
[397] AG Essen, Urt. v. 07.01.1999, Az. 12 C 208/96, BeckRS 2005, 11327; *Roß*, NZV 2001, 321, 323.

lung des Verhältnisses ist auf den objektiven Wert der versprochenen Leistungen abzustellen.[398] Welchen objektiven Wert ein aus Papier bestehendes und mit Fotos versehenes Gutachten besitzt, ist allerdings nicht leicht zu bestimmen, da sich dieser maßgeblich aus der geistigen Tätigkeit des Sachverständigen ergibt. In Ermangelung anderweitiger Vergleichsmöglichkeiten, muss auf den am Markt üblichen Preis abgestellt werden.[399] Solange also eine Honorarforderung die üblichen Preise des relevanten Marktes nicht in auffälliger Weise überschreitet, besteht auch kein Indiz für die Erfüllung der Tatbestände. Da der übliche Marktpreis den einzigen Vergleichswert darstellt, gilt dies selbst dann, wenn die Preise auf dem Markt allgemein überhöht sein sollten. Der Anwendungsbereich des § 138 BGB beschränkt sich damit von vornherein auf die Fälle, in denen ein konkretes Honorar in auffälliger Weise von den üblichen Preisen auf dem Markt abweicht.

Zur Erfüllung der Tatbestände müssten außerdem noch weitere Umstände hinzutreten, die dem Geschäft ihren sittenwidrigen Charakter verleihen. Im Falle des Wuchertatbestands gem. § 138 Abs. 2 BGB könnte dies in der Ausbeutung der Unerfahrenheit des Geschädigten gesehen werden. Der Geschädigte, der unerwartet eines Schadensgutachtens bedarf, hat in der Regel keine Erfahrungen auf dem Sachverständigenmarkt und auch keine Anhaltspunkte dafür, welche Forderungen für die Erstellung eines Gutachtens angemessen sind. In dem speziellen Bereich der Sachverständigenkosten dürfte er daher durchaus als unerfahren anzusehen sein. Der Tatbestand des Wuchers setzt indes aber eine *allgemeine* Unerfahrenheit voraus und lässt es nicht ausreichen, dass sie nur auf einem besonderen Gebiet besteht.[400]

Im Falle des wucherähnlichen Geschäfts i.S.d. § 138 Abs. 1 BGB muss zusätzlich zur Feststellung des Missverhältnisses zwischen den Leistungen eine verwerfliche Gesinnung des begünstigen Vertragsteils hinzutreten. Handelt es sich um ein besonders grobes Missverhältnis, das in der Regel dann vorliegt, wenn der verlangte

---

[398]   Jauernig/*Mansel*, BGB, § 138, Rn. 21; MüKoBGB/*Armbrüster*, § 138, BGB, Rn. 144.

[399]   Vgl. BGH NJW 2000, 2669 bzgl. Maklerprovisionen.

[400]   Jauernig/*Mansel* BGB, § 138, Rn. 22; MüKoBGB/*Armbrüster,* § 138 BGB, Rn. 150.

Preis das doppelte des Marktüblichen erreicht,[401] greift eine vom BGH aufgestellte tatsächliche Vermutung für das Vorliegen der verwerflichen Gesinnung ein.[402] In diesen Fällen kann eine stark überhöhte Honorarforderung eines Sachverständigen also durchaus ein wucherähnliches Geschäfts darstellen, das zur Nichtigkeit des Rechtsgeschäfts führt. Gegen allgemein hohe Marktpreise, die durch das Fehlen von regulierenden Kräften zustande kommen, kann der § 138 BGB allerdings keine Abhilfe schaffen. Dementsprechend ließ auch das LG Hagen die Prüfung des § 138 Abs. 1 BGB an dem Erfordernis eines verwerflichen Motivs des Vertragspartners scheitern.[403]

Da es dem Geschädigten als Herrn des Restitutionsverfahrens faktisch möglich ist, einen Vertrag zu schließen, der in seiner wirtschaftlichen Wirkung den gegnerischen Haftpflichtversicherer belastet, kann auch durch das kollusive Zusammenwirken der beiden Vertragsparteien ein Sittenverstoß gem. § 138 Abs. 1 BGB vorliegen. Hat der Geschädigte bei der Beauftragung des Sachverständigen aber lediglich eine gewisse Sorglosigkeit an den Tag gelegt, ohne sich Gedanken über die daraus resultierenden und vom Versicherer zu tragenden Kosten zu machen, kann von einem bewusstem Zusammenwirken noch nicht gesprochen werden. Eine Nichtigkeit gem. § 138 Abs. 1 BGB liegt also auch hier nur in Ausnahmefällen vor und wirkt sich nicht auf eventuell allgemein überhöhte Marktpreise aus.

6. Zwischenfazit zu den bisherigen Lösungsansätzen

Die bisherigen Ansätze, die Sachverständigenkosten zu beeinflussen konnten keine nennenswerte Wirkung erzielen. Der Erfolg des gemeinsamen Sachverständigenunternehmens der Versicherer Carexpert scheiterte dabei daran, dass der Geschädigte im Grunde ohne Beschränkungen und Erkundigungsobliegenheiten aus den

---

[401] BGH NJW 2001, 1127, 1128.
[402] BGH NJW 2001, 1127, 1128; NJW 2002, 429, 432; NJW 2002, 3165, 3166.
[403] LG Hagen NZV 2003, 337, 338.

verfügbaren Sachverständigen auswählen kann und ein günstiger Mitbewerber somit keinen Preisdruck auszuüben vermag. Der Vorschlag einer festen Grenze für die Nebenkosten wäre aus schadensrechtlicher Sicht wenig sinnvoll, da es zweckmäßiger wäre, für die Erforderlichkeit letztlich auf die Gesamtkosten des Gutachtens abzustellen. Eine prozentuale Grenze der Nebenkosten oder der Gesamtkosten würde hingegen den Geschädigten vor große Beurteilungsprobleme stellen, ebenso wie es bei einer nachträglichen Kontrollpflicht der Fall wäre. Auch dem Ansatz, die Vergütungssätze des JVEG auf das Honorar der freien Sachverständigen anzuwenden, kann aufgrund der bestehenden Unterschiede zwischen der Tätigkeit eines freien und eines gerichtlich bestellten Sachverständigen nicht gefolgt werden. Schließlich liegt auch die Möglichkeit einer rechtlichen Angreifbarkeit der Honorarforderung des Sachverständigen gem. § 138 BGB nur in Ausnahmefällen vor.

Es bedarf also neuer Lösungsansätze für den Umgang mit dem im Bereich der Sachverständigenkosten auftretenden Principal-Agent-Problem, die den Geschädigten zu einer kostenorientierten Auswahl anregen und somit zu einem Preiswettbewerb unter den Sachverständigen führen können.

V. Eigene Lösungsansätze

Nachfolgend sollen nunmehr eigene Lösungsansätze für das Principal-Agent-Problem im Rahmen der Sachverständigenkosten vorgestellt werden. Zu beachten ist hierbei, dass das Ziel der Lösungsansätze nicht in erster Linie darin besteht, die Sachverständigenhonorare zu senken. Die Ansätze zielen vielmehr darauf ab, eine Preissensibilität der Nachfrageseite herbeizuführen, um auf diesem Wege eine nachfragegesteuerte Preisbildung der Kfz-Sachverständigen zu begünstigen.

1. Ansatz für die Rechtsprechung: Erhöhte Anforderungen an die Erkundigungsobliegenheit des Geschädigten und stärkere Beachtung des Wirtschaftlichkeitspostulats.

Eine Möglichkeit dieses Ziel zu erreichen liegt darin, höhere Anforderungen an die Erkundigungsobliegenheiten des Geschädigten zu stellen, bzw. eine solche überhaupt erst einzuführen. Überhöhte Kosten könnten damit zwar nicht umgehend beseitigt werden, es ist aber anzunehmen, dass sie eine Preissensibilität bei den Geschädigten herbeiführen und zu einem Wettbewerbsdruck unter den Sachverständigen führen würde, der unter Umständen sinkende Verbraucherpreise mit sich bringt. Über einen längeren Zeitraum gesehen, könnten sich somit Preise herausbilden, die unter wettbewerblichen Bedingungen zustande gekommen sind. Zunächst ist dafür allerdings zu untersuchen, ob dem Geschädigten eine Erkundigung nach günstigen Sachverständigengutachten überhaupt zumutbar und möglich ist. Im Verlauf der Untersuchung wird sich zeigen, dass dies nur durch die zeitgleiche Einführung einer Aufklärungspflicht für Sachverständige der Fall ist, die deshalb für diesen Lösungsansatz ebenfalls eine zentrale Rolle spielt.

a) Die Rolle der Erkundigungsobliegenheit im Schadensrecht

Eine grundsätzliche Erkundigungspflicht des Geschädigten, nach der er verschiedene Angebote einzuholen und miteinander zu vergleichen hat, bevor er sich für einen konkreten Weg der Wiederherstellung entscheidet, ist in den Regelungen des allgemeinen Schadensrechts des BGB nicht enthalten. Gleichwohl führt die Anwendung des Wirtschaftlichkeitspostulats dazu, dass es im eigenen Interesse des Geschädigten liegt, Angebote zu vergleichen. Wie bereits ausgeführt, sind gem. § 249 Abs. 2 S. 1 BGB nur die erforderlichen, also diejenigen Aufwendungen zu erstatten, die ein verständiger und wirtschaftlich denkender Mensch in der Lage des Geschädigten für zweckmäßig und notwendig halten durfte.[404] Im Rahmen des ihm Möglichen und Zumutbaren ist er daher dazu angehalten, von den verfügbaren Alternativen die wirtschaftlichste zur Schadensbeseitigung zu wählen.[405] Maßgebend für die Beurteilung sind hierbei die individuellen Erkenntnis- und Einflussmöglichkeiten des Geschädigten, die sog. subjektbezogene Schadensbetrachtung.[406]

Unterlässt es der Geschädigte also, verschiedene Wege der Schadensbeseitigung im Hinblick auf die dadurch entstehenden Kosten miteinander zu vergleichen (beispielsweise den Kauf eines Ersatzwagens gegen die Reparatur des Schadens abzuwägen) und fällt seine Wahl infolge dessen auf eine Variante, die vergleichsweise teuer ist (z.b. Ersatzanschaffung, obwohl Reparatur günstiger wäre), kann der dafür aufgewendete Betrag nicht als erforderlich i.S.d. § 249 Abs. 2 S. 1 BGB gelten. Ersetzt werden dann nicht die tatsächlichen Aufwendungen des Geschädigten, sondern nur der erforderliche Betrag, so dass er einen Teil seiner Wiederherstellungskosten selbst zu tragen hat. Der Vergleich der verschiedenen Wege zur Schadensbeseitigung stellt mithin keine einklagbare Pflicht dar. Missachtet der Geschädigte sie, muss er aber in Kauf nehmen, nicht seine vollen Kosten ersetzt zu bekommen. Entgegen der gebräuchlichen Bezeichnung als „Erkundigungspflicht",[407] müsste daher terminologisch korrekt von einer Erkundigungsobliegenheit gesprochen werden.[408]

Für einige Bereiche des Schadensrechts hat die Rechtsprechung Maßstäbe und Kriterien dafür herausgearbeitet, wann der Geschädigte dieser Obliegenheit ausreichend nachgekommen ist. Im Bereich der Mietwagenkosten, der den Sachverständigenkosten thematisch nahesteht, hält man es in der Regel für zumutbar, dass der

---

[404] BGH VersR 2005, 568 = NJW 2005, 1041, 1042;VersR 2013, 515, 516, Rz. 13 = NJW 2013, 1149, 1150.

[405] BGH VersR 2010, 1053, Rz. 8 = NZV 2010, 556, 557; VersR 2013, 515, 516, Rz. 13 = NJW 2013, 1149, 1150.

[406] BGH r + s 2006, 13; VersR 2014, 474, 475, Rz. 7 = NJW 2014, 1947.

[407] Z.B.: BGH VersR 2006, 1273, 1274, Rz. 13 = r + s 2006, 434, 435; VersR 2010, 1053, 1054, Rz. 17 = NZV 2010, 556, 558; OLG Köln VersR 1993, 767, 768 = NJW-RR 1993, 1053; *Thole*, NZV 2010, 425, 430.

[408] Ähnlich: *Fricke*, VersR 2011, 966, 967; insofern auch richtig: Geigel/*Knerr*, Haftpflichtprozess, 3. Kap., Rn. 118.

betroffene Kfz-Eigentümer einige Vergleichsangebote einzuholen hat.[409]

Die Prüfung der Erforderlichkeit gliedert sich hier, wie oben bereits dargestellt wurde,[410] in zwei Teile. Im ersten Teil wird geprüft, ob der vom Geschädigten gewählte Tarif im Bereich dessen liegt, was auf dem räumlich relevanten Markt als üblich gilt. Nur wenn sich hierbei herausstellen sollte, dass die in Rede stehenden Kosten diesen Bereich des Üblichen überschreiten, ist in einem zweiten Schritt zu untersuchen, ob dem Geschädigten ein günstigerer Tarif ohne Weiteres zugänglich war.[411] Dies wird dann verneint, wenn er trotz eingeholter Vergleiche nicht auf ein günstigeres Angebot gestoßen ist.[412] Die Erkundigungsobliegenheit des Geschädigten hat also besondere Relevanz im Rahmen der Zugänglichkeit zu einem günstigeren Tarif und wird von der Rechtsprechung – wie auch schon vor der Rechtsprechungsänderung im Jahre 2004 – in der Regel dann als erfüllt angesehen, wenn der Geschädigte zwei bis drei Vergleichsangebote eingeholt hat.[413] Dabei ist jedoch hinsichtlich dieser Vergleichsobliegenheit stets eine Abwägung im Einzelfall erforderlich. So kann beispielsweise die Dringlichkeit, mit der der Geschädigte den gemieteten Ersatzwagen benötigte, zu dem Ergebnis führen, dass ihm ein vorheriger Vergleich verschiedener Angebote ausnahmsweise nicht zumutbar war.[414]

Es ist daher danach zu fragen, ob es von dem Kfz-Eigentümer auch im Hinblick auf die Kosten eines Sachverständigengutachtens verlangt werden kann, vor der Beauftragung einige Erkundigungen einzuholen und die unterschiedlichen Preise zu vergleichen. Dabei ist jedoch zwischen der grundsätzlichen Zumutbarkeit für den Geschä-

---

[409] BGH VersR 1985, 1092 = NJW 1985, 2639; NJW 1985, 2637; JZ 2005, 1056, 1057; NJW 2006, 2621, 2622; vgl. auch BGH, r + s 2009, 37, 38, NJW 2010, 2569, 2570.

[410] Vgl. S. 64 ff.

[411] *Oswald/Tietz*, NJW 2006, 1483.

[412] BGH VersR 2005, 850, 851 = NJW 2005, 1933, 1934 f.

[413] BGH NJW 1985, 2639; VersR 2005, 850, 851 = NJW 2005, 1933, 1935; VersR 2006, 669, 671, Rz. 10 = NJW 2006, 1506, 1508; VersR 2006, 1273, 1274, Rz. 12 = NJW 2006, 2621, 2622; VersR 2009, 83, 84, Rz. 10 = r + s 2009, 37, 38; VersR 2010, 1053, 1054, Rz. 15 = NZV 2010, 556, 558; OLG Hamm, VersR 1990, 100; OLG Köln, NJW-RR 1993, 1053.

[414] Vgl. BGH VersR 2005, 850, 851 = NJW 2005, 1933, 1935.

digten Preisvergleiche einzuholen und der tatsächlichen Möglichkeit in der Praxis zu unterscheiden.

b) Zumutbarkeit der Einholung von Vergleichsangeboten

Wie bereits erwähnt wurde, wird die Obliegenheit des Geschädigten, vor der Beauftragung eines Sachverständigen Preisvergleiche vorzunehmen, weit überwiegend abgelehnt. Für diese Ansicht lassen sich zahlreiche Beispiele aus Literatur und Rechtsprechung finden.[415] Um zu überprüfen, ob dies angemessen ist, wird nachfolgend zunächst untersucht, ob es dem Geschädigten grundsätzlich überhaupt zugemutet werden kann Vergleichsangebote einzuholen. Unabhängig davon, ob seine Versuche zum Erfolg führen, ist demnach zunächst nur entscheidend, ob es eine unzumutbare Belastung für ihn darstellt, mit mehreren Sachverständigen Kontakt aufzunehmen, um sich über die voraussichtlichen Kosten eines Gutachtens zu informieren.

aa) Argumente gegen eine Zumutbarkeit

(1) Fehlende Kenntnis des Geschädigten über uneinheitliche Preise

Vornehmlich aus der Literatur aber auch aus der Rechtsprechung wurden Argumente dafür vorgebracht, warum es dem Geschädigten eines Verkehrsunfalls prinzipiell nicht zumutbar sein solle, die Preise der Sachverständigen miteinander zu vergleichen. *Otting* stellt diesbezüglich die Behauptung auf, der durchschnittliche Geschädigte wisse gar nicht, dass Sachverständige unterschiedliche Honorare berechnen. Die Vorstellung gehe eher dahin, dass Sachverständige

---

[415] BGH NJW 2014, 1947, 1948; OLG Naumburg DS 2006, 283, 285 f.; LG Oldenburg NJW-RR 2013, 273, 274; AG Herne-Wanne NZV 1999, 256, 257; Geigel/*Knerr,* Haftpflichtprozess, 3. Kap., Rn. 118; *Grunsky,* NZV 2000, 4, 5; *Merrath,* SVR 2008, 334, 335; *Roß,* NZV 2001, 321, 322; *Wortmann,* VersR 1998, 1204, 1210; *ders.,* DS 2009, 300, 301.

ihre Leistungen, ähnlich wie Ärzte nach gesetzlichen Tabellen abrechnen würden. Dies läge nicht zuletzt auch daran, dass im Zusammenhang mit Sachverständigenkosten häufig von „Gebühren" die Rede sei. Gegen eine Erkundigung des Geschädigten nach günstigen Sachverständigen spreche also, dass dieser gar nicht wisse, dass es überhaupt etwas zu vergleichen gäbe.[416]

Diese von *Otting* aufgestellte Behauptung ist zunächst einmal nicht hinreichend nachgewiesen. Dass das AG Düsseldorf[417] diese Ansicht in einer von ihm zitierten Entscheidung zu teilen scheint, kann nicht als ausreichender Beleg dafür gelten, dass tatsächlich die breite Masse der Betroffenen von einer einheitlichen Berechnungsmethode aller Sachverständigen ähnlich einer gesetzlichen Tabelle ausgeht. Zudem ist es durchaus denkbar, dass der durchschnittliche Geschädigte durch die heute verbesserten Möglichkeiten der Informationsgewinnung, wie z.B. der Internetsuche, informierter ist als es im Jahre 1997, in dem *Otting* diese Behauptung aufstellte, noch der Fall war und sich so die Kenntnis darüber, dass jeder Sachverständige seine eigenen Preise kalkuliert, verbreitet hat.

Unabhängig von Spekulationen darüber, wie informiert der durchschnittliche Geschädigte ist und welche Vorstellungen er über die Honorarberechnung der Sachverständigen hat, kann eine kollektive Fehlvorstellung aber nicht als Rechtfertigung für die Verursachung unnötiger Kosten herangezogen werden, die im Ergebnis die gesamte Versicherungsgemeinschaft und letztlich auch den Geschädigten selbst belasten. Dem Geschädigten müsste zumindest im Grundsatz bekannt sein, dass er sich an das Wirtschaftlichkeitspostulat zu halten hat, da dies auch hinsichtlich anderer Schadenspositionen wie den Werkstatt- oder den Mietwagenkosten der Fall ist. Aufgrund einer unüberprüften Fehlvorstellung geht er sodann davon aus, dass es bei der Beauftragung eines Sachverständigen aber nichts zu vergleichen gäbe. Bei sorgfältiger Überlegung hätte er sich allerdings einzugestehen, dass er im Grunde keine Kenntnis von den Abrechnungsmethoden der Sachverständigen hat. Dies ist

---

[416] *Otting*, VersR 1997, 1328, 1330.
[417] *Otting* bezieht sich auf das Urteil des AG Düsseldorf mit dem Az. 53 C 6748/95.

ihm zwar nicht zum Vorwurf zu machen, sollte ihn allerdings dazu motivieren Erkundigungen einzuholen und kann jedenfalls nicht als Rechtfertigung dafür dienen, Vergleiche und Erkundigungen im Zweifel lieber zu unterlassen. Der benötigte Aufwand um herauszufinden, ob Sachverständige nach gesetzlichen Vorgaben oder nach eigener Berechnungsmethode kalkulieren, ist dabei durchaus zumutbar, da hierfür schon ein Anruf bei einem Sachverständigen aureichen dürfte.

Auch ein Vergleich zu den Mietwagenkosten zeigt, dass kollektive Fehlvorstellungen einer Erkundigungsobliegenheit nicht entgegenstehen. Es herrschte, durch die von den Kfz-Vermietern gewählte Bezeichnung der Tarife als Unfallersatztarife und durch ihre Gepflogenheit, Unfallgeschädigten nur solche Tarife anzubieten, die verbreitete Ansicht, es könne vom Geschädigten ohne weitere Erkundigungen ein Mietwagen zum Unfallersatztarif angemietet werden. Dies hinderte den BGH aber nicht daran, dennoch den Normaltarif als Referenzwert für die Erforderlichkeit heranzuziehen[418] und es dem Geschädigten zuzumuten, zwei bis drei Vergleichsangebote einzuholen.[419]

Es ist also festzuhalten, dass eine Fehlvorstellung der Geschädigtenseite der Zumutbarkeit nicht entgegensteht. Darüber hinaus ließe sie sich allerdings auch mit einfachen Mitteln beseitigen. Sollte eine Fehlvorstellung, wie sie von *Otting* behauptet wird, tatsächlich die gängige Ansicht unter den Geschädigten darstellen, könnten einerseits die Versicherer für Aufklärung sorgen. Zwar mag eine Mitteilung an den geschädigten Unfallgegner unter Umständen nicht praktikabel sein, da der Versicherer in der Regel nicht schnell genug von dem Schaden erfährt um eine Kontaktaufnahme vor Beauftragung eines Sachverständigen durchzuführen. Jeder Versicherer könnte aber im Rahmen des Vertragsverhältnisses mit seinem eigenen Versicherungsnehmer über die Marktverhältnisse aufklären. Mit entsprechender Abstimmung der Versicherer untereinander könnten auf diese Weise alle Kfz-Halter erreicht und der Irrtum be-

---

[418] BGH VersR 2005, 239 = NJW 2005, 51.
[419] BGH VersR 2005, 850, 851 = NJW 2005, 1933, 1935.

hoben werden. Noch effektiver könnte aber andererseits eine Aufklärung durch den Sachverständigen selbst dazu beitragen, den
Geschädigten diesbezüglich zu informieren.

(2) Der Geschädigte als Herr des Restitutionsverfahrens

Andere betonen die Rolle des Geschädigten als Herr des Restitutionsverfahrens und schlussfolgern hieraus, dass ihn keine Erkundigungsobliegenheit treffe.[420] Diese Stellung gebe ihm nämlich das
Recht, unter den Sachverständigen völlig frei zu wählen.[421] Tatsächlich wohnt dieser Bezeichnung jedoch nur der Gedanke inne, dass
der Geschädigte als Herr des Restitutionsverfahrens dazu berechtigt ist, über den Einsatz der Mittel, die er vom Schädiger zum Schadensausgleich beanspruchen kann, frei zu entscheiden und die
Wiederherstellung in Eigenregie durchzuführen.[422] Obschon er also
durchaus dazu berechtigt ist, unabhängig von den entstehenden
Kosten, einen Leistungsanbieter seiner Wahl zu beauftragen, hat
dies keinen Einfluss darauf, was als erforderlich i.S.d. § 249 Abs.2
S. 1 BGB gilt und welchen Betrag er damit von der Schädigerseite
verlangen kann. Als Herr des Restitutionsgeschehens ist der Geschädigte gegenüber dem Schädiger nicht von dem Wirtschaftlichkeitsgebot entbunden und nicht dazu berechtigt, Kosten ersetzt zu
verlangen, die über das erforderliche Maß hinausgehen.[423]

Verdeutlicht werden kann auch dies wiederum am Beispiel der
Mietwagenkosten. Trotz seiner Stellung als Herr des Restitutionsverfahrens besteht nach der Rechtsprechung für den Geschädigten
die Obliegenheit, sich nach Vergleichsangeboten umzusehen.[424]
Gleichfalls gilt dies für die Suche nach einer Reparaturwerkstatt.
Der Geschädigte kann nicht einfach die Kosten einer beliebigen
markengebundenen Fachwerkstatt vom Schädiger ersetzt verlan-

---

[420] Geigel/*Knerr*, Haftpflichtprozess, 3. Kap., Rn. 118; *Wortmann*, DS 2010, 102, 105.
[421] *Wortmann*, ebd.
[422] BGH VersR 2003, 918, 919 = NJW 2003, 2085; *Fricke*, VersR 2011, 966, 969.
[423] So auch AG Hagen, NZV 2003, 144, 145.
[424] BGH NZV 2010, 556, 558, Rz. 15.

gen, sondern muss sich auf eine günstigere und gleichwertige Werkstatt verweisen lassen, sofern sie für ihn mühelos und ohne Weiteres zugänglich ist.[425]

Es ist also zwischen der Beauftragung eines Leistungserbringers und dem vom Versicherer zu zahlenden Betrag zu unterscheiden. Der Geschädigte kann als Herr des Restitutionsverfahrens zwar einen beliebigen Leistungserbringer beauftragen. Die Höhe des Schadensersatzes bestimmt sich aber allein danach, was zur Wiederherstellung erforderlich gewesen wäre. Gegen eine Erkundigungsobliegenheit spricht dies nicht.

(3) Die Rechtsprechung des BGH

Häufig wird als vermeintlich unumstößliches Argument gegen eine Erkundigungsobliegenheit des Geschädigten auch die Rechtsprechung des BGH herangezogen, die eine solche auf den ersten Blick abzulehnen scheint. Es wird sich hierbei auf zwei vom BGH wiederholt verwendete Formulierungen bezogen. In einigen Urteilen stellt der BGH fest, dass *„der Geschädigte grundsätzlich nicht zu einer Erforschung des ihm zugänglichen Marktes verpflichtet [sei], um einen für den Schädiger und dessen Haftpflichtversicherer möglichst preisgünstigen Sachverständigen ausfindig zu machen, [...]."*[426] In einer anderen Formulierung heißt es in Bezug auf den Geschädigten: *„Auch bei der Beauftragung eines Kfz-Sachverständigen darf sich der Geschädigte damit begnügen, den ihm in seiner Lage ohne Weiteres erreichbaren Sachverständigen zu beauftragen. Er muss nicht zuvor eine Marktforschung nach dem honorargünstigsten Sachverständigen betreiben."*[427] Für den BGH ergibt sich dies aus der subjektbezogenen Schadensbetrachtung, die es erfordert, Rücksicht auf die spezielle Situation des Geschädigten, insbeson-

---

[425] BGH VersR 2003, 920, 921 = NJW 2003, 2086, 2087; VersR 2010, 225, Rz. 9 = NJW 2010, 606, 607; VersR 2010, 923, Rz 5 = NJW 2010, 2118, 2119; VersR 2015, 861.

[426] BGH VersR 2007, 560, 561, Rz. 17 = DS 2007, 144, 145; VersR 2014, 1141, 1142, Rz. 15 = NZV 2014, 445, 447.

[427] BGH VersR 2014, 474, 475, Rz. 7 = NJW 2014, 1947 , 1948.

dere auf seine individuellen Erkenntnis- und Einflussmöglichkeiten sowie auf die möglicherweise gerade für ihn bestehenden Schwierigkeiten zu nehmen.[428]

Bei genauer Beachtung der Wortwahl des BGH stehen diese Aussagen aber einer Erkundigungsobliegenheit keinesfalls entgegen. Wenn es heißt, dass der Geschädigte sich damit begnügen darf, einen Sachverständigen zu beauftragen *der für ihn ohne Weiteres zu erreichen ist,* so bedeutet dies nicht, dass er ohne jeglichen Preisvergleich das erstbeste Angebot in Anspruch nehmen darf. Diese Formulierung wurde vom BGH zunächst im Zusammenhang mit den Unfallersatztarifen verwendet und sollte den Geschädigten lediglich davor bewahren, zugunsten des Schädigers überobligationsmäßige Anstrengungen auf sich nehmen zu müssen. War der in Streit stehende gewählte Mietwagentarif nicht objektiv erforderlich, so konnte der Geschädigte darlegen und beweisen, dass ihm ein günstigerer „Normaltarif" nicht ohne weiteres zugänglich war.[429] Über die Auswahl von mehreren gleich gut erreichbaren Sachverständigen trifft dieser Satz hingegen keine Aussage. Er steht einer Erkundigungsobliegenheit auch nicht entgegen. Vielmehr wird eine solche in seinem ursprünglichen Zusammenhang sogar vorausgesetzt.

Auch die Aussage des BGH, es bestehe keine Pflicht zur Marktforschung bzw. zu einer Erforschung des Marktes, spricht vom Wortsinn nicht gegen die Annahme einer Erkundigungsobliegenheit. Es wurde schon von verschiedenen Seiten versucht klarzustellen, dass ein gewichtiger Unterschied zwischen einer zeit- und arbeitsaufwändigen Marktforschung einerseits und einem simplen Vergleich weniger Angebote andererseits besteht.[430] Während der mit einer Marktforschung verbundene Aufwand, nämlich die systematische Sammlung, Aufarbeitung und Analyse von Daten über einen Markt,[431] für einen Geschädigten im Rahmen der Widerherstellung

---

[428] BGH ebd.

[429] BGH NJW 2005, 1933, 1934.

[430] OLG Köln VersR 1993, 767, 768 = NJW-RR 1993, 1053; OLG Nürnberg VersR 1994, 235 = NZV 1994, 24, 25; OLG Hamm VersR 1990, 100; OLG Hamm NJW-RR 1994, 923; *Etzel/Wagner*, VersR 1993, 1192, 1194; *Fricke*, VersR 2011, 966, 969; *Griebenow*, NZV 2003, 353, 356; *Rixecker*, NZV 1991, 369, 372.

[431] *Homburg*, Marketingmanagement, S. 242.

seines Schadens tatsächlich unzumutbar erscheint, kann ein einfacher Preisvergleich, der als typisches Konsumentenverhalten gilt[432] und mit wenigen Anrufen bewältigt werden kann, nicht den Rahmen der Zumutbarkeit sprengen. Vom Geschädigten soll eben nicht verlangt werden, so lange zu suchen, bis er das günstigste verfügbare Angebot gefunden hat, sondern nur zwei bis drei Preise zu vergleichen.

Dass das Unterlassen jeglicher Aktivität für den Geschädigten gewisse Nachteile mit sich bringen kann, wird selbst vom BGH im direkten Zusammenhang zu der oben zitierten Stelle beschrieben, indem er bemerkt, dass für den Geschädigten das Risiko verbleibt, ohne nähere Erkundigungen an einen Sachverständigen zu geraten der sich später als zu teuer erweist.[433] Dies macht deutlich, dass auch der BGH von dem Leitbild eines verständigen und wirtschaftlich denkenden Menschen ausgeht, der zumindest ein paar Erkundigungen einholt, bevor er ein Angebot annimmt und dies daher grundsätzlich auch für zumutbar hält.

(4) Keine Zweiteilung des Marktes

Vuia stützt seine Ablehnung einer Erkundigungsobliegenheit darauf, dass der BGH eine entsprechende Anwendung seiner Rechtsprechung zu den Unfallersatztarifen auf die Sachverständigenkosten abgelehnt habe.[434] Diesbezüglich ist zunächst danach zu fragen, was eine Übertragung der Rechtsprechung des BGH zu den Unfallersatztarifen bedeuten bzw. ob sie funktionieren würde. Kern dieser Rechtsprechung ist es, den Normaltarif für Mietwagen als Referenzwert heranzuziehen und spezielle Unfallersatztarife anhand dessen auf ihre betriebswirtschaftliche Notwendigkeit zu überprüfen oder gegebenenfalls danach zu fragen, ob dem Geschädigten wirklich nur ein solcher Unfallersatztarif zugänglich war. Eine Übertragung dieser Prinzipien scheitert aber schon an dem Um-

---

[432]   *Rixecker*, NZV 1991, 369, 372.
[433]   BGH VersR 2007, 560, 561, Rz. 17 = DS 2007, 144, 145.
[434]   *Vuia*, NJW 2013, 1197, 1199 f.

stand, dass eine derartige Zweiteilung des Marktes im Falle der Sachverständigenkosten nicht gegeben ist. Wo kein zweiter primär auf Selbstzahler ausgerichteter Tarif existiert, kann auch kein solcher als Referenz herangezogen werden. Unter diesen Gesichtspunkten ist es daher korrekt, eine Übertragung der Grundsätze abzulehnen. Dementsprechend lag auch die Begründung des BGH dafür, dass die Grundsätze der Rechtsprechung zu den Unfallersatztarifen nicht auf die Kfz-Schadensgutachten übertragen werden könne, darin, dass sich die Marktsituation voneinander unterscheide.[435] Es ist aber nicht ersichtlich warum der Umstand, dass keine Zweiteilung des Marktes besteht, im gleichen Atemzug die Begründung dafür liefern soll, auch einer Erkundigungsobliegenheit eine Absage zu erteilen. Es würde kaum Sinn machen, auf sämtlichen Märkten, die keine Zweiteilung aufweisen, beispielsweise bei den Werkstattkosten, einen Preisvergleich durch den Geschädigten für unzumutbar zu erklären.

bb) Argumente für eine Zumutbarkeit

Die vorgebrachten Ausführungen, die einer Erkundigungsobliegenheit des Geschädigten entgegenstehen sollen, können aus den dargelegten Gründen nicht überzeugen. Insofern kann die Feststellung, dass keine gewichtigen Argumente gegen die Zumutbarkeit einer Vergleichsobliegenheit des Geschädigten sprechen, ein erstes Indiz dafür bilden, dass ein Preisvergleich den Geschädigten nicht über Gebühr belastet. Im nächsten Schritt sind aber freilich auch Gründe für die Zumutbarkeit einer Erkundigung zu nennen.

(1) Die Rechtsprechung des BGH

Es wurde zuvor aufgezeigt, dass die bisherige Rechtsprechung des BGH nicht zwingend zu der Annahme führt, dass eine Erkundi-

---

[435] BGH VersR 2007, 560, 561, Rz. 18 = NJW 2007, 1450, 1452.

gungsobliegenheit den Geschädigten unzumutbar belasten würde. Vielmehr lassen sich Aspekte aufzeigen, die verdeutlichen, dass auch der BGH in seiner Rechtsprechung einen informierten Geschädigten voraussetzt, der Vergleiche anstellt.

In seiner Mietwagenrechtsprechung hat der BGH dazu Stellung genommen, wann ein vernünftiger und wirtschaftlich denkender Geschädigter zu einer Nachfrage nach weiteren Tarifen angehalten ist. Dies sei unter dem Aspekt des Wirtschaftlichkeitsgebots dann der Fall, wenn er Bedenken gegen die Angemessenheit des ihm unterbreiteten Angebots haben müsse, die sich unter anderem aus dessen Höhe ergeben könnten.[436] Auch liege eine Nachfrage in seinem eigenen Interesse, da er anderenfalls Gefahr laufe, dass ihm ein überhöhtes Angebot nicht in vollem Umfang erstattet wird.[437] Umso mehr muss aber ein vernünftiger und wirtschaftlich denkender Mensch angehalten sein, sich einen Überblick zu verschaffen und zu diesem Zwecke zumindest eine geringe Anzahl von Angeboten zu vergleichen, wenn er keinerlei Kenntnisse von den üblichen Preisen auf dem Markt hat, so wie es dem Geschädigten hinsichtlich der Sachverständigenkosten häufig attestiert wird.[438] Wer nicht einmal eine ungefähre Vorstellung von den üblichen Preisen hat, wird vernünftigerweise nicht das Risiko eingehen das erstbeste Angebot anzunehmen, ohne sich vorher anderweitig zu erkundigen. Die Gefahr, an ein schwarzes Schaf unter den Anbietern zu geraten, wäre demjenigen der vernünftig und wirtschaftlich denkt, hierfür jedenfalls zu hoch. Wenn also Bedenken gegen die Angemessenheit eines Angebots eine Erkundigungsobliegenheit auslösen, sollte völlige Unkenntnis des Auftraggebers erst recht dazu anhalten, einige Vergleiche einzuholen. Anderweitiges Verhalten ist mit wirtschaftlichem und vernünftigem Denken nicht zu vereinbaren.

Auch im Zusammenhang mit den Kosten eines Sachverständigengutachtens setzt die Rechtsprechung des BGH denknotwendig einen zumindest teilweise informierten Geschädigten voraus. So führt

---

[436] BGH VersR 2005, 850, 851 = NJW 2005, 1933, 1935; VersR 2006, 669, 671, Rz. 10 = NJW 2006, 1506, 1508.
[437] BGH ebd.
[438] Ähnlich: *Fricke*, VersR 2011, 966, 970.

dieser in einem Urteil aus, dass der vom Geschädigten aufgewendete Betrag nicht notwendig mit dem zu ersetzendem Schaden identisch sei. Die Preise eines Sachverständigen seien nicht geeignet, den erforderlichen Aufwand abzubilden, wenn sie für den Geschädigten erkennbar über den üblichen Preisen lägen.[439] Die theoretische Möglichkeit, einen überhöhten Preis zu erkennen besteht aber überhaupt nur dann, wenn dem Geschädigten außer dem gewählten Angebot auch noch andere Preise bekannt sind. Es muss also eine Erkundigung des Geschädigten vorausgesetzt werden, da anderenfalls jedes beliebige Sachverständigenhonorar mangels Erkennbarkeit für den Geschädigten dazu geeignet ist, den erforderlichen Aufwand abzubilden. Letzteres kann vom BGH aber nicht gewollt sein.

Auch das vom BGH regelmäßig angeführte Wirtschaftlichkeitspostulat, das besagt, dass der Geschädigte von mehreren möglichen den wirtschaftlicheren Weg der Schadensbehebung zu wählen hat,[440] setzt, wie auch *Alexander* richtig herausstellt,[441] Kenntnisse über Preis und Leistung und somit eine vorvertragliche Erkundigung des Geschädigten voraus.

Insgesamt lässt die Betrachtung der Rechtsprechung damit den Schluss zu, dass auch von Seiten des BGH eine vorherige Erkundigung nach verschiedenen Angeboten im Schadensrecht eher als Regelfall und nicht als eine unzumutbare Belastung des Geschädigten angesehen wird.

(2) Die subjektbezogene Schadensbetrachtung

Als entscheidender Beurteilungsmaßstab für die Zumutbarkeit vorvertraglicher Erkundigungen kann auch in diesem Zusammenhang die subjektbezogene Schadensbetrachtung herangezogen wer-

---

[439] BGH VersR 2014, 1141, 1142, Rz. 17 = NJW 2014, 3151, 3153.
[440] BGH VersR 2006, 669, 670, Rz. 5 = NJW 2006, 1506, 1507.
[441] *Alexander*, VersR 2006, 1168, 1173.

den.[442] Die spezielle Situation des Geschädigten, seine individuellen Erkenntnis- und Einflussmöglichkeiten sowie möglicherweise gerade für ihn bestehende Schwierigkeiten, sollten nicht nur als Argument dafür genutzt werden, dass ihm eine bestimmte Verhaltensweise im Rahmen der Schadensregulierung nicht zuzumuten ist, sondern auch bei der Frage, was positiv von ihm erwartet werden kann, Berücksichtigung finden. Ist ein Preisvergleich ohne größere Probleme oder Anstrengungen möglich, besteht kein Grund dafür ihn hinsichtlich der Auswahl eines Sachverständigen anders zu behandeln als bei der Wahl einer Werkstatt oder eines Kfz-Vermieters. Befindet er sich also nicht in einer speziellen Situation, sind seine Erkenntnis- oder Einflussmöglichkeiten nicht eingeschränkt und kann er auch keine sonstigen entgegenstehenden Schwierigkeiten nachweisen, sollte davon ausgegangen werden, dass die Einholung einiger Vergleichsangebote keine überfordernde Belastung für ihn darstellt.

Zuzustimmen ist auch jenen, die vorbringen, dass es als vollkommen alltägliches und auch selbstverständliches Verhalten eines Nachfragers am Markt angesehen werden kann, vorvertragliche Erkundigungen und Vergleiche einzuholen, um eine informierte Entscheidung treffen zu können.[443] Vom Geschädigten würde also kein außergewöhnliches Verhalten verlangt, das ihm vollkommen fremd ist, sondern eine in der Regel durchaus vertraute Handlungsweise.[444] Es ist nicht ersichtlich, warum ihm ein alltägliches Verhalten im Bereich der Sachverständigenkosten unzumutbar sein und damit eine Ausnahme gegenüber anderen Schadenspositionen, wie beispielsweise den Mietwagen- oder Werkstattkosten, geschaffen werden sollte. Wenn aber vom Geschädigten nur ein im Grunde täglich stattfindendes Verhalten erwartet wird, kann damit die Befürchtung ausgeräumt werden, dass der Streit zwischen Versicherern und Sachverständigen auf dem Rücken des Geschädigten ausgetragen

---

[442] Zum Begriff: BGH NJW 1992, 302, 303; NZV 1996, 357; DS 2005, 65, 66; DS 2005, 383; NJW 2007, 1450, 1452; jeweils m.w.N.

[443] *Alexander*, VersR 2006, 1168, 1173; *Fricke*, VersR 2011, 966, 970; *Rixecker*, NZV 1991, 369, 372.

[444] Vgl. *Fricke*, a.a.O.

würde.[445] Durch eine Erkundigungsobliegenheit würden ihm keine neuartigen, unvertrauten oder schwer zu bewältigende Pflichten auferlegt. Ausgehend von der subjektbezogenen Schadensbetrachtung erscheint eine Erkundigungsobliegenheit ebenfalls grundsätzlich zumutbar.

cc) Mögliche Ausnahmen

In konkreten Einzelfällen könnte es die Berücksichtigung der speziellen Situation des Geschädigten freilich erfordern, von diesem Grundsatz abzuweichen und nicht in jedem Fall vom Geschädigten zu verlangen, sich vor der Beauftragung einen Überblick zu verschaffen. Im Rahmen der Diskussion zu den Unfallersatztarifen wurde von *Körber* vorgeschlagen, die Existenz einer Markterkundungsobliegenheit im Einzelfall von den konkreten Umständen, insbesondere vom Aufwand für Preisvergleiche und der Dringlichkeit einer Wagenanmietung abhängig zu machen.[446] Ähnlich argumentierte *Alexander,* der es für unzumutbar hält, sich nach einem Unfall, der nachts auf einer einsamen und abgelegenen Landstraße geschieht, einen Überblick über die Werkstätten, Abschleppunternehmen oder Autovermieter zu verschaffen, selbst wenn es dafür nur weniger Telefonate bedürfte.[447]

Hinsichtlich der Anmietung eines Ersatzwagens und der Beauftragung eines Sachverständigen bestehen in dieser Hinsicht allerdings klare Unterschiede. Zwar ist es denkbar, dass der Geschädigte darauf angewiesen ist, seine Mobilität schnell wieder herzustellen und aus diesem Grunde keine Zeit hat, vor der Anmietung Angebote zu vergleichen, es ist demgegenüber aber keine Situation erdenklich, in der er in gleichem Maße auf eine schnelle Beauftragung eines Sachverständigen angewiesen ist. Eine besondere Dringlichkeit kann vorvertraglichen Preisvergleichen also für gewöhnlich nicht entgegenstehen. Mithin sind keine besonderen Situationen erkenn-

---

[445] So OLG Naumburg DS 2006, 283, 285.
[446] *Körber*, NZV 2000, 68, 74.
[447] *Alexander*, VersR 2006, 1168, 1173.

116

bar, in denen eine Ausnahme von der grundsätzlichen Zumutbarkeit vorheriger Preisvergleiche anzunehmen ist.

dd) Ergebnis zur Zumutbarkeit

Angesichts der vorhergegangenen Überlegungen wird deutlich, dass eine Erkundigungsobliegenheit für den Geschädigten durchaus zumutbar wäre. Weder die Stellung des Geschädigten als Herr des Restitutionsgeschehen, noch die Tatsache, dass für die Sachverständigenkosten kein zweigespaltener Markt vorliegt, führen dazu, dass eine vorvertragliche Anfrage zu einem mühsamen Unterfangen wird. Insbesondere steht auch die Rechtsprechung des BGH einer solchen Erkundigung nicht entgegen. Vielmehr setzt sie eine solche an einigen Stellen denklogisch voraus. Jedenfalls ist es dem BGH möglich, sich in künftigen Urteilen für eine Erkundigungsobliegenheit des Geschädigten auszusprechen, ohne sich gegen den Wortlaut seiner bisherigen Entscheidungen zu stellen.

Ausgehend von einer subjektbezogenen Schadensbetrachtung, sollte deshalb vom dem Grundsatz auszugehen sein, dass eine Erkundigung des Geschädigten zumutbar ist. Somit ist auch die Forderung *Frickes* zu begrüßen, der das Gebot der Einholung dreier Vergleichsangebote aus dem Bereich der Mietwagenrechtsprechung verallgemeinern möchte.[448] Es gibt keinen Grund dafür, den Bereich der Sachverständigenkosten in dieser Hinsicht anders zu behandeln als andere Schadenspositionen.[449] Auch der Aufwand vorheriger Erkundigungen ist in der Regel als gering zu bewerten.[450] Im besten Fall bedarf es hierfür nur einiger weniger Telefonate.

Zur Beurteilung sind aber auch die tatsächlichen Möglichkeiten, inklusive der Auskunftsbereitschaft der Sachverständigen, zu berücksichtigen. Ob die tatsächliche Möglichkeit einer Preisabfrage existiert und ob der damit zusammenhängende Aufwand für den Ge-

---

[448] *Fricke*, VersR 2011, 966, 970.
[449] So auch: AG Hagen NZV 2003, 144, 145.
[450] Bzgl. Mietwagenkosten vgl. *Körber*, NZV 2000, 68, 74.

schädigten gegebenenfalls reduziert werden kann, soll daher im folgenden Abschnitt untersucht werden.

c) Möglichkeit der Einholung von Vergleichsangeboten

Unabhängig davon, ob der Aufwand des Geschädigten für einen Preisvergleich zumutbar erscheint, kann die Rechtsordnung nicht verlangen, was faktisch unmöglich ist. Daher ist zu untersuchen, ob die mit angemessener Anstrengung unternommenen Versuche eines Geschädigten überhaupt zu einem Erfolg führen und ihm einen Preisvergleich ermöglichen können.

aa) Vergleichsmöglichkeiten des Geschädigten bei aktuellem Stand

In der Literatur wird überwiegend angenommen, dass etwaige Versuche eines Geschädigten, sich im Vorfeld über die Preise eines Sachverständigen zu informieren, keinen Erfolg haben können.[451] Dies liegt nach verbreiteter Ansicht daran, dass die Sachverständigen ihr Honorar in Relation zur festgestellten Schadenshöhe berechnen.[452] Dementsprechend müsse zunächst die eigentliche Arbeit, die Begutachtung des Kfz, stattfinden, bevor Aussagen zum Preis gemacht werden können, da anderenfalls die Berechnungsgröße fehle. Da dem Geschädigten im Voraus also keine Angaben zu den voraussichtlichen Kosten gemacht werden könnten, stünden ihm auch keine Vergleichsmöglichkeiten zur Verfügung.[453] Ein weiterer Punkt, der einen Vergleich erschwere, sei die generelle Undurchsichtigkeit des Marktes, die sich daraus ergebe, dass Sachverständige unterschiedliche Abrechnungsmethoden verwenden und keine Preislisten existieren.[454]

---

[451] *Grunsky*, NZV 2000, 4, 5; *Hörl*, NZV 2003, 305, 307; *Otting*, VersR 1997, 1328, 1330; *Roß*, NZV 2007, 321, 322; *Wortmann*, DS 2010, 102, 104f.

[452] *Otting*, VersR 1997, 1328, 1330.

[453] *Grunsky,* NZV 2000, 4, 5; *Hörl*, NZV 2003, 305, 307; *Wortmann*, DS 2010, 102, 104.

[454] OLG Naumburg, DS 2006, 283, 285; *Roß*, NZV 2001, 321, 322.

Eine andere Ansicht vertrat demgegenüber das AG Hagen, das Preisauskünfte per Telefon für möglich hielt und insbesondere auch davon ausging, dass der Geschädigte im Rahmen seiner vorvertraglichen Erkundigungen Informationen von den Prüfgesellschaften wie dem TÜV oder der DEKRA einholen könne, die im Durchschnitt kostenmäßig bei vergleichbarer Qualität erheblich niedriger liegen würden als freiberufliche Sachverständige.[455]

Eigene Beobachtungen des Verfassers dieser Arbeit hierzu aus der Mitte des Jahres 2015 haben gezeigt, dass selbst eine Internetrecherche keine brauchbaren Ergebnisse für einen Preisvergleich liefert. Sofern man überhaupt auf kostenmäßige Eingrenzungen einzelner Anbieter stößt, sind diese mit einer Spanne von mehreren hundert Euro so weit gefasst, dass sie keine konkreten Anhaltspunkte zur Abschätzung der zu erwartenden Kosten bieten. Die Wahrscheinlichkeit, dass der Geschädigte bei einer Online-Recherche zufällig auf die BVSK-Liste stößt ist eher gering, da sie nicht weit verbreitet zu sein scheint. Sie kann im Grunde nur mit gezielten Suchbegriffen gefunden werden.[456] Da der durchschnittliche Geschädigte von der Existenz dieser Liste aber keine Kenntnis hat, ist also nicht davon auszugehen, dass sie ihm zur Verfügung steht.

Auch eine vom Verfasser im Zeitraum von Juni bis Juli 2015 durchgeführte, nicht repräsentative Reihe von ca. 15 Testanrufen bei Sachverständigen unterschiedlicher Regionen bestätigte die in der Literatur vorherrschende Annahme, dass telefonische Anfragen von Geschädigten bei Kfz-Sachverständigen in der Regel nicht zum Erfolg führen. Der Frage nach den Kosten eines Schadensgutachtens wurde zunächst grundsätzlich damit begegnet, dass man diese Auskunft nicht erteilen könne. Auf weiteres Nachfragen wurde dies zum Teil mit einer komplexen Berechnungsmethode begründet oder mit der Sorge, dass die Auskunft als verbindliches Angebot verstanden würde. Nur selten wurde die BVSK-Liste erwähnt, mit der ein Geschädigter zumindest einen ersten Anhaltspunkt über die möglichen Kosten erhalten könnte. Häufiger wurde hingegen aber darauf

---

[455] AG Hagen, NZV 2003, 144, 145.
[456] Die Honorarbefragung kann im Internet auf der Webseite des BVSK (bvsk.de) in der Rubrik „Aktuell" heruntergeladen werden.

hingewiesen, dass die gegnerische Versicherung im Falle eines unverschuldeten Unfalls die Kosten eines Gutachtens zu tragen habe und dass bei Unklarheiten und ungeklärter Schuldfrage ein Anwalt kontaktiert werden könne. Dass sich ein Sachverständiger am Telefon die Fahrzeugdaten und die Art des Schadens schildern ließ, um dann einen ungefähren Preis zu nennen, kam nur vereinzelt vor und kann als Ausnahme beschrieben werden. Abgesehen davon stellt eine solche Aussage für einen Geschädigten keine verlässliche Grundlage für einen Preisvergleich dar, da die angegebene Preisspanne zu groß ist und kein Rechtsbindungswille des Sachverständigen vorliegt.

Es muss also festgehalten werden, dass es einem Geschädigten nach derzeitiger Lage tatsächlich nicht möglich sein dürfte, vor der Beauftragung eines Sachverständigen konkrete Auskünfte über die voraussichtlichen Kosten einzuholen. Mangels solcher Informationen, ist ein Vergleich der verschiedenen Anbieter nicht durchführbar. Einfache Telefonabfragen bedeuten zwar, wie herausgestellt wurde, keinen unzumutbaren Aufwand für den Geschädigten, derzeit sind sie aber zwecklos, da seitens der Sachverständigen keine hilfreichen Informationen mitgeteilt werden. Demzufolge kann aktuell vom Geschädigten nicht verlangt werden, sich um Preisvergleiche zu bemühen. Es erscheint also notwendig, Voraussetzungen zu schaffen, unter denen das Einholen vorvertraglicher Informationen durch den Geschädigten tatsächlich möglich ist.

bb) Verbesserung der Vergleichsmöglichkeiten durch
   die Einführung einer Aufklärungspflicht

Die Umgestaltung des Status quo, geht naturgemäß damit einher, dass veränderte Erwartungen an die Verhaltensweisen bestimmter Beteiligter zu stellen sind. Der Geschädigte, der oftmals unverschuldet und unvermittelt in den Unfall verwickelt wird und der im Gegensatz zu den übrigen Beteiligten keine gewerbsmäßigen Interessen sondern nur die Beseitigung des ihm entstandenen Schadens verfolgt, verdient aus eben diesen Gründen allerdings einen gewissen Schutz. Im Gegensatz zu den professionellen Leistungs-erbringern, befindet er sich in einer ihm ungewohnten Situation und kennt sich auf dem Markt für Sachverständigenkosten nicht aus. Zuzustimmen ist daher jenen, die behaupten, dass der Streit über die Höhe der Sachverständigenkosten nicht auf dem Rücken des Geschädigten ausgetragen werden könne.[457] Folglich kann der Ge-schädigte auch nicht der richtige Adressat sein, wenn es über einen einfachen Preisvergleich hinaus um gesteigerte Anforderungen an das Verhalten auf dem Markt geht. Vielmehr muss es ein Ziel sein, Preisvergleiche für den Geschädigten so einfach wie möglich zu machen.

(1) Aufklärung durch die Versicherer

Für Versicherer würden erhöhte Anforderungen an das Marktverhal-ten vermutlich die geringste Belastung bedeuten, da sie, wie bereits erwähnt wurde, ein bedeutendes eigenes wirtschaftliches Interesse daran haben müssten, Preisvergleiche zu ermöglichen, und auf die-se Weise einen Preiswettbewerb unter den Sachverständigen anzu-regen. Es wurde auch aufgezeigt, dass die Versicherungswirtschaft nicht untätig war und durchaus eigene Versuche unternahm, um auf den Markt einzuwirken. Die bisherigen Ausführungen haben aber gezeigt, dass diese Einwirkungsmöglichkeiten jedoch sowohl aus tatsächlicher als auch aus rechtlicher Sicht begrenzt sind. Einerseits besteht weder zum Geschädigten noch zum Sachverständigen eine vertragliche Beziehung. Andererseits begegnet der Geschädigte jeglichen Versuchen der Einflussnahme seitens des gegenerischen Versicherers mit einem gewissen Misstrauen. Vor diesem Hinter-grund erscheint es wenig aussichtsreich, durch eine Verhaltensan-passung der Versicherer Vergleichsmöglichkeiten für die Geschä-digten herbeizuführen, so dass eine Heranziehung dieser Beteilig-tengruppe ebenfalls nicht sinnvoll wäre.

---

[457] OLG Naumburg DS 2006, 283, 285. Ähnlich im Rahmen der Unfallersatztarife: *Rixecker*, NZV 1991, 369, 370.

(2) Aufklärung durch die Sachverständigen

Als Adressat für neue Verhaltenspflichten verbleibt damit letztlich nur die Gruppe der Sachverständigen. Geht es um vorvertragliche Informationen, erscheint dies auch durchaus angemessen, da es naturgemäß die Anbieter der Ware oder der Dienstleistung sind, die den ersten Anlaufpunkt für einen Preisvergleich darstellen. Die Sachverständigen haben deshalb zum richtigen Zeitpunkt, nämlich genau dann, wenn dieser sich für ein Schadensgutachten interessiert, den nötigen Kontakt zum Geschädigten. Zudem stehen den Sachverständigen, da sie selbst ihre Preise kalkulieren, alle notwendigen Informationen zur Verfügung. Allerdings kann eine Aufklärungspflicht nur in besonderen Ausnahmefällen angenommen werden, da es grundsätzlich im Verantwortungsbereich des einzelnen Vertragspartners liegt, seine eigenen Interessen gegenüber dem anderen Teil zu wahren.[458] Im weiteren Verlauf der Prüfung ist daher zu ermitteln, ob die Voraussetzungen, unter denen eine Aufklärungspflicht besteht, im Hinblick auf die Kfz-Sachverständigen gegeben sind und in welchem Umfang vorvertragliche Informationen verlangt werden können. Denkbar wäre zum Beispiel eine Aufklärung über die Berechnungsregel, die der Sachverständige für die Ermittlung seines Honorars zu verwenden beabsichtigt.[459]

(3) Voraussetzungen einer Aufklärungspflicht

Da auch in schuldrechtlichen Beziehungen keine generelle Aufklärungspflicht besteht,[460] obliegt es grundsätzlich jeder Partei selbst, sich über jene Umstände zu informieren, die für ihre Vertragsentscheidung maßgeblich sind.[461] Es ist aber allgemein anerkannt, dass sich ausnahmsweise unter besonderen Umständen aus § 241

---

[458] BGH NJW 1997, 3230, 3231; MüKoBGB/*Emmerich,* § 311 BGB, Rn. 66.
[459] *Roß,* NZV 2001, 321, 322 und auch *Gruber,* NVersZ 2002, 153, 155 weisen z.B. darauf hin, dass eine Erläuterung der Abrechnungsmodalitäten durch den Sachverständigen im Voraus möglich ist.
[460] BGH NJW 1970, 653, 655; NJW 1983, 2493, 2494; NJW-RR 1991, 170.
[461] BGH NJW 1982, 376; NJW 1989, 763, 764; NJW 1997, 3230, 3231; NJW-RR 2010, 1436, 1437, Rn. 15.

Abs. 2 BGB (früher aus § 242 BGB) eine vorvertragliche Aufklärungspflicht (auch Anzeige-, Warn- oder Beratungspflicht) ergeben kann, die die Pflicht beinhaltet, den anderen Teil unaufgefordert über solche Umstände zu informieren, die bezüglich des Vertragsabschlusses erkennbar entscheidungserheblich sind. Die konkreten Voraussetzungen für das Bestehen einer solchen Aufklärungspflicht sind bislang zwar nicht allgemeingültig geklärt,[462] es lassen sich aber einige Kernbedingungen benennen, die wiederkehrend von Rechtsprechung und Literatur als Voraussetzung für das Bestehen einer Aufklärungspflicht benannt werden. Dementsprechend ist es für die Annahme einer solchen Pflicht notwendig, dass (a) ein vorvertragliches Schuldverhältnis besteht, (b) zwischen den Parteien ein Informationsgefälle hinsichtlich (c) entscheidungsrelevanter Umstände existiert und (d) die nichtwissende Partei redlicherweise eine Aufklärung hierüber erwarten kann. Gemessen an diesen Bedingungen ist zu prüfen, ob die Voraussetzungen für eine Aufklärungspflicht der Sachverständigen vorliegen.

(a) Vorvertragliches Schuldverhältnis

Gemäß § 241 Abs. 2 BGB kann ein Schuldverhältnis jeden Teil zur Rücksicht auf die Rechte, Rechtsgüter und Interessen des anderen Teils verpflichten. Aus dieser Formulierung werden unter anderem die hier in Frage stehenden Aufklärungspflichten abgeleitet. Grundlegende Voraussetzung für das Bestehen solcher Pflichten ist aber, wie sich aus dem Wortlaut ergibt, dass zwischen den Parteien ein Schuldverhältnis entstanden ist.

Vor Vertragsschluss kann zwischen einem Sachverständigen und seinem potenziellen Auftraggeber ein vorvertragliches Schuldverhältnis i.S.d. § 311 Abs. 2 BGB zustande gekommen sein. Der erste Kontakt entsteht üblicherweise durch einen Anruf oder einen persönlichen Besuch des Geschädigten, denkbar ist heutzutage natürlich auch eine Kontaktaufnahme per E-Mail. Ob hierin bereits die

---

[462] MüKoBGB/*Emmerich*, § 311, Rn. 64.

Aufnahme von Vertragsverhandlungen i.S.d. § 311 Abs. 2 Nr. 1 BGB zu sehen ist, ist eine im jeweiligen Einzelfall zu beurteilende Frage, regelmäßig ist hierin aber zumindest eine Vertragsanbahnung i.S.d. § 311 Abs. 2 Nr. 2 BGB zu sehen, die als Grundtatbestand des § 311 Abs. 2 BGB ebenfalls ein vorvertragliches Schuldverhältnis begründet, denn hierdurch entstehen bereits die für eine Vertragsanbahnung notwendigen Einwirkungsmöglichkeiten auf die Rechte, Rechtsgüter und Interessen des anderen.[463]

(b) Informationsgefälle

Logisch zwingende Vorbedingung für eine Pflicht zur Aufklärung, ist ein zwischen den Parteien bestehendes Informationsgefälle. Es ist gegeben, wenn die auskunftspflichtige Partei Kenntnis von relevanten Tatsachen besitzt, die der anderen Partei unbekannt sind.[464] Hinzukommen muss, dass der Auskunftspflichtige weiß oder zumindest damit rechnen muss, dass diese Informationen der anderen Seite unbekannt sind.[465] Keine Pflicht zur Aufklärung besteht indes dann, wenn die andere Partei zwar tatsächlich keine Kenntnis von den relevanten Umständen hat, sie aber ohne Weiteres erlangen könnte, indem sie ihre eignen Interessen in einer von ihr zu erwartenden Weise verfolgt.[466]

Zwischen dem Geschädigten eines Straßenverkehrsunfalls und dem von ihm aufgesuchten Kfz-Sachverständigen besteht hinsichtlich der zu erwartenden Kosten unzweifelhaft ein solches Informationsgefälle. Wie bereits dargelegt wurde, hat der Geschädigte keinen Überblick über die üblichen Preise auf dem Markt für Schadensgutachten und auch die Berechnungsmethode des Sachverständigen, inklusive der übrigen preisbildenden Faktoren, sind ihm unbekannt, so dass er im Voraus keine konkrete Vorstellung von den entstehenden Kosten hat. Teilweise wird sogar behauptet, der

[463] Vgl. MüKoBGB/*Emmerich*, § 311, Rn. 47.
[464] Staudinger/*Olzen*, § 249, Rn. 448.
[465] *Kursawe*, NZA 1997, 245, 246 f.; MüKoBGB/*Bachmann*, § 241, Rn. 122a.
[466] BGH NJW 1996, 1339, 1340; NJW 2000, 2352, 2353; NJW 2001, 2021.

Geschädigte wisse nicht einmal, dass Sachverständige ihre Preise individuell und nicht nach einer festen gesetzlichen Regelung berechnen.[467]

Demgegenüber ist es selbstverständlich, dass der Sachverständige über diese Informationen verfügt, da er seine Vergütung selbst berechnet. Ebenso muss er, sofern nicht schon positive Kenntnis besteht, wenigstens davon ausgehen, dass ein solches Informationsdefizit beim Geschädigten besteht. Ihm dürfte das branchenübliche Verhalten der Sachverständigen bekannt sein, vorab keine konkreten Auskünfte über die zu erwartenden Kosten zu erteilen, was dazu führt, dass ein Geschädigter nur schwer an verlässliche Informationen gelangt. Der Geschädigte hat daher auch nicht die Möglichkeit, sich die relevanten Informationen selbst zu beschaffen, so dass alle Merkmale eines erforderlichen Informationsgefälles vorliegen.

(c) Entscheidungserheblichkeit der Umstände

Das beschriebene Informationsdefizit muss sich auf solche Umstände beziehen, die für die Vertragsentscheidung der unwissenden Partei ausschlaggebend sind.[468] Regelmäßig sind dies Umstände, die das Leistungs- oder das Integritätsinteresse der Partei betreffen.[469] Zudem ist es wiederum erforderlich, dass es für die wissende Partei erkennbar ist, dass diese Informationen für die Entscheidung des potenziellen Vertragspartners entscheidend sind.[470]

Die fraglichen Informationen müssen also so gewichtig sein, dass sie dazu geeignet sind die Kaufentscheidung des Vertragspartners zu beeinflussen. Weitere Erfordernisse, wie z.B. besonders schwerwiegende finanzielle Interessen, setzt der BGH darüber hinaus für

---

[467] *Otting*, VersR 1997, 1328, 1330.

[468] BGH NJW 1979, 2243; NJW 2003, 1811, 1812; *Grigoleit*, Vorvertragliche Informationshaftung, S. 6; Staudinger/*Olzen*, § 241, Rn. 452.

[469] BAG NJW 2005, 3595; BeckOK BGB, § 241, Rn. 78; Hk-BGB/*Schulze*, § 241, Rn. 8; MüKoBGB/*Bachmann*, § 241, Rn. 117.

[470] BGH NJW 1983, 2493, 2494; NJW 1992, 555; NJW 2000, 2352, 2353; MüKoBGB/*Bachmann/Roth*, § 241, Rn. 122a.

die Annahme der Entscheidungserheblichkeit grundsätzlich nicht voraus. Der Preis eines Produkts oder einer Leistung ist für den durchschnittlichen Verbraucher grundsätzlich ein wesentliches Entscheidungskriterium und im Allgemeinen dazu geeignet, seine Kaufentscheidung zu beeinflussen. Im Bereich der Sachverständigenkosten könnte aber deshalb etwas anderes gelten, weil der Geschädigte davon ausgeht, die Kosten am Ende nicht tragen zu müssen.[471] Nach geltender Rechtslage trifft dies aber dann nicht zu, wenn sich im Prozess herausstellt, dass ihn eine Mitschuld an der Verursachung des Unfalls trifft, was allein schon durch die Anrechnung der Betriebsgefahr des Kfz häufig vorkommt. In diesem Fall hat er selbst einen Teil der Gutachterkosten zu tragen, dessen absolute Höhe im Ergebnis umso geringer ausfällt je günstiger der Sachverständige seine Vergütung berechnet. Da das Ergebnis eines Rechtsstreits oftmals nicht genau vorherzusehen ist, besteht für den wirtschaftlich denkenden Geschädigten grundsätzlich immer ein Interesse daran, die Kosten des Gutachtens gering zu halten.[472]

Desweiteren dient die Inanspruchnahme eines Leistungserbringers, wie z.B. einer Werkstatt, eines Anwalts oder eines Sachverständigen, aus der Sicht des Geschädigten der Wiederherstellung des Unfallschadens. Das Interesse des Geschädigten besteht darin, in möglichst kurzer Zeit eine vollständige Wiederherstellung zu erhalten ohne eigene Mittel aufwenden zu müssen. Neben der primären Leistung, die z.B. in der fachgerechten Reparatur oder der vollständigen Ermittlung der Unfallschäden besteht, setzt dies voraus, dass sich die erbrachten Leistungen und die damit verbundenen Kosten im Rahmen des Erforderlichen bewegen. Anderenfalls kann nach dem Gesetz vom Schädiger kein vollständiger Ersatz des aufgewandten Geldbetrags verlangt werden und das vom Geschädigten verfolgte Ziel, wirtschaftlich wieder so gestellt zu sein, wie vor dem schädigendem Ereignis, wird verfehlt. Daneben können verhältnismäßig hohe Kosten auch die Regulierung verlangsamen, da sie ein erhöhtes Streitpotenzial mit sich bringen. Obwohl im Bereich der

---

[471] Vgl. oben auf S. 28.
[472] Ähnlich argumentierte der BGH als es um die Begründung einer Aufklärungspflicht der Autovermieter ging: BGH NJW 2006, 2618, 2619, Rn. 18.

Sachverständigenkosten auf der Geschädigtenseite eine deutlich reduzierte Preissensibilität besteht,[473] können Informationen über die voraussichtlichen Kosten bzw. über die hierfür verwendete Berechnungsregel für einen vernünftigen und wirtschaftlich denkenden Geschädigten also durchaus entscheidungserheblich sein.

In den Fällen, in denen der Geschädigte keine Mitschuld trägt, liegt eine Entscheidungserheblichkeit jedenfalls dann vor, wenn man von einer, zur Lösung des Problems erforderlichen, zeitgleich einzuführenden Erkundigungsobliegenheit und einer stärkeren Berücksichtigung des Wirtschaftlichkeitsgebots ausgeht. Gutachterkosten die oberhalb des erforderlichen Betrags liegen, wären dann bei gleichzeitiger Missachtung der Erkundigungsobliegenheit nicht vom Schädiger zu ersetzen und würden stattdessen den Geschädigten treffen, weshalb dieser ein klares Interesse daran hätte, sich im Rahmen des Erforderlichen zu halten und sich dessen durch vorherige Vergleiche zu vergewissern.

Vorvertragliche Informationen über die Berechnung der Kosten sind also schon deshalb für den Geschädigten entscheidungserheblich, weil sie im Falle einer Mitschuld Aufschluss über den vom Geschädigten selbst zu tragenden Teil geben. Da er sich hinsichtlich der gerichtlichen Beurteilung seines eigenen Verursachungsbeitrags nicht sicher sein kann, liegt es also von Anfang an in seinem Interesse, die Gutachterkosten möglichst gering zu halten. Bestünde für den Geschädigten eine Erkundigungsobliegenheit, würden die Informationen ihn auch davor schützen, einen Vertrag abzuschließen, der seinen Interessen deshalb widerspricht, weil die Kosten das zur Wiederherstellung erforderliche Maß überschreiten würden. Durch die vorherige Vergleichsmöglichkeit wäre er davor bewahrt, einen Teil der Kosten selbst tragen zu müssen, und könnte sich so vor nachteiligen Dispositionen schützen.

Die vorvertraglichen Informationen, die einen Vergleich der Gutachterkosten ermöglichen, würden also dazu dienen, die Vermögensinteressen des Geschädigten zu wahren und sind demnach auch als

---

[473] Vgl. oben S. 28.

entscheidungserheblich einzustufen. Dem Sachverständigen muss dies auch bekannt sein, da es evident ist, dass sein Auftraggeber im Falle eines fremdverschuldeten Unfalls eine Wiederherstellung seines Schadens wünscht, ohne dabei eigene Mittel aufwenden zu müssen. Dies umfasst auch das Interesse, die Gutachterkosten möglichst vollumfänglich auf den Unfallgegner oder dessen Versicherer abzuwälzen und keine überhöhten Kosten zu verursachen, die dann selbst zu tragen wären.

Entscheidungserheblich ist vor diesem Hintergrund außerdem die grundsätzliche Information, dass überhaupt Preisunterschiede zwischen den Sachverständigen existieren. Wird der Geschädigte in dem Glauben gelassen, dass alle Vertreter dieser Branche ihre Vergütung mittels einer vorgeschriebenen Formel berechnen, ist der Preis kein wirksames Kriterium für den Vertragsentschluss. Erfolgt aber ein Hinweis auf die bestehenden Preisunterschiede und die Obliegenheit des Geschädigten zum wirtschaftlichen Handeln, ruft dies eine Preissensibilität hervor und lässt die Berechnungsregel des konkreten Sachverständigen entscheidungserheblich werden.

(d) Abwägung der Interessen

Die letzte wesentliche Voraussetzung einer Aufklärungspflicht besteht darin, dass der Vertragspartner von der wissenden Partei nach Treu und Glauben eine Aufklärung über die erheblichen Umstände erwarten darf.[474] Damit wird die Frage nach der Zumutbarkeit der Weitergabe der Informationen behandelt, die im Wege einer Interessenabwägung zu lösen ist.[475]

Ein wichtiges Kriterium für die Zumutbarkeit der Informationsweitergabe ist zunächst der Umstand, ob sich die fraglichen Informationen bereits im Besitz der auskunftpflichtigen Partei befinden oder ob diese erst beschafft werden müssten, da Nachforschungs- und Un-

---

[474] BGH NJW 1979, 2243; NJW 2001, 2021; NJW 2003, 1811, 1812; NJW 2010, 3362.
[475] *Grigoleit*, Vorvertragliche Informationshaftung, S. 6 f.; Staudinger/*Olzen*, § 241, Rn. 454.

tersuchungspflichten nur in engen Grenzen bestehen.[476] Ein Sachverständiger weiß aber bereits vor Vertragsschluss, welche Berechnungsregel er zur Ermittlung seiner Vergütung anwenden wird und könnte diese Information einem Dritten auch ohne große Probleme mitteilen, so dass dieser Umstand einer Pflicht zur Aufklärung nicht entgegengehalten werden kann.

Nach der Auffassung des BGH „kann eine Aufklärungspflicht nach Treu und Glauben (§ 242 BGB) bestehen, wenn wegen besonderer Umstände des Einzelfalls davon ausgegangen werden muss, dass der künftige Vertragspartner nicht hinreichend unterrichtet ist und die Verhältnisse nicht durchschaut."[477] Für die Schutzwürdigkeit des Geschädigten und eine Aufklärungspflicht des Sachverständigen spricht in diesem Sinne die spezielle Situation in der sich der Geschädigte befindet. Hier spielt abermals dessen Unerfahrenheit bei der Schadensregulierung eine Rolle. In vielen Fällen wird es sich bei dem Geschädigten um eine Person handeln, die sich zum ersten Mal in einer solchen Situation befindet und dementsprechend ratlos ist. Die Kosten eines Schadensgutachtens sind ihm dann weder durch eigene Erfahrungen bekannt, noch ist es ihm unter zumutbarem Aufwand möglich Anhaltspunkte hierüber zu erlangen. Eine Erkundigung beim Sachverständigen über die voraussichtlichen Kosten wäre insoweit nicht aufschlussreich, wie bereits gezeigt wurde. Allein dieser Zustand muss als bedenklich beurteilt werden, da bezweifelt werden kann, ob es zumutbar ist, einen Vertrag von nicht unerheblicher wirtschaftlicher Bedeutung ohne vorherige Kenntnis der voraussichtlichen Kosten, also regelrecht ins Blaue Hinein, abschließen zu müssen, während es in nahezu allen übrigen Bereichen allgemein üblich und sogar notwendig ist, die wesentlichen Vertragsbestandteile, die essentialia negotii, vor Vertragsschluss zu vereinbaren. Eine Einigung über den Werklohn ist wegen § 632 Abs. 1, 2 BGB im Werkvertragsrecht zwar nicht zwingend erforderlich,[478] in der Regel besteht aber die Möglichkeit, sich vorab über das Instrument des Kostenanschlags zu informieren,

---

[476] MüKoBGB/*Emmerich,* §311, Rn. 69, m.w.N.
[477] BGH NJW 1997, 3230, 3231; NJW-RR 2007, 1503, 1504; NJW-RR 2010, 1436, 1437.
[478] MüKoBGB/*Busche,* § 631, Rn. 47.

was das Gesetz auch in § 632 Abs. 3 BGB und § 650 BGB für den Werkvertrag explizit voraussetzt. Im Falle eines Schadensgutachtens besteht dieses Mittel aber nicht, da die voraussichtliche Vergütung nicht benannt werden kann, ohne die Schadenshöhe zu kennen.

Die spezielle Situation des Geschädigten wird aber darüber hinaus noch dadurch geprägt, dass über die Erstattungspflicht des Schädigers und seines Haftpflichtversicherers auch Rechte Dritter betroffen sind, für deren Wahrung den Geschädigten die Verantwortung trifft. Der Sachverständige erscheint dem Geschädigten in dieser Situation (nicht selten auch durch sein bewusstes Auftreten) als ein Helfer, der keine konträren Interessen verfolgt, sondern auf der Seite des Geschädigten steht und eine unterstützende Funktion wahrnimmt. Der Vorschuss an Vertrauen, der dem beauftragten Sachverständigen entgegenzubringen ist, ist mithin enorm und führt zusammen mit der Unerfahrenheit des Geschädigten und den betroffenen Rechten Dritter eindeutig zu einer Schutzwürdigkeit des Geschädigten.

Einer Aufklärung des Geschädigten stehen auf der anderen Seite zunächst die kommerziellen Interessen des Sachverständigen gegenüber. Das Streben nach Gewinnen ist dem Vertragssystem des BGB immanent und aus rechtlicher Sicht keineswegs verwerflich. Eine ausnahmsweise bestehende vorvertragliche Aufklärung über die Marktverhältnisse und die eigene Berechnungsmethode könnte den potenziellen Kunden dazu bewegen, seine Entscheidung zulasten des Sachverständigen zu überdenken und so die Gewinne des Sachverständigen schmälern. Daher ist das Interesse des Geschädigten an einer vorvertraglichen Aufklärung zum einen gegen das Interesse des Sachverständigen an wirtschaftlichen Gewinnen abzuwägen.

Darüber hinaus besteht für den Sachverständigen das, durch Art. 12 GG geschützte,[479] Interesse, seine Geschäftsgeheimnisse zu bewahren. Als Betriebs- und Geschäftsgeheimnisse werden alle auf

---

[479] BVerfG MMR 2006, 375, 376.

ein Unternehmen bezogene Tatsachen, Umstände und Vorgänge verstanden, die nicht offenkundig, sondern nur einem begrenzten Personenkreis zugänglich sind und an deren Nichtverbreitung der Rechtsträger ein berechtigtes Interesse hat. Betriebsgeheimnisse umfassen im Wesentlichen technisches Wissen; Geschäftsgeheimnisse betreffen vornehmlich kaufmännisches Wissen.[480] Zu den Geschäftsgeheimnissen können daher auch Kalkulationen oder Preisberechnungen zählen.[481] Auch dieser Aspekt ist bei der Abwägung der gegenläufigen Interessen zu berücksichtigen.

Im Ergebnis überwiegen aufgrund seiner speziellen Situation aber die Schutzbedürftigkeit des Geschädigten und sein Interesse an vorvertraglichen Informationen. Hinsichtlich der Unerfahrenheit des Geschädigten ist die Situation erneut vergleichbar mit der Anmietung eines Ersatzwagens zum Unfallersatztarif. Der Mietwagenkunde, der keine Kenntnis von dem gespaltenen Tarifmarkt hat, vertraut darauf, dass der ihm angebotene Unfallersatztarif speziell für seine besondere Situation entwickelt wurde und daher auch angemessen ist. Die Gefahren einer anderen Bewertung der Verursachungsbeiträge durch das Gericht sind ihm ebenfalls nicht bekannt. Angesichts dessen kam der BGH zu dem Schluss, dass eine Aufklärungspflicht des Vermieters bestehe.[482] Wird dem Geschädigten ein überhöhter Unfallersatztarif angeboten, so ist er darüber aufzuklären, dass die gegnerische Haftpflichtversicherung den angebotenen Tarif möglicherweise nicht in vollem Umfang erstattet.[483] Im Falle einer Ersatzwagenanmietung ist es dem Geschädigten aber möglich, im Vorfeld Angebote zu vergleichen und so gegebenenfalls überhöhte Tarife zu erkennen. Da diese Möglichkeit bezüglich der Sachverständigenkosten nicht existiert, ist der Geschädigte in dieser Situation umso mehr auf die vorvertraglichen Informationen seines potenziellen Vertragspartners angewiesen.

---

[480] BVerfG MMR 2006, 375, 376.
[481] Erf/*Kania*, BetrVG, § 79, Rn. 4; Richardi BetrVG/*Thüsing*, § 79, Rn. 5.
[482] BGH VersR 2006, 1274, 1725 = NJW 2006, 2618, 2619, Rn. 16 ff.; VersR 2007, 1427, 1428 = NZV 2007, 236, 237, Rn. 15 f.; VersR 2009, 1243 = NJW 2009, 3792.
[483] BGH NJW 2006, 2618, 2621.

Hinter dieser Schutzbedürftigkeit haben die gegenläufigen Interessen des Sachverständigen zurückstehen. Zwar würde das Gewinnstreben des Sachverständigen dadurch beeinträchtigt, dass der Geschädigte zu Preisvergleichen angeregt wird und sich in Folge dessen möglicherweise für einen anderen Anbieter entscheidet. Dies ist allerdings ein gewöhnlicher und sogar gewünschter Vorgang des Wettbewerbs. Eine Aufklärungspflicht würde den Sachverständigen zwar dazu verpflichten, den Wettbewerb quasi selbst einzuleiten. Da für den einzelnen Sachverständigen aber auch kein schützenswertes Interesse daran besteht, Vergleichsmöglichkeiten des Geschädigten zu unterbinden, um vor einem Wettbewerb durch andere Anbieter geschützt zu sein, ist ihm angesichts der besonderen Marktsituation und den gewichtigen Interessen des Geschädigten, eine Aufklärung zuzumuten. Auch der Schutz des Sachverständigen vor einer Preisgabe seiner Geschäftsgeheimnisse, soll dabei nicht außer Acht gelassen werden und kann im Rahmen der inhaltlichen Anforderungen an die Aufklärungspflicht berücksichtigt werden.

Aufgrund der Unerfahrenheit des Geschädigten, der unzureichenden Informationsmöglichkeiten, insbesondere aber auch aufgrund der Betroffenheit der Rechte Dritter, die der Geschädigte zu beachten hat, muss die Interessenabwägung damit zu seinen Gunsten ausfallen, so dass die Voraussetzungen einer ihm gegenüber bestehenden Aufklärungspflicht des Sachverständigen vorliegen. Hiermit ist allerdings lediglich das grundsätzliche Bestehen einer Aufklärungspflicht festgestellt worden. Der notwendige Umfang der Aufklärung, bei dem es erneut darum geht, die beidseitigen Interessen weitestgehend zu beachten, ist in einem nächsten Schritt zu erörtern.

(4) Umfang der Aufklärungspflicht

Es wurde festgestellt, dass zwischen dem Geschädigten und dem Sachverständigen regelmäßig ab der ersten Kontaktaufnahme ein vorvertragliches Schuldverhältnis besteht, das ein deutliches Informationsgefälle zulasten des Geschädigten aufweist. Da sich dieses

Informationsdefizit auf Umstände bezieht, die für den Geschädigten entscheidungserheblich sind und auch eine Abwägung der entgegenstehenden Interessen zugunsten des Geschädigten ausfällt, liegen sämtliche Voraussetzungen unter denen eine Aufklärungspflicht des Sachverständigen besteht vor. Im nächsten Schritt ist danach zu fragen, welche konkreten Informationen dem Geschädigten mitzuteilen sind. Ziel der Aufklärung muss es sein, den Geschädigten mit allen Informationen zu versorgen, die zur Erfüllung seiner Erkundigungsobliegenheit zweckdienlich und erforderlich sind.

(a) Wirtschaftlichkeitspostulat und Erkundigungsobliegenheit

Von wesentlicher Bedeutung ist es zunächst, dem Geschädigten seine Obliegenheit und die an ihn gerichteten Anforderungen zu verdeutlichen. Er ist daher darauf hinzuweisen, dass er, gemäß der gesetzlichen Regelung, nur den erforderlichen Geldbetrag vom Schädiger ersetzt verlangen kann. In diesem Zusammenhang ist es, wie oben bereits beschrieben wurde, notwendig aufzuzeigen, dass Sachverständige ihre Grundhonorare individuell berechnen. Nicht zu fordern ist jedenfalls ein direkter Hinweis auf konkrete Angebote anderer Anbieter, da dies die geschäftlichen Interessen des Sachverständigen unzumutbar beeinträchtigen würde.[484]

Aber auch ein direkter Hinweis auf eine für den Geschädigten bestehende Erkundigungsobliegenheit erscheint als zu starke Beeinträchtigung, da dies einer Aufforderung an den Geschädigten zur Einholung weiterer Angebote bei der Konkurrenz des betreffenden Sachverständigen gleichkäme. Es kann aber einem Unternehmer nicht zugemutet werden, einem potenziellen Kunden, der eventuell gerade im Begriff ist einen Vertrag abzuschließen, dazu aufzufordern, sich zunächst bei der Konkurrenz nach günstigeren Preisen zu erkundigen. Ein solches Verhalten wäre beispielsweise für einen Sachverständigen mit wenigen direkten Mitbewerbern auf dem regi-

---

[484] Ähnlich verhält es sich bei den Aufklärungspflichten der Mietwagenanbieter. Der BGH (NJW 2006, 2618, 2621) war der Ansicht, dass es unzumutbar sei, auf Angebote der Konkurrenz hinzuweisen.

onalen Markt ruinös, sofern er selbst der Marktteilnehmer mit den höchsten Preisen ist. Ein Hinweis auf die variierenden Berechnungsregeln der Sachverständigen und die drohende Gefahr, einen Teil der Kosten selbst zu tragen, müssen daher für den Geschädigten als Anstoß für Preisvergleiche ausreichen. Dies mag zunächst als unerhebliche Nuance erscheinen, macht aber letztlich den Unterschied dazwischen aus, ob der Sachverständige den Geschädigten direkt zu Preisvergleichen auffordert oder ihn lediglich auf die ihm bisher unbekannten Umstände in der Branche hinweist, bei deren Kenntnis ein wirtschaftlich denkender Mensch dazu angehalten ist Preise zu vergleichen.

Formulierungsbeispiel:
„Als Geschädigter eines Verkehrsunfalls können Sie in der Regel Schadensersatz vom Schädiger und seinem Kfz-Haftpflichtversicherer fordern. Erstattungsfähig ist hierbei aber nur der Geldbetrag, der zur Herstellung erforderlich ist. Da für die Vergütung eines Kfz-Schadensgutachtens keine verbindliche Gebührenordnung existiert, steht es jedem Sachverständigen frei, sein Honorar nach eigenen Berechnungsregeln festzulegen. Um Kosten oberhalb der Erforderlichkeitsgrenze zu vermeiden, ist es für den Geschädigten eines Verkehrsunfalls ratsam, sich vorab über die Preise eines Kfz-Schadensgutachtens zu informieren."

(b) Voraussichtliches Grundhonorar

Den Geschädigten über die unterschiedliche Preisgestaltung der Sachverständigen und seine Erkundigungsobliegenheit in Kenntnis zu setzen, kann aber nur der erste Schritt der Aufklärungspflicht sein, da er hiermit noch nicht in die Lage versetzt wird, tatsächlich Angebote vergleichen zu können. Hierfür ist es erforderlich, Informationen über die zu erwartenden Kosten mitzuteilen.

Dabei kann ein einfacher Verweis auf die Honorarbefragung des BVSK nicht als ausreichend angesehen werden, da diese Tabelle lediglich Aussagen darüber trifft in welcher Bandbreite Sachverständige ihr Honorar berechnen. Der Honorarkorridor (HB V), innerhalb dessen sich in der Regel mehr als 50 % der befragten Sachverständigen bewegen, kann zwar als erster Anhaltspunkt für die Üblichkeit eines Honorars angesehen werden, ist aber ungeeignet, den Geschädigten über das voraussichtliche Honorar des konkreten Sachverständigen zu informieren.

(aa) Preisgabe der eigenen Berechnungsregel

Eine wirksame Art der Aufklärung bestünde darin, dass der Sachverständige seine Berechnungsregel, die er zur Ermittlung seines Grundhonorars anwendet, offen legt und erläutert. Als Beispiel für eine solche Berechnungsregel kann die Formel des Sachverständigen aus dem Urteil des BGH vom 23.01.2007 herangezogen werden.[485] Das Grundhonorar (G) richtete sich in diesem Fall nach der Schadenshöhe (S) und wurde mittels der Formel $G = S^{0,57}$ x 3 Euro ermittelt. Teilt der Sachverständige dem Geschädigten seine Berechnungsregel mit, so hebt er ihn damit bezüglich der voraussichtlichen Kosten auf seinen eigenen Kenntnisstand und teilt ihm damit die präziseste verfügbare Information mit. Für einen durchschnittlichen Geschädigten ist eine Formel dieser Art aber unter Umständen nur schwer verständlich und insbesondere auch nicht ohne Weiteres mit den davon abweichenden Berechnungsregeln anderer Sachverständiger zu vergleichen. Auch die Information über die Berechnungsregel ist daher für sich genommen nicht als ausreichende vorvertragliche Auskunft anzusehen.

Aus der Sicht des Sachverständigen kann zudem sein Geheimhaltungsinteresse gegen die Mitteilung seiner Berechnungsformel sprechen. Abhängig davon, ob sie im Einzelfall als Geschäftsgeheimnis zu qualifizieren ist, kann die Kalkulation des Sachverständigen besonderen Schutz genießen. Sachverständige, die ihre Berechnungsregel als Geschäftsgeheimnis behandeln, könnten sich daher mit guten Argumenten gegen eine vorvertragliche Auskunftspflicht wehren. Es ist zwar denkbar, dass einige Sachverständige

---

[485] BGH NJW 2007, 1450, 1451.

ihre Berechnungsregel preisgeben und so versuchen ihre Transparenz als Wettbewerbsfaktor zu nutzen. Einerseits ist aber fraglich, ob dies überhaupt einen Mehrwert für den Geschädigten ergibt, der diese Formel in der Regel nicht nachvollziehen kann. Andererseits – und dies ist für die Auskunftspflicht entscheidend – kann der Sachverständige zur Preisgabe gerade nicht verpflichtet werden.

Sowohl aus der Sicht des Geschädigten, als auch aus der des Sachverständigen, erscheint die Mitteilung der Berechnungsregel daher für eine vorvertragliche Aufklärung über die voraussichtlichen Kosten eines Schadensgutachtens ungeeignet

(bb) Aushändigung einer Beispieltabelle

Die vorvertragliche Aufklärung wäre aber auch durch die Aushändigung einer Tabelle mit beispielhaften Ergebnissen der verwendeten Berechnungsformel möglich. Eine solche Form der Information hätte gegenüber der bloßen Mitteilung der Formel den Vorteil, dass sie leicht verständlich und mit geringem Aufwand zu vergleichen ist. Das Geschäftsgeheimnis des Sachverständigen würde dadurch nicht beeinträchtigt, da eine eindeutige Ermittlung der korrekten Berechnungsformel anhand der übermittelten Daten nicht möglich wäre. Es würde zwar gelingen, für einen nicht in der Tabelle vorhandenen Schadenswert das Honorar mit einer kleinen Fehlertoleranz vorauszusagen, ein Vergleich zu anderen Branchen, in denen es üblich ist den Preis oder die Kosten bereits vor dem Kauf oder der Beauftragung zu kennen (beispielsweise können die Preise eines Mietwagens für einen bestimmten Zeitraum heutzutage vorab konkret im Internet ermittelt werden), zeigt aber, dass diesbezüglich kein schützenswertes Interesse des Sachverständigen entgegenstehen kann. Das Geschäftsgeheimnis besteht vielmehr in der internen Ermittlungsmethode des Preises, die aber durch eine derartige Tabelle gerade nicht aufgedeckt werden könnte. Die in der Tabelle enthaltenen Informationen könnten überdies auch durch einen Dritten zusammengetragen werden und schon deshalb kein Geschäftsgeheimnis darstellen. Zwar ist dies mit einigem Aufwand verbunden, theoretisch wäre es aber möglich, indem die Daten aus bisherigen

Aufträgen des Sachverständigen, z.B. von früheren Auftraggebern, erhoben werden.

Ein Beispiel einer solchen Tabelle, die auf der oben genannten (und für heutige Verhältnisse sehr günstigen) Formel $G = S^{0,57} \times 3$ Euro basiert, könnte folgendermaßen gestaltet sein. Die Auswahl der Nettoschadenswerte sollte sich dabei an der Tabelle der BVSK-Honorarbefragung orientieren. Der Sachverständige sollte klarstellen, dass es sich um Beispielwerte handelt, die anhand seiner persönlichen Berechnungsmethode ermittelt wurden.

Schadenhöhe	Honorar	Anteil Honorar
...	...	...
1.000 Euro	153,86 Euro	15,4 %
1.250 Euro	174,73 Euro	14,0 %
1.500 Euro	193,86 Euro	12,9 %
1.750 Euro	211,67 Euro	12,1 %
2.000 Euro	228,41 Euro	11,4 %
2.250 Euro	244,27 Euro	10,9 %
2.500 Euro	259,39 Euro	10,4 %
...	...	...

Denkbar wäre außerdem eine zusätzliche grafische Verdeutlichung, die das Verständnis und auch die Vergleichbarkeit für den Geschädigten weiter erhöhen könnte.

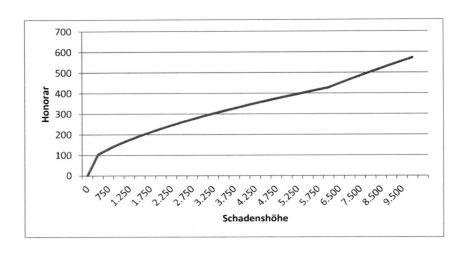

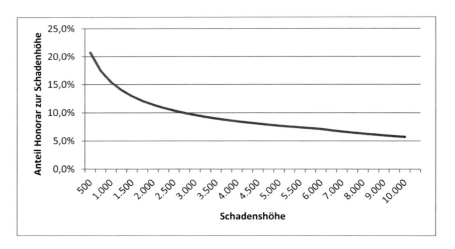

(c) Voraussichtliche Nebenkosten

Das Grundhonorar des Sachverständigen ist mit den endgültigen Kosten eines Schadensgutachtens nicht identisch. Hinzu kommen die abgerechneten Nebenkosten, die nicht selten einen erheblichen Teil des Endpreises ausmachen.[486] Da zur Einhaltung des Wirtschaftlichkeitspostulats nicht allein auf das Grundhonorar abgestellt werden sollte, sondern nur die Gesamtsumme der Gutachterkosten maßgeblich sein kann,[487] ist der Geschädigte auch über die zu erwartenden Nebenkosten zu informieren. Da im Voraus feste Preise für bestimmte Positionen genannt werden können, fällt ein Vergleich zwischen den Sachverständigen hier auch wesentlich leichter als es bei den Grundhonoraren der Fall ist. Erschwerend wirkt lediglich der Umstand, dass manche Sachverständige Pauschalen für einzelne Posten ansetzen (z.B. die Fahrtkosten[488], Telefonkosten, Fotokopien), während andere nach dem konkreten Aufwand abrechnen. Hinsichtlich solcher Positionen bei denen die Nebenkosten pro Stück angegeben werden, kann es mitunter schwierig sein, im Voraus abzuschätzen, in welchem Umfang sie tatsächlich benötigt werden. Zwar kann die vom Sachverständigen zurückzulegende Fahrtstrecke vom Geschädigten gut abgeschätzt werden, er weiß in der Regel aber nicht, wie viele Fotos zur Dokumentation des Schadens notwendig sind oder wie viele Seiten das geschriebene Gutachten in Anspruch nimmt.

Dennoch bietet die Angabe der Nebenkosten einen geeigneten Anhaltspunkt für die vom Geschädigten anzustellenden Preisvergleiche. Gewisse Unsicherheiten bezüglich einzelner Positionen sind dabei hinzunehmen und dürften nicht besonders schwer wiegen, da es, auch ohne die konkrete Stückzahl der Positionen zu kennen, möglich sein sollte, deutliche Unterschiede in der Berechnung der

---

[486] Vgl. den Fall BGH SVR 2014, 181 in dem die Nebenkosten rund 42 % der gesamten Rechnung ausmachten; im Fall des AG Altena, Az. 2 C 459/09 waren es sogar fast 60 %; in einem neueren Urteil des LG Stuttgart waren es immerhin rund 30 %, Az. 13 S 58/14, BeckRS 2015, 13514; dazu auch OLG Dresden, BeckRS 2014, 06732.

[487] So auch: AG Hamburg-Altona NZV 2014, 133, 134; AG Lebach, Urt. v. 22.0.2.2013 – Az. 14 C 43/12 (20), BeckRS 2013, 04934; *Heßeler*, NJW 2014, 1916, 1917.

[488] Str. ob dies zulässig ist. Dagegen: AG Halle NJW 2012, 2290, 2291.

Nebenkosten auszumachen. Dabei ist jedoch zu beachten, dass überhöhte Nebenkosten bei der Wahl des Sachverständigen kein absolutes Ausschlusskriterium darstellen, da wie bereits erwähnt, die Gesamtkosten ausschlaggebend sein sollten und hohe Nebenkosten durch ein günstiges Grundhonorar ausgeglichen werden können oder umgekehrt.

(5) Rechtsfolgen der Verletzung

Unterbleibt eine Aufklärung durch den Sachverständigen über die zuvor aufgeführten Informationen, stellt dies eine Verletzung vorvertraglicher Pflichten dar, die gem. § 280 Abs. 1 i.V.m. §§ 311 Abs. 2, 241 Abs. 2 BGB zu einem Schadensersatzanspruch des Geschädigten führen können. Ersatzfähig ist dann jeder durch die Pflichtverletzung kausal verursachte Schaden,[489] der hier in dem Abschluss eines unvorteilhaften Vertrags liegen könnte bzw. darin, dass der Geschädigte selbst einen Teil der Kosten zu tragen hat. Der Sachverständige hätte dann gem. § 249 Abs. 1 BGB den Zustand herzustellen, der bestehen würde, wenn der zum Ersatz verpflichtende Umstand, also die unterbliebene Aufklärung, nicht eingetreten wäre. Verlangt der Sachverständige ein überdurchschnittlich hohes Honorar, und legt der Geschädigte dar, dass er im Falle einer ordnungsgemäßen Aufklärung Preisvergleiche durchgeführt hätte, begründet dies die Vermutung, dass er einen kostengünstigeren Anbieter gefunden und beauftragt hätte, da er in der Regel bemüht ist, eigene Aufwendungen für die Wiederherstellung zu vermeiden. Dem Geschädigten steht dann ein Schadensersatzanspruch in Höhe der Differenz zwischen tatsächlich vereinbartem und durchschnittlichem Honorar zu. Der eventuell bereits gezahlte überschüssige Betrag wäre zurückzuzahlen. Wurde die Rechnung des Sachverständigen noch nicht beglichen, kann der Schadensersatzanspruch des Geschädigten dem Zahlungsanspruch des Sachverständen gem. § 387 BGB entgegengehalten werden. Voraussetzung für diese Rechtsfolgen ist selbstverständich noch ein Ver-

---

[489] MüKoBGB/*Ernst*, § 280, Rn. 31.

schulden des Sachverständigen bzgl. der unterbliebenen Aufklärung, das aber gem. § 280 Abs. 1 S. 2 BGB vermutet wird.

Im Prozess sollte der vom Geschädigten bereits beglichenen Rechnung weiterhin eine Indizwirkung bezüglich der Erforderlichkeit zukommen. Dem Schädiger oder dessen Versicherer sollte es aber nunmehr zustehen darzulegen, dass sich das Honorar deutlich oberhalb des Üblichen bewegt und ein günstigerer Sachverständiger ohne Weiteres zugänglich gewesen wäre. Es obliegt daraufhin dem Geschädigten, nachzuweisen, dass zwar mehrere Angebote eingeholt aber dennoch keine günstigeren Sachverständigen gefunden wurden. Gelingt ihm dieser Nachweis, sind die dafür entstandenen Kosten als erforderlich anzusehen und vom Schädiger zu ersetzen. Stehen keine nachvollziehbaren sachlichen Gründe entgegen, hat der Geschädigte also das günstigste Angebot, auf das er im Rahmen seiner Erkundigungen stößt, zu wählen.

d) Zwischenergebnis

Wie festgestellt wurde, wäre eine Erkundigung für den Geschädigten zwar weder unzumutbar noch überobligationsmäßig, ist aber aufgrund des Marktverhaltens der Sachverständigen derzeit nicht durchführbar. Mit der Einführung einer vorvertraglichen Aufklärungspflicht würde dieser Missstand beseitigt und der Bereich der Sachverständigenkosten könnte hinsichtlich des Wirtschaftlichkeitspostulats an das übrige Schadensrecht angeglichen werden. Die Aufklärung würde dem Geschädigten die Möglichkeit eröffnen, vor Vertragsschluss einen Überblick über die Preise zu erlangen und Vergleiche anzustellen. Ein zusammenhängendes Formulierungsbeispiel für ein Informationsblatt des Sachverständigen, mit dem der Geschädigte die notwendigen Informationen erhält, befindet sich im Anhang dieser Arbeit.

Wie gezeigt wurde ergänzen und bedingen sich die Erkundigungspflicht des Geschädigten und die Aufklärungspflicht des Sachverständigen im Rahmen dieses Lösungsansatzes wechselseitig. Zur

Lösung des Problems wird die Einführung einer Erkundigungsobliegenheit gefordert, die aber vom Geschädigten nur dann verlangt werden kann, wenn ihre Erfüllung auch möglich ist, was wiederum die Aufklärung durch den Sachverständigen voraussetzt. Für diesen besteht aber nur dann eine Aufklärungspflicht wenn die von ihm mitzuteilenden Informationen für den Geschädigten entscheidungserheblich sind. Das ist hinsichtlich der zu erwartenden Kosten für gewöhnlich schon deshalb gegeben, weil sie sich im Falle eines Mitverschuldens auch auf den vom Geschädigten selbst zu tragenden Teil der Kosten beziehen. Durch die Einführung einer Erkundigungspflicht, wäre das Interesse an einer Auskunft zu den voraussichtlichen Kosten aber deutlich gesteigert. Die Forderungen nach einer Erkundigungsobliegenheit des Geschädigten und einer Aufklärungspflicht der Sachverständigen stehen mithin gleichberechtigt nebeneinander.

Bei der Frage nach der Ersatzfähigkeit von Gutachterkosten sollte, wie auch in anderen Bereichen des Schadensrechts, zunächst geklärt werden, ob die konkreten Ausgaben erforderlich waren. Dies bemisst sich danach, ob der Geschädigte einen Sachverständigen mit üblichen Preisen gewählt hat. Liegen die Kosten oberhalb des Üblichen, können sie aber dennoch ersatzfähig sein, sofern ein günstigeres Angebot nach der subjektbezogenen Schadensbetrachtung nicht ohne Weiteres zu erreichen war, mithin der Geschädigte also nicht gegen seine Erkundigungsobliegenheit verstoßen hat.

Die entstehende Preistransparenz und der gesteigerte Anreiz des Geschädigten, Preise zu vergleichen dürften den Wettbewerb und den Preiskampf unter den Sachverständigen anregen und so zu Honoraren führen, die tatsächlich von Angebot und Nachfrage bestimmt sind.

Die zusätzliche Belastung des Geschädigten, die durch eine Erkundigungsobliegenheit entsteht, geht dabei über ein alltägliches Konsumentenverhalten nicht hinaus. Eine weniger belastende aber ebenso wirksame Alternative ist zudem nicht ersichtlich. Die Einführung einer Aufklärungspflicht und die Durchsetzung des Wirtschaftlichkeitspostulats ist damit ein erfolgversprechender Weg zur Einführung marktwirtschaftlicher Preisbildung im Bereich der Sachverständigenkosten.

e) Durchsetzung der vorvertraglichen Aufklärungspflicht

In den Fällen, in denen der Geschädigte den Sachverständigen nach den voraussichtlichen Kosten eins Schadensgutachtens befragt, um seine Erkundigungsobliegenheit zu erfüllen, vom Sachverständigen hierauf aber keine brauchbaren Informationen erhält, kann ihm kein Vorwurf gemacht werden, wenn ein Vergleich der verschiedenen Angebote an dem Mangel dieser Informationen scheitert. Es ist also danach zu fragen, welche Möglichkeiten für Versicherer und Geschädigte bestehen, die Missachtung der Aufklärungspflicht der Sachverständigen zu sanktionieren.

Sowohl dem Kfz-Haftpflichtversicherer als auch dem Geschädigtem könnten in diesen Fällen Schadensersatzansprüche gegen den Sachverständigen zustehen. Für den Geschädigten können sich diese Ansprüche aus einer Verletzung der sich aus der vertraglichen Beziehung zwischen ihm und dem Sachverständigen ergebenden Schutzpflichten ergeben. Diese Ansprüche könnte sich der Versicherer vom Geschädigten abtreten lassen, um direkt gegen den Sachverständigen vorzugehen. Der Geschädigte würde auf diese Weise nicht durch den Streit zwischen Versicherer und Sachverständigen belastet. Es sind aber auch eigene Ansprüche des Versicherers denkbar, wenn dieser in den Schutzbereich des Vertrages zwischen dem Geschädigten und dem Sachverständigen einbezogen ist.

Nachfolgend wird daher untersucht, welche Ansprüche bestehen und ob eine Abtretung der Schadensersatzansprüche des Geschädigten an den gegnerischen Versicherer zulässig oder sogar erzwingbar ist.

143

aa) Eigener Anspruch des Versicherers

Zunächst ist es denkbar, dass der Versicherer des Unfallgegners in den Schutzbereich des Vertrages zwischen dem Geschädigten und dem Sachverständigen einbezogen ist. Im Falle einer Einbeziehung bestehen die Schutz- und Sorgfaltspflichten des § 241 Abs. 2 BGB auch dem Dritten gegenüber, so dass diesem aufgrund ihrer Verletzung ein vertraglicher Schadensersatzanspruch zustehen kann.[490] Der Versicherer hätte dann im Falle einer unterbliebenen Aufklärung gegebenenfalls einen eigenen Schadensersatzanspruch gegen den Sachverständigen.

(1) Voraussetzungen

Ein Vertrag mit Schutzwirkung zugunsten Dritter setzt (1.) eine Leistungsnähe des Dritten voraus. Weiter ist erforderlich, dass (2.) auf Gläubigerseite ein Interesse an der Einbeziehung des Dritten besteht, und (3.) der Kreis der geschützten Dritten für den Schuldner erkennbar ist. Schließlich muss (4.) ein Schutzbedürfnis des Dritten bestehen.

Eine Leistungsnähe des Dritten (1.) ist dann gegeben, wenn er typischerweise mit der Leistung in Berührung kommt.[491] Da es der primäre und in den meisten Fällen wohl auch einzige Zweck eines Schadensgutachtens ist, die durch den Unfall entstandenen Schäden gegenüber dem Kfz-Haftpflichtversicherer des Unfallgegners darzulegen und abzurechnen, kommt dieser auch bestimmungsgemäß mit der Leistung des Sachverständigen in Berührung. Eine Leistungsnähe liegt mithin vor.

Die erforderliche Gläubigernähe (2.) setzt ein Interesse des Gläubigers an der Einbeziehung des Dritten in den Schutzbereich des Vertrages voraus.[492] Dies kann hier durchaus bezweifelt werden. Im-

---

490   BGHZ 49, 350, 353; NJW 2004, 3420, 3421; NJW 2012, 3165, 3166.
491   MüKoBGB/*Gottwald*, §328, Rn. 181.
492   BGHZ 133, 168, 173 = NJW 1996, 2927, 2928.

merhin wird der Versicherer des Unfallgegners vom Geschädigten gemeinhin als Gegenspieler mit entgegenstehenden Interessen angesehen.

Indes schließt aber die Gegenläufigkeit der Interessen des Vertragspartners und des Dritten eine Einbeziehung in die Schutzwirkung des Vertrages nicht aus.[493] Der aktuelle oder hypothetische Wille des Gläubigers ist für eine Einbeziehung des Dritten nicht erforderlich.[494] Vielmehr erfolgt die Feststellung des Einbeziehungsinteresses im Wege einer objektiv-normativ ergänzenden Vertragsauslegung und hat für jeden Einzelfall gesondert zu erfolgen. Ein wichtiges Entscheidungskriterium kann dabei sein, ob die Vertragsleistung auch zugunsten des Dritten erbracht wird bzw. ob dieser der eigentlich an der Leistung Interessierte ist.[495] Speziell bei Verträgen mit Sachverständigen ist der Drittschutz deshalb häufig zu bejahen, wenn das zu erstellende Gutachten erkennbar für einen Dritten bestimmt ist oder wenn sich aus den Umständen ergibt, dass es dafür verwendet werden soll Leistungen von Dritten zu erlangen.[496]

Zum Zwecke der Schadensregulierung sind der Geschädigte und der Kfz-Haftpflichtversicherer gleichermaßen an der Schadensfeststellung durch einen Sachverständigen interessiert. Das Gutachten wird also zumindest auch im Interesse des Versicherers erstellt. Im Rahmen der Schadensregulierung stellt es in der Regel eine wichtige Grundlage für die Berechnung des Schadens durch den Versicherer und ggf. auch für das Gericht dar.[497] Vom Geschädigten wird es dazu verwendet, Leistungen vom Versicherer einzufordern. Dazu muss es eine entsprechende Beweiskraft besitzen, die nur dann gewährleistet ist, wenn der Sachverständige sein Gutachten nach bestem Wissen und Gewissen anfertigt und auch gegenüber dem Versicherer für die Richtigkeit einstehen will. Die Wirkung des Gutachtens erstreckt sich demnach keineswegs nur auf das Innenver-

---

[493]   BGH NJW 2009, 217, 218; NJW-RR 2004, 1356, 1357; jeweils m.w.N.
[494]   MüKoBGB/*Gottwald*, § 323, Rn. 185.
[495]   Vgl. BGH NJW 1977, 1916; NJW 1973, 2059, 2061.
[496]   BGH NJW 2004, 3035, 3036.
[497]   *Steffen*, DAR 1997, 297, 298.

hältnis zwischen Aufraggeber und Sachverständigen, sondern trifft im gleichen Maße ebenso den Versicherer. Ein objektives Einbeziehungsinteresse des Geschädigten in Bezug auf den Versicherer ist damit ebenfalls zu bejahen.

Der Kreis der geschützten Dritten muss für den Schuldner erkennbar sein (3.).[498] Auch diese Erkennbarkeit liegt für den Sachverständigen ohne Zweifel vor. Es ist zu erwarten, dass er sich darüber im Klaren ist, dass das Schadensgutachten im Rahmen des Wiederherstellungsprozesses verwendet werden soll und deshalb von dem Geschädigten dem Versicherer als Abrechnungsgrundlage vorgelegt wird.[499]

Ein Schutzbedürfnis des Dritten (4.) resultiert daraus, dass ihm keine eigenen vertraglichen Ansprüche gegen den Schuldner zustehen.[500] Auch dies ist gegeben, da zwischen dem Versicherer und dem Sachverständigen keine Vertragsbeziehung besteht, aus der sich inhaltsgleiche Ansprüchen ergeben könnten. Somit kann auch die Schutzbedürftigkeit festgestellt werden.

Bei einem Vertrag zwischen dem Geschädigten und einem Sachverständigen über ein Schadensgutachten liegen alle Voraussetzungen eines Vertrages mit Schutzwirkung zugunsten Dritter vor. Es erscheint daher angemessen, bei der Beauftragung des Sachverständigen in der Regel von einer drittschützenden Wirkung zugunsten des Kfz-Haftpflichtversicherers auszugehen.[501]

---

[498] BGHZ 133, 168, 173 = NJW 1996, 2927, 2928 f.; BGH NJW 1985, 489 f.
[499] Vgl. LG Gießen, NVersZ 2001, 572, 573.
[500] BGHZ 133, 168, 173 ff. = NJW 1996, 2927, 2929; BGHZ 129, 136, 169 = NJW 1995, 1739, 1747.
[501] So auch: BGH VersR 2009, 413, 414 = NJW 2009, 1265; OLG München r + s 1990, 273; LG Bochum NJW-RR 1993, 29; LG Gießen NVersZ 2001, 572, 573; LG Köln NZV 2002, 513; OLG Köln VersR 2004, 1145; *Kääb/Jandel*, NZV 1992, 16, 18 f.; *Meinel*, VersR 2005, 201, 203; *Merrath*, SVR 2008, 334, 336; *Trost*, VersR 1997, 537, 544; a.A.: *Eggert*, NZV 2009, 367.

(2) Umfang des Schutzes

Ist eine dritte Person in den Schutzbereich des Vertrages einbezogen, so umfasst der Schutz sämtliche Rechtsgüter, die durch eine schuldhafte Verletzung von Sorgfaltspflichten beeinträchtigt werden können.[502] Zwar sind bloße Reflexwirkungen auf das Vermögen Dritter hiervon nicht umfasst,[503] allerdings ist das Vermögen des Versicherers durch die Beauftragung des Sachverständigen nicht nur reflexartig sondern nahezu unmittelbar betroffen, so dass sich der Schutzbereich auch auf diese Vermögensinteressen ausweitet. Zudem steht es einem Schadensersatzanspruch nicht entgegen, dass sich das schädigende Ereignis, die Verletzung der Aufklärungspflicht des Sachverständigen, im vorvertraglichen Stadium abspielt, da auch bei der *culpa in contrahendo* ein Drittschutz bestehen kann.[504] In diesem Zusammenhang ist zu berücksichtigen, dass die Aufklärungspflicht ebenso zum Schutze der Versicherer eingeführt werden soll. Sie soll die Durchsetzung des Wirtschaftlichkeitspostulats ermöglichen, das den Versicherer im Rahmen der Schadensregulierung vor unnötigen Kosten bewahrt. Über die sich aus dem Drittschutz ergebenden Ansprüche kann der Versicherer seine diesbezüglichen Interessen selbst gegen den Sachverständigen durchsetzen.

Verstößt der Sachverständige gegen seine vorvertragliche Aufklärungspflicht, indem er dem Geschädigten die zuvor erwähnten Informationen über das Wirtschaftlichkeitsgebot, das voraussichtliche Grundhonorar und die Nebenkosten nicht mitteilt, stellt dies einen Pflichtverstoß dar. Schäden, die durch diese Pflichtverletzung kausal herbeigeführt werden, sind dann vom Sachverständigen zu ersetzen. Erteilt der Geschädigte aufgrund seiner Unkenntnis den Auftrag für ein Schadensgutachten und sollte sich später herausstellen, dass auch ein günstigeres Angebot eines anderen Sachverständigen erreichbar gewesen und vom Geschädigten gewählt worden

---

[502] HK-BGB/*Schulze*, BGB, § 328, Rn. 19; MüKoBGB/*Gottwald*, BGB, § 328, Rn. 190.
[503] MüKoBGB/*Gottwald*, BGB, § 328, Rn. 190.
[504] BGHZ 66, 51, 56 = NJW 1976, 712; BGH VersR 2003, 1411 = NJW-RR 2003, 1035, 1036; VersR 2011, 360, 361 = NJW 2011, 139, 140, Rn. 13.

wäre, wenn er die vorvertraglichen Informationen erhalten hätte, liegt der Schaden des Versicherers darin, dass er die überhöhten Gutachterkosten ersetzt hat, obwohl diese oberhalb der Erforderlichkeitsgrenze lagen. Eine Kürzung der Ersatzzahlungen im Verhältnis zum Geschädigten ist ihm nicht möglich, da zwar ein Verstoß gegen die Erkundigungsobliegenheit vorlag, dieser jedoch mangels vom Sachverständigen geschaffenen Vergleichsmöglichkeiten nicht schuldhaft erfolgte. Zu erstatten ist dann der Differenzbetrag zwischen dem günstigeren und dem tatsächlich gewählten Angebot.

(3) Zwischenergebnis

Schließt der Geschädigte mit einem Sachverständigen einen Vertrag über die Erstellung eines Schadensgutachtens, um dieses beim Kfz-Haftpflichtversicherer des Unfallgegners vorzulegen, ist der Versicherer regelmäßig in den Schutzbereich dieses Vertrages miteinbezogen. Dies hat zur Folge, dass die dem Sachverständigen obliegenden Schutz- und Sorgfaltspflichten auch ihm gegenüber gelten. Ein Verstoß gegen diese Pflichten, namentlich eine unterlassene Aufklärung über die zu erwartenden Kosten, führt dann zu einem eigenen Schadensersatzanspruch des Versicherers, der die kausal auf der Pflichtverletzung beruhende Mehrbelastung des Versicherers ausgleichen soll.

bb) Abtretung der Ansprüche des Geschädigten gegen
     den Sachverständigen

(1) Mögliche Ansprüche des Geschädigten

Wenn es um Ansprüche des Geschädigten gegen den Sachverständigen geht, wurde in der Literatur fast ausschließlich und in den meisten Fällen eher beiläufig, der bereicherungsrechtliche Rückforderungsanspruch gem. § 812 Abs. 1 S. 1 Alt. 1. BGB angesprochen.[505] Es wurde dazu vorgebracht, dass ein solcher Anspruch (nur) dann entstehen könne, wenn keine Absprachen über das Honorar stattfanden und bei der vom Sachverständigen vorzunehmenden Leistungsbestimmung, die von den §§ 315, 316 BGB vorgegebenen Grenzen der Billigkeit überschritten wurden. Zahlte der Geschädigte in diesen Fällen den gesamten (überhöhten) Rechnungsbetrag, leistete er auf eine Nichtschuld.[506] Der zu viel gezahlte, weil rechtlich nicht geschuldete, Teil konnte dann zurückgefordert werden und war Gegenstand des Rückforderungsanspruchs.

Mittlerweile hat sich dieser Beurteilungsmaßstab durch die Rechtsprechung des BGH geändert. Er hat festgestellt, dass vor der einseitigen Leistungsbestimmung durch den Sachverständigen gem. den §§ 315, 316 BGB vorrangig eine Bestimmung anhand der üblichen Vergütung zu erfolgen hat.[507] Nach aktueller Rechtslage würde daher ein Rückforderungsanspruch gem. § 812 Abs. 1 S. 1 Alt. 1 BGB bestehen, wenn durch den gezahlten Betrag der Bereich des Üblichen überschritten wurde.

Nimmt man eine vorvertragliche Informationspflicht des Sachverständigen an, kann bei deren Verletzung darüber hinaus ein Schadensersatzanspruch gem. §§ 280 Abs. 1 S. 1, 311 Abs. 2, 241 Abs. 2 BGB wegen einer vorvertraglichen Pflichtverletzung (culpa in contrahendo) bestehen. Dieser ist im Wesentlichen inhaltsgleich mit dem oben dargestellten Anspruch des Versicherers. Verstößt der Sachverständige gegen seine vorvertragliche Aufklärungspflicht, hat der Geschädigte einen Anspruch auf Schadensersatz, wenn die vorherige Aufklärung durch den Sachverständigen dem Geschädigten gezeigt hätte, dass er einen im Verhältnis zu den übrigen erreichbaren Angeboten teuren Sachverständigen beauftragt. Gem. § 249 Abs. 1 BGB ist er so zu stellen, wie er ohne die Pflichtverletzung stehen würde. Zu ersetzen wäre also der Differenzbetrag zwischen dem tatsächlich gewählten Angebot und dem Betrag den der Geschädigte bei ordnungsgemäßer Aufklärung vo-

---

[505] So z.B.: *Gruber*, NVersZ 2002, 153, 155; *Holz*, VersR 1998, 1217, 1218; *Hörl*, NZV 2003, 305, 310.

[506] *Holz,* VersR 1998, 1217, 1218.

[507] BGH VersR 2007, 218.

raussichtlich gezahlt hätte. Dass dem Geschädigten eventuell schon die gesamten Gutachterkosten vom Versicherer erstattet wurden, weil dieser ihm mangels Information durch den Sachverständigen keine schuldhafte Verletzung der Erkundigungsobliegenheit vorwerfen kann, lässt den Schaden dabei nicht entfallen, da die Entschädigungsleistung des Versicherers in rechtlicher Wertung nicht dem Schädiger zugutekommen soll.[508]

(2) Abtretungsfähigkeit und Geltendmachung der Ansprüche

Fraglich ist, ob die dem Geschädigten zustehenden Ansprüche gegen den Sachverständigen auch auf den Versicherer übertragbar sind. Im Grundsatz können alle privatrechtlichen Forderungen durch einen Abtretungsvertrag zwischen Zedent und Zessionar abgetreten werden.[509] Es ergibt sich für die zuvor genannten Ansprüche auch keine Ausnahme aus den §§ 399, 400 BGB. Solange die Forderung bestimmt oder bestimmbar bezeichnet ist, ist es darüber hinaus auch nicht notwendig, dass die abgetretene Forderung bereits besteht. Erforderlich ist nur, dass ihre Entstehung zumindest möglich erscheint.[510]

Die Geltendmachung der Schadensersatzansprüche des Geschädigten durch den Versicherer könnte allerdings gegen das Rechtsdienstleistungsgesetz (RDG) verstoßen. § 3 RDG stellt klar, dass die Erbringung außergerichtlicher Rechtsdienstleistungen nur zulässig ist, sofern das RDG selbst oder ein anderes Gesetzte dies erlaubt. Um in den Anwendungsbereich des RDG zu fallen, müsste es sich bei der Geltendmachung der Schadensersatzansprüche zunächst um Rechtsdienstleistungen i.S.d. § 2 Abs. 1 RDG handeln. Rechtsdienstleistung ist danach jede Tätigkeit in konkreten fremden Angelegenheiten, sobald sie eine rechtliche Prüfung des Einzelfalls erfordert. Ob eine Angelegenheit fremd ist wird danach danach be-

---

[508] Vgl. BeckOK BGB/*Schubert*, § 249, Rn. 126; MüKoBGB/*Oetker*, BGB, § 249, Rn. 258.

[509] HK-BGB/*Schulze*, § 398, Rn. 1; MüKoBGB/*Roth*, § 398, Rn. 62.

[510] HK-BGB/*Schulze*, § 393, Rn. 5; MüKoBGB/*Oetker*, § 255 BGB, Rn. 12; MüKoBGB/*Roth*, § 398, Rn. 78; Palandt/*Grüneberg*, § 398, Rn. 11.

urteilt, wem der bezweckte Erfolg wirtschaftlich zugutekommen soll.[511] Dies ist im vorliegenden Fall allein der Versicherer, da der Geschädigte kein wirtschaftliches Interesse an der Verwirklichung des Schadensersatzanspruchs hat. Bedingt durch die Aufklärungspflichtverletzung des Sachverständigen, entfällt in der Regel ein Verschulden hinsichtlich seiner Erkundigungsobliegenheit, so dass ein günstigeres Angebot für ihn nicht ohne Weiteres erreichbar war und er die Gutachterkosten in jedem Fall vom gegnerischen Versicherer erstattet bekommt. Macht der Versicherer nun mögliche Schadensersatzansprüche des Geschädigten gegen den Sachverständigen geltend, handelt es sich hierbei nicht um eine fremde Angelegenheit und damit nicht um eine Rechtsdienstleistung i.S.d. § 2 Abs. 1 RDG. Gegen eine einvernehmliche Abtretung der oben genannten Forderungen und die anschließende Geltendmachung durch den Versicherer bestehen somit keine Bedenken.

(3) Anspruch auf Abtretung

(a) Herrschende Meinung: Entsprechende Anwendung
    des § 255 BGB

Die freiwillige Abtretung der möglichen Schadensersatzansprüche des Geschädigten gegen den Sachverständigen an den Versicherer, ist rechtlich nicht zu beanstanden. Fraglich ist indes ob der Versicherer einen Anspruch auf die Abtretung dieser Forderungen hat oder sogar die eigene Leistung davon abhängig machen kann. Ein Abtretungsanspruch des Versicherers gegen den Geschädigten könnte sich aus § 255 BGB ergeben. Danach kann derjenige, der für den Verlust einer Sache oder eines Rechts Schadensersatz zu leisten hat, seine Leistung von der Abtretung der Ansprüche abhängig machen, die dem Ersatzberechtigten auf Grund des Eigentums an der Sache oder auf Grund des Rechts gegen Dritte zusteht. Mit

---

[511] *Deckenbrock/Henssler*, RDG, § 2, Rn. 22; *Krenzler*, RDG, § 2, Rn. 50; *Vom Stein*, AnwBl. 2008, 385, 387.

Blick auf den insofern eindeutigen Wortlaut, ist aber *Wortmann*[512] darin Recht zu geben, dass eine direkte Anwendung des § 255 BGB auf die zuvor genannten Ansprüche ausscheiden muss, da sie sich nicht aus dem Eigentum an der Sache oder dem Verlust eines Rechts ergeben, sondern aus einer Pflichtverletzung des Sachverständigen gegenüber dem Geschädigten. Dies bedeutet aber nicht zwangsläufig, dass ein Abtretungsanspruch des Versicherers ausgeschlossen ist. Im Schrifttum[513] und auch in der Rechtsprechung[514] wird überwiegend eine analoge Anwendung des § 255 BGB auf diese gegen den Sachverständigen gerichteten Ansprüche vertreten.

Unabhängig davon, welche rechtliche Anspruchsgrundlage zur Herleitung herangezogen wird, ist ein Abtretungsanspruch des Versicherers generell zu befürworten. Dafür spricht zum einen, dass es ein solcher Anspruch nach der Rechtsprechung des BGH auch bei Mietwagen[515] und Werkstattkosten[516] existiert. Es ist nicht ersichtlich, warum die Sachverständigenkosten eine Ausnahme vom übrigen Schadensrecht bilden sollten. Zum anderen kann sich solch ein Anspruch auch aus dem versicherungsrechtlichen Bereicherungsverbot[517] in Zusammenhang mit dem Grundsatz von Treu und Glauben ergeben.[518] Könnte der Geschädigte einerseits zwar Ersatz der Gutachterkosten vom gegnerischen Versicherer verlangen, andererseits aber die Schadensersatzansprüche gegen den Sachverständigen, die zu einer Minderung der Kosten führen, selbst realisieren, wäre er im Ergebnis bereichert. Dies ist aber im Schadensrecht generell unerwünscht.

---

[512] *Wortmann*, VersR 1998, 1204, 1213; *ders.*, DS 2009, 300, 302.
[513] *Gruber*, NVersZ 2002, 153, 155; *Grunsky*, NZV 2004, 4, 5; *Hörl*, NZV 2003, 305, 310.
[514] LG Saarbrücken, DS 2012, 358, 361, m.w.N.
[515] BGH NJW 1996, 1958, 1959; OLG Stuttgart, NZV 1994, 313, 315; *Greger* NZV 1994, 337, 340; *Grunsky*, NZV 2000, 4, 5.
[516] BGH NJW 1975, 160, 161.
[517] Allgemein zum versicherungsrechtlichen Bereicherungsverbot: Langheid/Wandt/*Segger*/*Möller*, VVG, § 86, Rn. 27 – 30.
[518] *Gruber*, NVersZ 2002, 153, 155.

(b) Eigener Ansatz: Entsprechende Anwendung des § 86 VVG

Ein Übergang der Forderungen des Geschädigten gegen den Sachverständigen könnte allerdings nicht nur gem. § 255 BGB, sondern auch über § 86 Abs. 1 VVG erfolgen. Danach gehen eventuelle Ersatzansprüche des Versicherungsnehmers gegen einen Dritten auf den Versicherer über, soweit dieser den Schaden ersetzt. Ebenso wie bei § 255 BGB scheidet eine direkte Anwendung des § 86 VVG aus. Zum einen handelt es sich bei dem Geschädigten nicht um den Versicherungsnehmer des Versicherers. Weiterhin ist § 86 VVG auf Ansprüche gerichtet, die sich gegen den schädigenden Dritten richten und einen Ausgleich der Versicherungsleistung auslösenden Vermögenseinbuße bewirken.[519] Auch dies trifft auf die Ansprüche gegen den Sachverständigen nicht zu.

In Erwägung zu ziehen ist aber auch hier eine analoge Anwendung. Der Normzweck des § 86 VVG besteht einerseits in einer Vorteilsausgleichung und andererseits in der Verhinderung einer Bereicherung.[520] Der schädigende Dritte soll durch die Leistung des Versicherers keinen Vorteil erhalten und von seiner Verpflichtung zum Schadensersatz nicht befreit werden. Der Geschädigte hingegen soll nicht dadurch bereichert werden, dass er seinen Schaden sowohl vom Versicherer als auch vom Dritten ersetzt bekommt. Damit verfolgt der § 86 VVG gleiche Ziele wie auch der § 255 BGB.[521] Ebenso wäre das Ergebnis, nämlich der Übergang der Ersatzansprüche auf den Versicherer, bei der Anwendung beider Normen identisch. Da sich § 86 VVG im Gegensatz zu § 255 BGB allerdings direkt auf versicherungsrechtliche Fälle bezieht und damit grundsätzlich die sachnähere Norm ist, erscheint eine analoge Anwendung des § 86 VVG zunächst naheliegender.

Der maßgebliche Unterschied besteht darin, dass § 86 VVG einen gesetzlichen Forderungsübergang vorsieht, während § 255 BGB dem zum Schadensersatz Verpflichteten ein Zurückbehaltungsrecht

---

[519] Pröls/Martin/*Armbrüster*, VVG, § 86, Rn. 6; MüKoVVG/*Möller/Segger*, § 86 VVG, Rn. 17, 56.
[520] MüKoVVG/*Möller/Segger*, § 86 VVG, Rn. 17 ff.; Pröls/Martin/Armbrüster, VVG, § 86, Rn. 1.
[521] Vgl. HK-BGB/*Schulze*, § 255, Rn. 1; Jauernig/*Teichmann*, BGB, § 255, Rn. 1; MüKoBGB/*Oetker*, § 255 BGB, Rn. 1.

bzw. bei bereits geleistetem Schadensersatz einen Anspruch auf Abtretung verschafft.[522] Im Sinne der Rechtssicherheit mag ein Abtretungsanspruch, der auch beim Geschädigten geltend zu machen ist, gegenüber einer cessio legis im ersten Zugriff vorzugswürdig erscheinen, da der Vorgang auf diese Weise für den Geschädigten transparenter wird.

Gleich mehrere Gründe sprechen allerdings gewichtig für eine analoge Anwendung des § 86 VVG anstelle des § 255 BGB. Zum einen bleibt der Geschädigte im Falle eines Forderungsübergangs selbst ohne Ersatzmöglichkeit gegenüber dem Sachverständigen, was für ihn einen Nachteil darstellt, wenn er aufgrund seines Mitverschuldens nur einen Teil des Schadens vom Schädiger oder seinem Versicherer ersetzt verlangen kann.[523] Bei einer entsprechenden Anwendung des § 86 Abs. 1 VVG stellt sich dieses Problem indes nicht, da dieser im Satz 1 ausdrücklich regelt, dass der Ersatzanspruch nur übergeht „soweit der Versicherer den Schaden ersetzt." Im Falle einer quotalen Haftung verbleibt somit ein entsprechender Teil des Schadensersatzanspruchs beim Geschädigten.

Zum anderen vermeidet die analoge Anwendung des § 86 VVG Situationen in denen der Sachverständige zwei Schadensersatzgläubigern gegenüber steht. Hat der Versicherer aufgrund einer Analogie zu § 255 BGB nur einen Anspruch auf Abtretung der Schadensersatzansprüche gegen den Geschädigten, muss er diesen nicht zwangsläufig geltend machen, da er durch die oben erläuterte Drittschutzwirkung bereits einen eigenen Anspruch besitzt. Der Sachverständige sieht sich dann zwei Gläubigern gegenüber und könnte gem. § 428 BGB nach seinem Belieben an einen der beiden leisten, also auch an den Geschädigten, der unter Umständen bereits die gesamte Gutachterkosten vom Versicherer ersetzt bekommen hat. Dies macht dann wieder einen Ausgleich zwischen dem Geschädigten und dem Versicherer notwendig, der weitere Mühe für den Geschädigten und eine unnötige Komplizierung des Abwicklungsprozesses bedeutet. Eine analoge Anwendung des § 86 VVG schafft

---

[522] Jauernig/*Teichmann*, BGB, § 255, Rn. 6; MüKoBGB/*Oetker*, § 255 BGB, Rn. 12.
[523] So schon AG Hagen, NZV 2003, 144, 146.

demgegenüber von vornherein klare Verhältnisse, da durch den gesetzlichen Forderungsübergang beide Ansprüche dem Versicherer zustehen und für den Sachverständigen keine Zweifel bestehen können, wem gegenüber er zur Leistung verpflichtet ist.

Ein weiterer Vorteil der entsprechenden Anwendung des § 86 VVG gegenüber einer Analogie zu § 255 BGB besteht außerdem darin, dass eine weitere Situation verhindert wird, durch die der Geschädigte in den Streit zwischen Sachverständigen und Versicherern einbezogen wird. Stünde dem Versicherer ein Abtretungsanspruch gem. § 255 BGB zu, wäre es denkbar, dass von Seiten der Sachverständigen versucht würde, die Durchsetzung der Schadensersatzansprüche durch die Versicherer mittels vertraglich vereinbarter Abtretungsverbote zu verhindern. Fordert nun der Versicherer den Geschädigten dennoch zur Abtretung der Schadensersatzansprüche auf, entsteht für diesen eine neue Drucksituation, da er sich unsicher ist, ob er dieser Forderung nachzugeben hat oder nicht. Es ist nach Möglichkeit zu vermeiden, den Geschädigten in eine solche Lage zu bringen. Durch den gesetzlichen Forderungsübergang der analogen Anwendung des § 86 VVG würde eine derartige Konfliktsituation vermieden.

Aufgrund der praktischen Vorteile, die eine entsprechenden Anwendung des § 86 VVG gegenüber einer Analogie zu § 255 BGB bietet, ist ihr damit der Vorzug zu geben ist. Ersetzt der gegnerische Versicherer dem Geschädigten die Kosten des Schadensgutachtens, gehen dadurch per Gesetz die Schadensersatzansprüche des Geschädigten gegen den Sachverständigen auf den Versicherer über, die dieser zum Regress gegen den Sachverständigen nutzen kann.

cc) Zwischenergebnis

Dem Versicherer stehen für einen Regress beim Sachverständigen mehrere Anspruchsgrundlagen für einen Schadensersatz zur Verfügung, wenn dieser gegen seine Aufklärungspflicht verstoßen sollte. Er kann sich hierfür zum einen auf seinen eigenen Anspruch stützen, der sich aus seiner Einbeziehung in den Schutzbereich des Vertrages zwischen Geschädigtem und Sachverständigem ergibt. Ersetzt er dem Geschädigten die Kosten des Gutachtens, so sollten zum anderen aber auch die dem Geschädigten zustehenden Ersatzansprüche, gem. einer entsprechenden Anwendung des § 86 Abs. 1 VVG per Gesetz auf den Versicherer übergehen.

Das bestehende Principal-Agent-Problem lässt sich trotz möglicher Schadensersatzansprüche des Versicherers nicht ohne die Annahme einer Aufklärungspflicht des Sachverständigen gegenüber dem Geschädigten beseitigen. Solange keine Pflicht zur vorvertraglichen Aufklärung besteht, ergeben sich Rückforderungsansprüche nur in den Fällen fehlerhafter Leistungsbestimmung durch den Sachverständigen, der aber frei innerhalb der üblichen Bandbreite von Preisen auswählen kann. Nimmt man hingegen eine Aufklärungspflicht des Sachverständigen an, sind die soeben aufgezeigten Schadensersatzansprüche eine Möglichkeit, die Einhaltung dieser Pflicht durchzusetzen und können so als Ergänzung wirkungsvoll zur Lösung beitragen.

2. Ansatz für Versicherungsunternehmen: Vertragliche Einschränkung der freien Sachverständigenwahl

Angesichts des hier vorgeschlagenen komplexen Systems von Erkundigungsobliegenheiten, Informationspflichten und Regressansprüchen, die über die Entfaltung von wettbewerbsfördernden Wirkungen zu einer Lösung des Problems beitragen sollen, mag sich auch die Frage aufdrängen, warum den durch das Prinicpal-Agent-Problem entstehenden hohen Gutachterkosten nicht schlicht durch vertragliche Regelungen zwischen dem Geschädigten und dem Versicherer begegnet wird, indem beispielsweise eine Höchststumme oder eine prozentuale Grenze für Gutachterkosten oder auch eine Beschränkung der freien Gutachterwahl vereinbart wird.

Anders als in der Kaskoversicherung besteht in der Kfz-Haftpflichtversicherung aber vor einem Schadensereignis keine vertragliche

Verbindung zwischen dem Geschädigten und dem Versicherer, die Anlass zu einer derartigen Absprache geben würde. Vertragspartner des zum Ersatz verpflichteten Versicherers ist nur der Schädiger als dessen Versicherungsnehmer. Eine in diesem Verhältnis getroffene Regelung über die Auswahlmöglichkeiten des Geschädigten hinsichtlich eines Kfz-Sachverständigen, würde einen rechtlich nicht gebilligten Vertrag zulasten Dritter, nämlich des Geschädigten, darstellen.

Nach dem Eintritt des Schadensereignisses besteht zwar eine haftungsrechtliche Beziehung zwischen dem Geschädigten und dem Versicherer, die theoretisch Anlass zu einer vertraglichen Absprache über die Sachverständigenkosten gibt. Für den Geschädigten ist in dieser Situation aber kein Grund ersichtlich, warum er sich auf eine vertragliche Beschränkung seiner Rechte einlassen sollte. Diese Überlegungen zeigen zwar, dass vertragliche Gestaltungsmöglichkeiten nicht offensichtlich sind, schließen sie aber auch nicht vollkommen aus.

a) Rahmenabkommen unter Versicherern

aa) Konzeption des Rahmenabkommens

Als ein vertragsrechtlicher Lösungsansatz wäre es denkbar, dass Versicherer aufgrund eines untereinander bestehenden Rahmenabkommens mit ihren Versicherungsnehmern vertragliche Vereinbarungen treffen, in denen geregelt ist, dass der Versicherungsnehmer zugunsten anderer am Rahmenabkommen beteiligter Versicherer (und deren Versicherungsnehmer) auf sein Recht zur freien Wahl eines Sachverständigen verzichtet. Kommt es daraufhin zu einem Schadensfall, für den der Versicherungsnehmer eines am Rahmenabkommen beteiligten Versicherers verantwortlich ist, könnte der erstattungspflichtige Versicherer, je nach vertraglicher Ausgestaltung, bei der Wahl des Sachverständigen ein Mitspracherecht besitzen. So könnte zum Beispiel vereinbart werden, dass der Versicherer dem Geschädigten eine Liste mit möglichen Sachverständigen zukommen lässt, aus welcher der Geschädigte frei auswählen kann. Auf diese Weise könnte der erstattungspflichtige Versicherer Einfluss auf die Auswahl nehmen und überteuerte Angebote ausschließen. Vergangene Beispiele wie Carpartner[524] haben gezeigt, dass die Bereitschaft zur Zusammenarbeit innerhalb der Versicherungswirtschaft durchaus vorhanden ist, wenn es darum geht, Nachteile für die eigene Branche zu beseitigen.

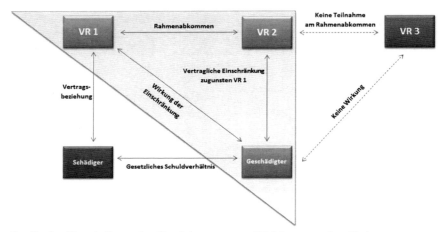

Grafische Darstellung der Beziehungen und Wirkungen des Rahmenabkommens

bb) Motivation der Beteiligten

Klärungsbedürftig ist zunächst, welche Anreize die einzelnen Teilnehmer zum Abschluss eines solchen Vertrages bewegen könnten. Immerhin erscheint die Vereinbarung zumindest für den Geschädigten und dessen Versicherer (VR 2) auf den ersten Blick rein altruistisch, da sie ihnen keinen eigenen Nutzen bietet, während sie für

---

[524] Vgl. S. 45.

den erstattungspflichtigen Versicherer (VR 1) ausschließlich vorteilhaft zu sein scheint.

Zweifelsfrei könnte ein solcher Vertrag für den Versicherungsnehmer (Geschädigten) durch eine spürbare Prämienreduzierung (oder ähnliche pekuniäre Anreize) attraktiv gemacht werden. Er hätte dann zwischen dem dauerhaften finanziellen Vorteil der reduzierten Prämie und dem Verzicht auf sein Recht zur freien Sachverständigenwahl abzuwägen. Da sich der Verzicht auf dieses Recht aber nur in dem ungewissen Falle eines Unfallereignisses auswirkt und auch nicht zwangsläufig zu Nachteilen bei der Schadenabwicklung führen muss, ist es durchaus denkbar, dass diese Abwägung in vielen Fällen zugunsten des preiswerteren Angebots ausfallen könnte. Wie hoch der konkrete Preisvorteil ausfallen könnte, kann zwar nur mittels versicherungsökonomischer und –mathematischer Berechnungen beantwortet werden, angesichts des großen Einsparpotenzials ist allerdings davon auszugehen, dass dem Versicherungsnehmer durchaus nennenswerte Rabatte angeboten werden könnten.

Damit wird aber der Abschluss eines solchen Vertrages für den Versicherer des Geschädigten (VR 2) nochmals unattraktiver. Es wird einerseits nicht nur ein Vertrag abgeschlossen, der zwar einen Vorteil für ein fremdes Unternehmen nicht aber für das eigene begründet, andererseits muss der Versicherungsnehmer zusätzlich noch durch eine Reduktion der Versicherungsprämie von dem Abschluss des speziellen Vertrages überzeugt werden, was eine Minderung der Prämieneinnahmen zur Folge hat. Die Vorteile für den Versicherer würden sich indes aus der Erwartung ergeben, dass auch die anderen am Rahmenabkommen beteiligten Versicherer (VR 1) derartige Tarife für ihre Versicherungsnehmer anbieten, die dann das eigene Unternehmen (VR 2) begünstigen und zu erheblichen Einsparpotenzialen führen können. Sollten diese Ersparnisse bei der Schadensregulierung allein nicht ausreichen, um den Prämienverlust zu decken oder sollte sich ein Ungleichgewicht bei der Zahl der Abschlüsse zwischen den Versicherungsunternehmen ergeben, könnten auch Provisionen für den Abschluss solcher Verträge oder ein Ausgleich der Prämienverluste zwischen den Versicherern vereinbart werden. Bei einer flächendeckenden Verbreitung dieses Systems, würden schließlich auch alle Versicherer gleichermaßen davon profitieren.

cc) Vergleich zum österreichischen Spalttarif

Dieser Lösungsansatz über ein Rahmenabkommen weist Ähnlichkeiten zu dem in Österreich seit Oktober 1973 bestehenden Konzept der Tarifspaltung auf. Anfang der 70er Jahre war in Österreich eine zunehmende Verkehrsdichte, eine sinkende Verkehrsdisziplin und insbesondere auch das vermehrte Auftreten von sogenannten Unfallhelfern zu beobachten.[525] Die Unfallhelfer unterstützten Geschädigte eines Verkehrsunfalls dabei, ihre Möglichkeiten gegenüber dem gegnerischen Kfz-Haftpflichtversicherer voll auszuschöpfen und insbesondere auch ihre Ansprüche auf einen Ersatzwagen vermehrt durchzusetzten. In Kombination mit den weiteren genannten Gründen führte dies dazu, dass den Kfz-Versicherern Mehraufwendungen enstanden, die sie in wirtschaftliche Schwierigkeiten brachten.[526] Das österreichische Bundesfinanzministerium, das die Prämien für die Kfz-Haftpflichtversicherung per Verordnung festzusetzen hatte, suchte deshalb nach Möglichkeiten, sowohl die Prämien als auch die wirtschaftliche Belastung der Versicherer gering zu halten.

Als Lösungsweg wurde der sogenannte Spalttarif entwickelt. Danach können sich die Versicherten der Kfz-Haftpflichtversicherung zwischen zwei Tarifen entscheiden. Diejenigen Versicherten, die bereit sind, für den Fall der Beschädigung ihres Fahrzeugs durch einen anderen Versicherten auf einen Teil ihrer Ersatzansprüche – namentlich auf den Ersatz von Mietwagenkosten und den Nutzungsausfallersatz – zu verzichten, zahlen eine um 20 % reduzierte Prämie im Vergleich zu denjenigen, die den Tarif mit ungeminderten

---

[525] *Mayer-Maly*, VersR 1974, 208.
[526] *Mayer-Maly*, VersR 1974, 208.

Ansprüche wählen.[527] Ursprünglich war es geplant, diese Tarifspaltung über eine Änderung der die Tarife der Kfz-Haftpflichtversicherung regelnden Verordnung[528] einzuführen. Dagegen bestanden allerdings erhebliche öffentlich-rechtliche Bedenken. Vor dem Hintergrund des in der österreichischen Rechtsprechung geltenden Grundsatzes, dass alle wesentlichen Merkmale einer durch Verordnung beabsichtigten Regelung schon aus dem Gesetz ersichtlich sein müssen, wurde bezweifelt, ob § 60 des damaligen Kraftfahrgesetzes als taugliche Grundlage für die Verordnung ausreiche.[529]

Aus diesem Grunde wurde von der Einführung der Tarifspaltung über eine Verordnung Abstand genommen und stattdessen ein zwischen Politik und Versicherungswirtschaft abgestimmter rechtsgeschäftlicher Weg gewählt. Durch Verordnung vom 07.09.1973[530] wurden die Prämien der Kfz-Haftpflichtversicherung allgemein um 25 % angehoben. Die Versicherer machten anschließend von der in Art. 2 der Verordnung vom 14.12.1967[531] festgelegten Möglichkeit Gebrauch, hiervon zugunsten des Versicherers abzuweichen und einen günstigeren Tarif zu den zuvor beschriebenen Konditionen anzubieten. Wer auf die Mietwagenkosten verzichtete, zahlte daher im Ergebnis so viel wie vor der Neuregelung. Dieser vergünstigte „Spalttarif" wurde daraufhin von über 90 % der Versicherungsnehmer gewählt.[532]

Die Etablierung der Tarifspaltung blieb nicht unumstritten. Ein Musterprozess, in dem wesentliche Kritikpunkte an dem Spalttarif behandelt wurden, gelangte bis zur Entscheidung des Obersten Gerichtshofs in Wien (OGH). Die erste Instanz, das Kreisgericht Steyr, hielt den Spalttarif für unzulässig.[533] Hierzu führte es aus, der Zweck des Kraftfahrgesetzes bestehe darin, abzusichern dass die sich aus dem Haftungsrecht ergebenden Ansprüche befriedigt werden. Die-

---

[527] *Lorez-Liburnau*, VersR 1975, 789; *Mayer-Maly*, VersR 1974, 208, 208 f.; *Speer*, Aktives Schadensmanagement, S. 276 f.
[528] öBGBl 1971, Nr. 226 bzw. öBGBl 1972, Nr. 320.
[529] *Mayer-Maly*, VersR 1974, 208, 209.
[530] öBGBl 1973, Nr. 469.
[531] öBGBl 1967, Nr 402
[532] *Mayer-Maly*, VersR 1974, 208; *Speer*, Aktives Schadensmanagement, S. 277.
[533] Zitiert nach: *Lorez-Liburnau*, VersR 1975, 789.

ses Ziel dürfe aber nicht durch individuelle Vereinbarungen vereitelt werden. Zudem sah es in der Tarifspaltung durch die Versicherer einen Verstoß gegen die guten Sitten. Der Versicherungsnehmer befinde sich in einer gewissen Zwangslage, die Kosten des Fahrzeugbetriebs niedrig zu halten und werde durch die wirtschaftliche Übermacht des Versicherers unangemessen in seiner Entscheidung beeinflusst.[534] Der OGH folgte dem nicht und stellte in seinem Urteil vom 26. Februar 1975 fest, dass der Spalttarif rechtlich zulässig sei und nahm auf die genannten Bedenken Bezug.[535] Ziel des Kraftfahrgesetzes sei es, die Ersatzleistungen an einen geschädigten Dritten sicherzustellen. Ein Verstoß gegen den Zweck des Gesetzes könne daher nur in der Benachteiligung eines an der Vereinbarung unbeteiligten Dritten gesehen werden. Eine solche liege aber nicht vor. Auch eine sittenwidrige Einschränkung der Willensfreiheit liege nicht vor. Beide Tarifvarianten und ihre jeweiligen Folgen würden dem Versicherungsnehmer genau beschrieben und es bestehe jederzeit die Möglichkeit einer Vertragsänderung. Ein Vorausverzicht auf Teilschäden sei von der Vertragsfreiheit gedeckt und damit zulässig.[536] Mittlerweile ergibt sich die Rechtswirksamkeit der Tarifspaltung sogar de lege lata aus der Regelung des § 21 KHVG.

Speer kommt durch seine Prüfung zu dem Ergebnis, dass ein vergleichbarer Tarif nach österreichischem Vorbild auch in Deutschland rechtlich zulässig wäre.[537] Hinsichtlich einer unangemessenen Benachteiligung des Versicherungsnehmers durch einen Verstoß gegen den Zweck des Schadensrechts schließt er sich dabei den Ausführungen des OGH an. Die Wahl des Versicherungsnehmers, der sich zwischen den Tarifen frei entscheiden könne und zudem einen äquivalenten Vorteil für seinen Verzicht erhalte, sei durch die bestehende Vertragsfreiheit gedeckt. Auch ein Verstoß gegen das Kartellverbot wird von *Speer* verneint. Eine Einschränkung der wettbewerblichen Handlungsfreiheit liege allenfalls bei der Marktgegenseite (der Vermieterbranche), nicht aber zwischen den Versicherern vor, denen sich lediglich die Möglichkeit biete, ein neues Produkt

---

[534] Kreisgericht Steyr, ebd.
[535] OGH 26. Februar 1975, 8 Ob 259/74.
[536] OGH, ebd.
[537] *Speer*, Aktives Schadensmanagement, S. 280 ff.

anzubieten. *Speer* tritt allerdings der Ansicht bei, dass eine Einschränkung allein der Marktgegenseite nicht ausreiche, um den Tatbestand des Kartellverbots zu erfüllen und kommt so zu dem Ergebnis, dass keine kartellrechtlichen Bedenken entgegenstünden. Eine kartellrechtliche Beurteilung des österreichischen Spalttarifs durch die Kommission oder den EuGH ist nicht erfolgt.

Der Vergleich zum österreichischen Konstrukt des Spalttarifs zeigt vor allem, dass der Lösungsansatz eines vergünstigten Tarifs großes Potenzial hinsichtlich der Akzeptanz besitzt. Zudem deutet er darauf hin, dass ein ähnliches Konzept auch in Deutschland rechtlich zulässig sein könnte.

dd) Zulässigkeit des Rahmenabkommens

Das Rahmenabkommen unter den Versicherern könnte eine wettbewerbsbeschränkende Vereinbarung darstellen und deshalb gegen § 1 GWB bzw. Art. 101 Abs. 1 AEUV verstoßen. Die Vorschriften des deutschen GWB sind seit der siebten Novellierung weitgehend an das europäische Kartellrecht angepasst. Die nationalen und europarechtlichen Normen führen damit im Wesentlichen zu identischen Ergebnissen.[538] Da sich auch die Voraussetzungen des § 1 GWB und die des Art. 101 Abs. 1 AEUV bis auf das Erfordernis der Zwischenstaatlichkeitsklausel gleichen, wird auf eine gesonderte Prüfung des deutschen Kartellrechts verzichtet.

---

[538] Immenga/Mestmäcker/*Zimmer*, GWB, § 1, Rn. 2.

(1) Voraussetzungen des Art. 101 Abs. 1 AEUV

(a) Normadressaten

Die Vorschrift des Art. 101 Abs. 1 AEUV richtet sich nach seinem Wortlaut an Unternehmen und Unternehmensvereinigungen. Versicherer als potenzielle Beteiligte des hier in Rede stehenden Rahmenabkommens, müssten also als Unternehmen im Sinne dieser Vorschrift anzusehen sein, damit diese Wettbewerbsregeln für sie Geltung entfalten. Im Allgemeinen gehen die Unionsorgane bei der Abgrenzung von einem funktionalen Unternehmensbegriff aus.[539] Danach ist ein Unternehmen jede eine wirtschaftliche Tätigkeit ausübende Einheit unabhängig von ihrer Rechtsform und der Art ihrer Finanzierung.[540] Eine wirtschaftliche Tätigkeit in diesem Sinne ist jede Tätigkeit, die darin besteht, Güter oder Dienstleistungen auf einem bestimmten Markt anzubieten.[541]

Die Hauptfunktion eines Versicherungsunternehmens besteht darin, Versicherungsprodukte anzubieten, die allgemein als (Finanz-)-Dienstleistungen beschrieben werden. Mithin fallen Versicherer unter den funktionalen Unternehmensbegriff und zählen zu den Normadressaten des Kartellverbots.[542]

(b) Vereinbarung oder aufeinander abgestimmte Verhaltensweise

Um vom Kartellverbot erfasst zu werden, müsste es sich bei dem oben beschriebenen Abkommen zudem um eine Vereinbarung oder eine abgestimmte Verhaltensweise im Sinne des Kartellrechts handeln. Dabei ist der Begriff der Vereinbarung weit auszulegen. Sie

---

[539] Immenga/Mestmäcker/*Emmerich*, AEUV Art. 101, Rn. 8.
[540] EuGH, 12.7.1984, C-170/83, Slg. 1984, 2999, Rn. 10 – Hydrotherm/Compact; 17.2.1993, C-159/91, Slg. 1993, I-637, Rn. 17 = NJW 1993, 2597- Poucet; NZKart 2014, 66, 67, Rn. 27; NZKart 2014, 177, 178, Rn. 43; NZKart 2014, 181, 182, Rn. 125.
[541] EuGH, 19.2.2002, C-309/99, Slg. 2002, I-1577, Rn. 47 = NJW 2002 877, 878 – Wouters; NZKart 2014, 66, 67 – SOA Zertifizierungsunternehmen.
[542] So auch EuGH, 27.1.1987, 45/85, Slg. 1987, 405, Rn. 14 – Verband der Sachversicherer/ Kommission = NJW 1987, 2150.

liegt nach allgemeiner Definition schon dann vor, wenn die Parteien ihren gemeinsamen Willen zum Ausdruck bringen, sich auf dem Markt in einer bestimmten Weise zu verhalten.[543] Als Tathandlung ist bereits der Abschluss der Vereinbarung ausreichend, so dass es unerheblich ist, ob die getroffene Vereinbarung von den Parteien auch tatsächlich eingehalten oder umgesetzt wird.[544] Ebenso wenig kommt es auf eine bestimmte Form des Vertrages oder seine rechtliche Wirksamkeit an.[545]

Es ist wahrscheinlich, dass die beteiligten Unternehmen ein derartiges Rahmenabkommen in Form eines Vertrages abschließen würden, um so ihre Absichten sowie die Rechte und Pflichten der teilnehmenden Parteien vertraglich festzuhalten. Da der Vertrag damit direkt einen Teil des Marktverhaltens regeln würde, wäre das Tatbestandsmerkmal einer Vereinbarung erfüllt. Es ist aber nicht ausgeschlossen, dass die Parteien den Abschluss eines solchen Vertrages gerade deshalb scheuen, weil sie Bedenken hinsichtlich seiner rechtlichen Zulässigkeit haben. Um dem Kartellrechtsverbot auszuweichen liegt es dann nahe, statt einer Vereinbarung mit Bindungscharakter nur ein sog. Gentlemen's Agreement einzugehen, was eine lediglich mündliche Vereinbarung darstellt, die nach beidseitigem Verständnis der Parteien keine rechtliche Bindungswirkung besitzen soll. Eine solche Bindung der Beteiligten ist aus Sicht der Unionsorgane, die letztlich über den Fall zu entscheiden hätten, für eine Vereinbarung aber verzichtbar, so dass auch Gentlemen's Agreements regelmäßig als Vereinbarungen verstanden werden.[546]

Dementsprechend sollten Versicherer davon ausgehen, dass ein Abkommen der hier in Rede stehenden Art, unabhängig von der Ausgestaltung der Absprache, als Vereinbarung im kartellrechtli-

---

[543] EuGH, 15.10.1970, 41-69, Slg. 1970, 661, Rn. 112 – ACF; EuGH, 8.7.1999, C-49/92, Slg. 1999, I-4125, Rn. 130 – Anic Partecipazioni; EuG, 6.4.1995, T-141/89, Slg. 1995, II-791, Rn. 95 – Tréfileurope; EuG, 14.5.1998, T-347/94, Slg. 1998, II-1751, Rn. 65 – Mayr-Melnhof; Immenga/Mestmäcker/*Emmerich*, Art. 101 AEUV, Rn. 55.

[544] MüKo-Kartellrecht/*Paschke*, Art. 101 AEUV, Rn. 11.

[545] *Bechtold/Bosch/Brinker*, EU-Kartellrecht, Art. 101 AEUV, Rn. 41; MüKo-Kartellrecht, Art. 101 AEUV, Rn. 18

[546] EuGH, 15.7.1970, C-41/69, Slg. 1970, 661, Rn. 106 ff. – ACF Chemiefarma/Kommission; EuG, 6.4.1995, T-141/89, Slg. 1995, II-791, Rn. 96 – Tréfileurope; EuG, 8.7.2008, T-53/03, Slg. 2008, II-1333, Rn. 82 – BPB; *Komm.*, 21.12.1988, IV/31.866, ABl. 1989, L 74/21, 32, Rn. 36 ff. – LDPE.

chen Sinne verstanden wird. Selbst wenn man aber ein ohne Bindungswillen eingegangenes Gentlemen's Agreement nicht als Vereinbarungen ansieht,[547] so könnte es noch immer als eine abgestimmte Verhaltensweise unter den Art. 101 Abs. 1 AEUV fallen. Unter diesen Begriff fallen sämtliche Verhaltenskoordinierungen, die zu einem gewollten Zusammenwirken führen.[548] Da das Rahmenabkommen inhaltlich auf die Koordinierung einer praktischen Zusammenarbeit abzielen würde, entspricht es also auch dieser Definition. Unabhängig davon, ob nun eine Verbindlichkeit als Erfordernis für eine Vereinbarung gefordert wird oder nicht, ist damit festzustellen, dass die Planung einer solchen Zusammenarbeit, wie sie zuvor beschrieben wurde, vom Kartellrecht erfasst werden könnte.

(c) Wettbewerbsbeschränkung

Eine zwischen Unternehmen getroffene Vereinbarung oder abgestimmte Verhaltensweise i.S.d. Art. 101 Abs. 1 AEUV ist nur verboten, wenn sie eine Verhinderung, Einschränkung oder Verfälschung des Wettbewerbs bezweckt oder bewirkt. Dabei sind die drei genannten Alternativen nach überwiegender Ansicht lediglich einzelne Fallgruppen, die unter dem Oberbegriff der Wettbewerbsbeschränkung zusammengefasst werden können.

Die fragliche Maßnahme bezweckt eine Wettbewerbsbeschränkung, wenn sie schon ihrem Wesen nach geeignet ist, den Wettbewerb im Sinne von Art. 101 Abs. 1 AEUV zu beschränken.[549] Liegt keine bezweckte Wettbewerbsbeschränkung vor, ist zu prüfen ob die Maßnahme wettbewerbsbeschränkende Auswirkungen hat, es also

---

[547] So z.B.: Callies/Ruffert/*Weiß*, EUV/AEUV, Art. 101, Rn. 53; MüKo-Kartellrecht/*Paschke*, Art. 101 AEUV, Rn. 12 ff.; Von der Groeben//Schwarze/Hatje/*Schröter/van Vormizeele*, Europäisches Unionsrecht, Art. 101 AEUV, Rn. 40.

[548] EuGH, 8.7.1999, C-199/92 P, Slg. 1999, I-4287, Rn. 158 – Hüls; EuGH, 14.7.1972, C-48/69, Slg. 1972, 619, Rn. 64/67 – ICI; EuGH, 16.12.1975, C-42/73, Slg. 1975, 1663, Rn. 26/28 – Suiker Unie u. a.; EuGH, 14.7.1981, C-172/80, Slg. 1981, 2021, Rn. 12 – Züchner/Bayerische Vereinsbank.

[549] *Komm.*, Horizontalleitlinien, ABl. C 11/1, Tz. 24; *Bechtold/Bosch/Brinker*, EU-Kartellrecht, Art. 101 AEUV, Rn. 78.

wahrscheinlich ist, dass sie negative Auswirkungen auf den Wettbewerb hat.[550]

Bedingt durch die Tatsache, dass eine allgemeingültige Definition des Wettbewerbsbegriffs weder dem EU-Vertrag noch der Wettbewerbstheorie zu entnehmen ist, ist auch der daraus abzuleitende Begriff der Wettbewerbsbeschränkung nicht vollständig geklärt.[551] In der Diskussion über den Bezugspunkt der Wettbewerbsbeschränkung lassen sich im Wesentlichen zwei Konzepte ermitteln. Die Vertreter der ersten Ansicht stellen maßgeblich auf das Selbstständigkeitspostulat des EuGH ab, nach dem jedes Unternehmen selbstbestimmt über seine Politik am Markt zu entscheiden hat.[552] Eine Wettbewerbsbeschränkung liegt demnach dann vor, wenn die Maßnahme zu einer Beschränkung der wirtschaftlichen Handlungsfreiheit der daran beteiligten Unternehmen führt.

Demgegenüber stellt die zweite Meinung auf den Schutz der Handlungsfreiheiten Dritter und die Wahlmöglichkeit der Marktgegenseite ab. Dahinter steht unter anderem der Gedanke, dass es nicht Aufgabe des Kartellrechts sei, die am Kartell beteiligten Unternehmen zu schützen. Eine Wettbewerbsbeschränkung liegt hiernach also dann vor, wenn durch die Maßnahme die Handlungsfreiheiten Dritter beeinträchtigt werden.[553] Zusätzlich existieren selbstredend auch vermittelnde Ansichten, die sowohl die Beeinträchtigung Dritter als auch die der Beteiligten für die Beurteilung heranziehen.[554]

Der EuGH hat sich bislang nicht auf ein bestimmtes theoretisches Wettbewerbskonzept festgelegt.[555] In einigen seiner Urteile stellte er auf die Einschränkung der wettbewerblichen Handlungsfreiheiten der Beteiligten ab und in anderen auf die Auswirkungen der fragli-

---

[550]   Komm., Horizontalleitlinien, ABl. C 11/1, Tz 26 f.
[551]   Callies/Ruffert/Weiß, EUV/AEUV, Art. 101 AEUV, Rn. 77, 83; Immenga/Mestmäcker/Emmerich, Art. 101 AEUV, Rn. 107.
[552]   EuGH, 14.12.1983, C-319/82, Slg. 1983, 4173, Rn. 6 – Kerpen & Kerpen; Komm., 2.12.1977, IV/147, ABl. 1978, L 20/18, 24, Rn. 25f. – Rijwielhandel; Emmerich, Kartellrecht, § 4, Rn. 37.
[553]   Langen/Bunte/Hengst, Kartellrecht, Art. 101 AEUV, Rn. 173; Mestmäcker/Schweitzer, Europäisches WettbR, § 11 Rn. 29.
[554]   Z.B. Zimmer/Paul, JZ 2008, 611, 615 f.
[555]   Grabitz/Hilf/Nettesheim/Schuhmacher, Das Recht der EU, Art. 101 AEUV, Rn. 11; von der Groeben/Schwarze/Hatje/Schröter/van Vormizeele, Europäisches Unionsrecht, Art. 101 AEUV, Rn. 74; Immenga/Mestmäcker/Emmerich, Art. 101 AEUV, Rn. 109.

chen Maßnahme auf Dritte und den Markt insgesamt.[556] Die Kommission verfolgt demgegenüber eine klare Linie und stellt im Wesentlichen auf die Drittwirkung der Maßnahme ab. Abgesehen von den Fällen, in denen es sich um Kernbeschränkungen handelt, ist für sie entscheidend, welche Wirkung das Verhalten hat und ob es zu Eingriffen in die Handlungsfreiheiten Dritter führt, die die Effizienz ökonomischer Prozesse vermindert und die Verbraucherwohlfahrt so negativ beeinflusst.[557]

Eine Entscheidung für eines der verschiedenen Konzepte zum Begriff der Wettbewerbsbeschränkung erscheint im vorliegenden Zusammenhang jedoch entbehrlich. Eine Vereinbarung oder Absprache unter Versicherern, mittels derer sie ihre Absicht koordinieren, einen neuen Tarif am Markt anzubieten, und so unter Umständen Einfluss auf die Kosten des Sachverständigenverfahrens nehmen zu können, würde auf gleich mehreren Marktebenen Auswirkungen entfalten.

Am einfachsten lassen sich die Auswirkungen zwischen den am Rahmenabkommen beteiligten Versicherern beurteilen. Wie oben bereits ausgeführt wurde, ist es für die Anwendung des Kartellrechts nicht notwendig, dass die Maßnahme einen bindenden Charakter besitzt. Dennoch ist ein solcher bei der Absprache unter Versicherern anzunehmen. Unabhängig von der äußeren Form und der konkreten Formulierung, werden sich die Beteiligten doch zumindest faktisch an ihre Absprachen gebunden fühlen. Sollte also gemeinsam entschieden werden, dass die Beteiligten neue Tarife mit den oben genannten Besonderheiten entwickeln und anbieten wollen, so erzeugt zumindest die Erwartungshaltung der übrigen Beteiligten und die Angst vor möglichen Sanktionen eine gewisse Bindungswirkung. Dadurch wird dann auch die wirtschaftliche Handlungsfreiheit der Beteiligten beeinträchtigt, da keine freie Entscheidung mehr darüber möglich ist, ob ein solcher Tarif angeboten wird oder nicht. Diese Einschränkung der Wahlmöglichkeiten ist auch der wesentliche Zweck der Absprache, so dass von einer bezweckten Wettbe-

---

[556] Immenga/Mestmäcker/*Emmerich*, Art. 101 AEUV, Rn. 110, m.w.N.
[557] *Komm.,,* Horizontalleitlinien, ABl. C 11/1, Rn. 26 ff.; Leitlinien zu Art. 81 Abs. 3 EGV, ABl. C 101/97, Rn. 24 ff.; vgl. auch Immenga/Mestmäcker/*Emmerich*, Art. 101 AEUV, Rn. 114 f.

werbsbeschränkung zwischen den Beteiligten ausgegangen werden kann.

In mittelbarer Wirkung ist das Abkommen darauf ausgelegt, spezielle Verträge mit den Versicherungsnehmern zu schließen, die bei ihnen – der Marktgegenseite – zu einer Einschränkung der wettbewerblichen Handlungsfreiheiten führen. In direkter Weise wird die Handlungsfreiheit des einzelnen Versicherungsnehmers damit zwar nicht eingeschränkt, da er frei darüber entscheiden kann, ob er sich für diesen neuen Tarif des Versicherers entscheidet, lässt er sich allerdings auf das neue Angebot des Versicherers ein, begibt er sich damit der Möglichkeit, im Schadensfall einen Sachverständigen aus dem gesamten Markt der Kfz-Sachverständigen auszuwählen. Durch die Vorgaben des Versicherers des Unfallgegners wird die Wahl eingeschränkt, so dass auch hier eine Beschränkung der Handlungsfreiheit vorliegen würde. Damit geht zeitgleich auch eine Drittwirkung auf die Kfz-Sachverständigen einher, die sich auf die Veränderungen hinsichtlich ihrer Nachfrager einstellen müssten. Zählen sie nicht zu den günstigsten Anbietern bzw. werden sie nicht von den Versicherern als möglicher Anbieter zugelassen, so verengt sich die Zahl der potenziellen Kunden auf jene Versicherungsnehmer, die einen herkömmlichen Tarif abgeschlossen haben. Außerdem wäre es wahrscheinlich, dass sie direkte Verhandlungen mit den Versicherern führen müssten, um vorgeschlagen zu werden, was die Marktmacht der Versicherer deutlich steigert.

Es kann also festgehalten werden, dass ein oben beschriebenes Rahmenabkommen unter Versicherern, sowohl bei den beteiligten Versicherer als auch für Dritte schon durch seinen objektiven Inhalt wettbewerbsbeschränkende Wirkungen bezwecken würde. Aus diesem Grunde ist es irrelevant, welcher der oben genannten theoretischen Ansichten zum Wesen der Wettbewerbsbeschränkungen man folgen möchte, da das Rahmenabkommen nach jeder Ansicht zu einer Wettbewerbsbeschränkung führen würde. Neben den zuvor genannten Wirkungen käme außerdem noch hinzu, dass eine solche Kooperation Abschottungseffekte hervorrufen und den Marktzutritt für nicht beteiligte Versicherer erschweren könnte. Zudem würde sie unter Umständen weitere Abstimmungen der beteiligten Versicherer vereinfachen.

(d) Spürbarkeit der Wettbewerbsbeschränkung

Nach der ständigen Rechtsprechung des EuGH ist die Spürbarkeit der Wettbewerbsbeschränkung ein ungeschriebenes Tatbestandsmerkmal des Art. 101 Abs. 1 AEUV.[558] Es übernimmt die Funktion einer de-minimis-Regelung und soll verhindern, dass auch Bagatell-Kartelle erfasst werden. Allerdings wird auch dieses Merkmal von Rechtsprechung und Kommission unterschiedlich ausgelegt.

Die Rechtsprechung stützt sich zur Überprüfung der Spürbarkeit regelmäßig auf eine Gesamtbetrachtung der Marktverhältnisse. Die konkreten Kriterien, auf die abgestellt wird, variieren zwar von Fall zu Fall, deutlich im Vordergrund steht jedoch der anhand des Umsatzes berechnete Marktanteil der beteiligten Unternehmen.[559] Obwohl eine Festlegung auf bestimmte Schwellenwerte nicht erfolgt ist, wird die Spürbarkeit in der Regel ab einem Marktanteil von 5 % oder höher bejaht.[560] Handelt es sich um eine bezweckte Wettbewerbsbeschränkung, so ist sie nach Ansicht der Rechtsprechung ebenfalls spürbar, ohne dass es auf die Marktanteile der Beteiligten ankäme.[561]

Die Kommission hingegen überprüft das Vorliegen dieser Spürbarkeit fast ausschließlich quantitativ und stellt mittlerweile allein auf den anhand des Absatzwertes errechneten Marktanteil der beteiligten Unternehmen ab. Dies hat sie in ihrer De-minimis-Bekanntmachung vom 30.08.2014 klargestellt und sich selbst dazu verpflichtet, sämtliche Fälle, die in den Anwendungsbereich dieser Be-

---

[558] Immenga/Mestmäcker/*Emmerich*, Art. 101 AEUV, Rn. 142, mit umfassendem Nachweis aus der Rspr.
[559] *Bechtold/Bosch/Brinker*, EU-Kartellrecht, Art. 101 AEUV, Rn. 109.
Grabitz/Hilf/Nettesheim//*Stockenhuber*, Das Recht der EU, Art. 101 AEUV, Rn. 223.
[560] EuGH, 1.2.1978, C-19/77, Slg. 1978, 131 – Miller; EuGH, 21.2.1984, C-86/82, Slg. 1984, 883 – Hasselblad; EuGH, 19.4.1988, C-27/87, Slg. 1988, 1919 – La Hesbignonne.
[561] EuGH, 13.12.20012, C-226/11, Rn. 35 ff. – *Expedia*.

kanntmachung fallen, nicht zu verfolgen.[562] Handelt es sich um Wettbewerbsbeschränkungen zwischen Wettbewerbern, wird die Spürbarkeit ab einem kumulativen Marktanteil von 10 % angenommen.[563] In den übrigen Fällen setzt die Kommission ihre Grenze bei 15 % des Marktanteils. Ausgehend von der Rechtsprechung des EuGH, bejaht auch sie eine Spürbarkeit ohne die Marktanteile zu beachten, wenn es sich um bezweckte Wettbewerbsbeschränkungen handelt.[564]

Um die vom EuGH und der Kommission angewandten Kriterien der Marktanteile auf den Versicherungssektor übertragen zu können, ist es zunächst erforderlich eine Marktabgrenzung in sachlicher und räumlicher Hinsicht vorzunehmen, die auch an späterer Stelle erneut relevant wird.

(aa) Sachlich relevanter Markt

Die Kommission folgt bei der Bestimmung des sachlichen Marktes ausweislich ihrer Bekanntmachung über die Definition des relevanten Marktes dem Bedarfsmarktkonzept bzw. dem Konzept der funktionellen Austauschbarkeit aus Sicht der Marktgegenseite.[565] Danach umfasst der sachlich relevante Markt sämtliche Erzeugnisse oder Dienstleistungen, die von den Verbrauchern hinsichtlich ihrer Eigenschaften, Preise und ihres vorgesehenen Verwendungszwecks als austauschbar oder substituierbar angesehen werden.[566] Eine Methode zur Ermittlung dieser Substituierbarkeit stellt dabei der sog. SSNIP-Test dar.[567]

---

[562] *Komm.*, ABl. 2014/C 291/01, Rn. 3, 5.
[563] *Komm.*, ABl. 2014/C 291/01, Rn. 8.
[564] *Komm.*, ABl. 2014/C 291/01, Rn. 2, 13.
[565] *Komm.*, Bekanntmachung über die Definition des relevanten Marktes im Sinne des Wettbewerbsrechts der Gemeinschaft, ABl. 1997, C 375/5, Rn. 7.
[566] *Komm.*, Bekanntmachung über die Definition des relevanten Marktes im Sinne des Wettbewerbsrechts der Gemeinschaft, ABl. 1997, C 375/5, Rn. 7.
[567] *Komm.*, Bekanntmachung über die Definition des relevanten Marktes im Sinne des Wettbewerbsrechts der Gemeinschaft, ABl. 1997, C 375/5, Rn. 15 ff.

Im Ergebnis unterteilt sie den Versicherungsmarkt in die Bereiche Leben, Nichtleben und Rückversicherung,[568] die ihrerseits in weitere Unterkategorien unterteilt werden können.[569] Es handele sich dann um unterschiedliche Märkte, wenn die Eigenschaften, Prämien und Verwendungsmöglichkeiten der einzelnen Versicherungen deutlich unterscheidbar seien und dadurch aus der Sicht der Verbraucher nur als schwer austauschbar erschienen.[570] Der Bereich der Nicht-Lebensversicherung wird mittlerweile in sieben weitere Segmente unterteilt: Unfall- und Krankenversicherung; Sachversicherung; See-, Luft- und Transportversicherung; Haftpflichtversicherung; Kredit- und Kautionsversicherung; Reiseversicherung und Kfz-Versicherung. Auch innerhalb dieser Gruppen sind allerdings im Einzelfall weitere Unterscheidungen möglich.[571] So bildet nach Ansicht der Kommission auch der Markt für Kraftfahrzeugversicherungen einen eigenen sachlichen Markt,[572] wovon demnach auch im Rahmen dieser Arbeit auszugehen ist.

(bb) Räumlich relevanter Markt

Im Rahmen der räumlichen Marktabgrenzung ist zudem der Frage nachzuspüren, auf welches Gebiet sich der Markt erstreckt. Die Kommission geht diesbezüglich davon aus, dass die Märkte im Erstversicherungsgeschäft trotz der Liberalisierung weitgehend national geprägt sind.[573] Maßgeblich hierfür sind unter anderem die

---

568 *Komm.*, 19.01.2005, COMP/M.3556, Rn. 20 – Fortis/BCP; *Komm.*, 28.02.2003, COMP/M.3035, Rn. 33 – Berkshire Hathaway/Converium/Gaum/JV; *Komm.*, 23.09.2013, COMP/M. 6957, Rn. 15 – IF P&C/Topdanmark; *Komm.*, 31.05.2013, COMP./M.6883, Rn. 9 – Canada Life/Irish Life; *Komm.*, 03.08.2011, COMP/M.6217, Rn. 10 – Baloise Holding/Nateus/Nateus Life; *Komm.*, 19.01.2011, COMP/M.6053, Rn. 24 – CVC/Apollo/Brit Insurance.

569 *Komm.*, M.3556, Rn. 20 – Fortis/BCP; *Brinker/Schädle*, VersR 2004, 673, 674.

570 *Komm.*, 03.04..1995, IV/M.539, Abl. 1995 Nr. C 180/4 – Allianz/Elvia/Lloyd Adriatico; *Komm.*, 27.09.1996, IV/M.813, Rn.8 – Allianz/Hermes; *Komm.* 08.05.1998, IV/M.1082, Rn. 6 – Allianz/AGF.

571 MüKo-Kartellrecht/*Esser/Stappert*, Bd. 1, A. Versicherungswirtschaft, Rn. 203.

572 *Komm.* 14.03.1995, IV/M.518, Abl. C 73, S. 18, Rn. 7 – Winterthur/Schweizer Rück.

573 *Komm.*, 04.04.2012, COMP/M.6521, Rn. 54 – Talanx International/Meiji Yasuda Life Insurance/ Warta; *Komm*, 03.08.2011, COMP/M.6217, Rn. 30 – Baloise Holding/Nateus/Nateus Life; *Komm.*, 24.08.2010, COMP/M.5925, Rn. 15 – Metlife/Alico/Delam; *Komm.*, 03.12.2008, COMP/M.5384, Rn. 79 – BNP Paribas/Fortis; *Komm*, 17.06.2008, COMP/M.5075, Rn. 15, 42, 52 – Vienna Insurance Goup/EBV; *Komm.*, 05.02.2008, COMP/M.4950, Rn. 22 – Aviva/Bank Zachodni; *Komm.*, 03.12.2007, COMP/M.4701, Rn. 26 – Generali/PPF Insurance Business;

etablierten Marktstrukturen, die Vertriebskanäle und die nationale Gesetzgebung.[574] Das gilt jedenfalls für das Privatversicherungsgeschäft.[575] Eine engere Abgrenzung des räumlichen Marktes ist hingegen nicht sinnvoll, da die Wettbewerbsbedingungen z.b. in den einzelnen Bundesländern homogen sind.[576]

Der für die Beurteilung der Marktmacht zu berücksichtigende Markt ist mithin also der Markt für Kfz-Versicherungen innerhalb der Bundesrepublik.

(cc) Marktanteile

Zwar kann die Spürbarkeit in diesem Rahmen nur abstrakt besprochen werden, da es im konkreten Fall maßgeblich auf die Beteiligten Unternehmen und deren Markanteile ankäme; gemessen an den zuvor genannten Kriterien der Rechtsprechung und der Kommission, wäre eine Bejahung dieses ungeschriebenen Tatbestandsmerkmals aber sehr wahrscheinlich. Zum einen wäre ein oben beschriebenes Rahmenabkommen bereits seinem Wesen nach dazu geeignet, Wettbewerbsbeschränkungen auf verschiedenen Marktebenen herbeizuführen und würde damit eine bezweckte Wettbewerbsbeschränkung darstellen, die nach Ansicht beider Unionsorgane ohne Ansehung der Marktanteile für eine Spürbarkeit spricht.

Komm., 03.05.2005, COMP/M.3772, Rn. 11 – Aviva/RAC; *Komm.*, 28.06.2004, COMP/M.3446, Rn. 13 – Uniqa/Mannheimer; *Komm.*, 01.07.2002, COMP/M.2805, Rn. 13 – Natexis Banques Populaires/Coface; *Komm.*, 19.07.2001, COMP/M.2431, Rn. 15 – Allianz/Dresdner; *Komm.*, 14.06.2001, COMP/M.2400, Rn. 13 – Dexia/Artesia; *Komm.*, 13.12.200, COMP/M.2225, Rn. 14 – Fortis/ASR.

[574] *Komm.*, 04.04.2012, COMP/M.6521, Rn. 54 – Talanx International/Meiji Yasuda Life Insurance/Warta; *Komm*, 03.08.2011, COMP/M.6217, Rn. 30 – Baloise Holding/Nateus/Nateus Life; *Komm.*, 24.08.2010, COMP/M.5925, Rn. 15 – Metlife/Alico/Delam; *Komm.*, 03.12.2008, COMP/M.5384, Rn. 79 – BNP Paribas/Fortis; *Komm*, 17.06.2008, COMP/M.5075, Rn. 15, 42, 52 – Vienna Insurance Goup/EBV; *Komm.*, 05.02.2008, COMP/M.4950, Rn. 22 – Aviva/Bank Zachodni; *Komm.*, 14.06.2001, COMP/M.2400, Rn. 13 – Dexia/Artesia; *Komm.*, 13.12.200, COMP/M.2225, Rn. 14 – Fortis/ASR.

[575] *Komm.*, 19.07.2001, COMP/M.2431, Rn. 15 – Allianz/Dresdner; *Komm.*, 14.04.1998, IV/M.1144, Rn. 9 – Winterthur/ARAG; *Komm.*, 15.10.1997, IV/M.985, Rn. 11 – Crédit Suisse/Winterthur; *Komm.*, 11.11.1996, IV/M.812, Rn. 11 – Allianz/Vereinte, *Komm.*, 28.05.1993, IV/M.344, Rn. 7 – Codan/Hafnia; *Komm.*, 14.01.1992, IV/M.183, Rn. 10 – Schweizer Rück/Elvia.

[576] *Brinker/Schädle*, VersR 2004,.673, 679.

Darüber hinaus wäre es auch wahrscheinlich, dass die jeweiligen prozentualen Grenzen der Rechtsprechung und auch die der Kommission erreicht würden. Die zehn größten Kfz-Versicherer in Deutschland besitzen, gemessen an den eingenommenen Bruttoprämien zusammen über 50 % der Marktanteile[577]; ähnlich verhält es sich, wenn man nach der Methode der Kommission die Marktanteile anhand des Absatzwertes errechnet. Die kritischen Werte von 5 % bzw. 10 % Marktanteilen könnten schon bei einem Abkommen zwischen zwei Versicherern erreicht werden.

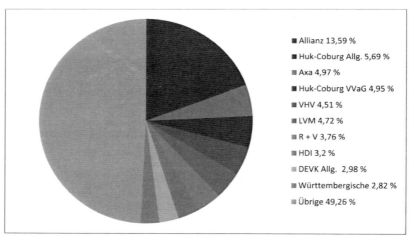

Marktanteile der Kfz-Versicherer in Deutschland im Jahr 2013 nach Bruttoprämien[578]

[577] VersicherungsJournal, Marktanteile der Kfz-Versicherer in Deutschland im Jahr 2013 nach Bruttoprämien, Statista, http://de.statista.com/statistik/daten/studie/249842/umfrage/ marktanteile-der-deutschen-kfz-versicherer-nach-bruttopraemien/ (letzter Besuch 08. Februar 2016).

[578] Eigene Grafik in Anlehnung an: *VersicherungsJournal*, Statista, http://de.statista.com/statistik/ daten/studie/249842/umfrage/marktanteile-der-deutschen-kfz-versicherer-nach-bruttopraemien/ (letzter Besuch 08. Februar 2016).

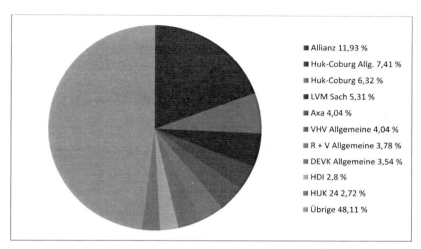

■ Allianz 11,93 %

■ Huk-Coburg Allg. 7,41 %

■ Huk-Coburg 6,32 %

■ LVM Sach 5,31 %

■ Axa 4,04 %

■ VHV Allgemeine 4,04 %

■ R + V Allgemeine 3,78 %

■ DEVK Allgemeine 3,54 %

■ HDI 2,8 %

■ HUK 24 2,72 %

■ Übrige 48,11 %

Marktanteile der Kfz-Versicherer in Deutschland im Jahr 2014 nach Anzahl ihrer Verträge[579]

Es ist also davon auszugehen, dass die Schwelle der Spürbarkeit von solch einem Rahmenabkommen leicht überschritten werden könnte und damit vom Kartellverbot erfasst würde. Seine Wirkungen, sowohl die positiven als auch die negativen, verstärken sich zudem je mehr Versicherer an dem Abkommen teilnehmen. Sollte sich herausstellen, dass ein derartiges Abkommen ein wirksames Mittel gegen hohe Sachverständigenkosten darstellt, wäre zu erwarten, dass sich mehr Versicherer dem Abkommen anschließen bis die Spürbarkeitsgrenze erreicht ist oder es würden zumindest bilaterale Verträge geschlossen, die dann unter dem Aspekt der Bündeltheorie zur Spürbarkeit gelangen könnten.

---

[579] Eigene Berechnung anhand der Daten aus *BaFin*, Größte Kfz-Haftpflichtversicherer in Deutschland nach der Anzahl ihrer Verträge im Jahr 2014, Statista, http://de.statistik.com/statistik/daten/studie/462472/umfrage/kfz-haftpflichtversicherer-in-deutschland-nach-anzahl-der-vertraege/ (letzter Besuch 08. Februar 2016) und *GDV*, Bestand an Verträgen in der Kfz-Versicherung in Deutschland im Jahr 2014 nach Sparten, Statista, http://de.statista.com/statistik/daten/studie/247196/umfrage/bestand-an-vertraegen-in-der-kfz-versicherung-nach-sparten/ (letzter Besuch 08. Februar 2016).

(e) Zwischenstaatlichkeitsklausel

Der Wortlaut des Art. 101 Abs. 1 AEUV verlangt letztlich, dass die wettbewerbsbeschränkende Maßnahme geeignet ist, den Handel zwischen den Mitgliedstaaten zu beeinträchtigen. Die Begriffe des Handels und der Beeinträchtigung sind im Rahmen dieser Norm weit auszulegen. Unter „Handel" ist hierbei der gesamte Wirtschaftsverkehr zu verstehen.[580] Das Merkmal der Beeinträchtigung ist in diesem Zusammenhang als eine bloße Beeinflussung eben dieses Wirtschaftsverkehrs zu verstehen.[581] Aus der Rechtsprechung ergibt sich, dass es für eine Beeinträchtigung genügt, wenn sich der Handel zwischen den Mitgliedstaaten ohne die Maßnahme in anderer Art und Weise entwickeln würde.[582]

Hinzu kommt, dass die Maßnahme dazu geeignet sein muss, den zwischenstaatlichen Handel in einer bestimmten Qualität, nämlich spürbar, zu beeinträchtigen. Der EuGH neigt dazu, ab einem Marktanteil von 5 % von der Spürbarkeit auszugehen, sofern die Würdigung anderer Faktoren nicht zu einem anderen Ergebnis führt.[583] Die Kommission hat ihrerseits Leitlinien herausgegeben, in der sie ihre Auslegung hinsichtlich des Begriffs der Beeinträchtigung des zwischenstaatlichen Handels und der Spürbarkeit erläutert.[584] Hierin wird die Vermutung der Kommission beschrieben, dass keine Spürbarkeit vorliegt, sofern einerseits eine Schwelle von 5 % des gemeinsamen Marktanteils nicht erreicht und andererseits eine bestimmte Umsatzschwelle nicht überschritten wird, die für Horizontalvereinbarungen bei einem jährlichen Umsatz der beteiligten Unter-

---

[580]   EuGH, 25.10.1979, C-22/79, Slg. 1979, 3275, Rn. 11 – SACEM; EuGH, 14.7.1981, C-172/80, Slg. 1981, 2021, Rn. 18 – Züchner/Bayerische Vereinsbank; EuGH, C-309/99,19.2.2002, Slg. 2002, I-1577, Rn. 95 – Wouters; *Komm.*, 11.12.1986, IV/261-A, ABl. 1987, Nr L 7/27, 32, Rn. 38 – BVB/ABV; Langen/Bunte/*Hengst*, Kartellrecht, Art. 101 AEUV, Rn. 301.

[581]   Bechtold/Bosch/Brinker, EU-Kartellrecht, Art. 101 AEUV, Rn. 112; Immenga/Mestmäcker/*Zimmer*, Art. 101 AEUV, Rn. 198.

[582]   So EuGH, 15.5.1975, C-71/74, Slg. 1975, 563, Rn. 37 f. – Frubo; Grabitz/Hilf/Nettesheim/*Stockenhuber*, Recht der EU, Art. 101 AEUV, Rn. 210; Immenga/Mestmäcker/*Zimmer*, Art. 101 AEUV, Rn. 198.

[583]   EuGH, 1.2.1978, C-19/77, Slg. 1978, 131, Rn. 9, 10 – Miller; EuGH, 25.10.1983, C-107/82, Slg. 1983, 3151, Rn. 58 – AEG; Immenga/Mestmäcker/*Zimmer*, Art. 101 AEUV, Rn. 207; MüKo-Kartellrecht/*Kirchoff*, Art. 101 AEUV, Rn. 529.

[584]   *Komm.*, ABl. 2004/C 101/81.

nehmen von 40 Millionen Euro liegt.[585] Eine weitere Vermutung stellt die Kommission hinsichtlich kleiner und mittlerer Unternehmen (KMU) auf. Sie geht davon aus, dass auch Vereinbarungen zwischen diesen KMU in der Regel nicht dazu geeignet sind, den zwischenstaatlichen Handel spürbar zu beeinträchtigen, weil deren Tätigkeit in der Regel lokal oder regional ausgerichtet ist.[586] Es handelt sich nach der Definition der Kommission um ein KMU, wenn ein Unternehmen weniger als 250 Personen beschäftigt und entweder einen Jahresumsatz von höchstens 50 Millionen Euro erzielt oder dessen Jahresbilanzsumme 43 Millionen Euro nicht übersteigt.[587]

Ein Rahmenabkommen der hier in Rede stehenden Art, würde den Wirtschaftsverkehr der Union also vermutlich beeinflussen. Hierfür spricht schon die Tatsache, dass sich die Auswirkungen auf das gesamte Bundesgebiet beziehen würden.[588] Die im vorherigen Abschnitt verwendeten Statistiken zeigen außerdem deutlich, dass die führenden Unternehmen auf dem Markt für Kfz-Haftpflichtversicherungen, die Werte hinsichtlich des Marktanteils mühelos erreichen. Insbesondere fallen sie auch nicht unter den Begriff der kleinen und mittleren Unternehmen. Sollten sie sich also zu einer Maßnahme wie dem zuvor beschriebenem Rahmenabkommen entschließen, wäre auch von der Spürbarkeit der Beeinträchtigung des zwischenstaatlichen Handels auszugehen.

(f) Zwischenergebnis

Ein Rahmenabkommen der beschriebenen Art würde den Tatbestand des Art. 101 Abs. 1 AEUV erfüllen. Es bleibt aber zu prüfen, ob eine Ausnahme gem. Art. 101 Abs. 3 AEUV vorliegt.

---

[585] Komm., Abl. 2004/C 101/81, 86, Ziff. 52.
[586] Komm., Abl. 2004/C 101/81, 86, Ziff. 50; Abl. 2014/C 291/1, Ziff. 4.
[587] Komm.; Empfehlung 2003/361/EG, Abl. L 124/39, Anh., Art. 2 Abs. 1.
[588] Vgl. EuGH, 17.10.1972, C-8/72, Slg. 1972, 977, Rn. 28/30 – Cementhandelaren; EuGH, 11.7.1985, C-42/84, Slg. 1985, 2545, Rn. 22 – Remia; Komm., 26. 11. 1986, IV/31.204, ABl. 1986, Nr. L 348/50, 60, Rn. 72 – Meldoc.

(2) Ausnahme vom Kartellverbot gem. Art. 101 Abs. 3 AEUV

Der Abs. 3 des Art. 101 AEUV sieht vor, dass bestimmte Maßnahmen, die an sich gegen den Verbotstatbestand des Abs. 1 verstoßen, von diesem Verbot freigestellt werden können, indem die Bestimmungen des Abs. 1 für auf sie nicht anwendbar erklärt werden. Seinem Wortlaut nach sieht Art. 101 Abs. 3 AEUV damit eigentlich eine Administrativfreistellung vor, die eine Anmeldung bei der Kommission und eine entsprechende Genehmigung durch diese voraussetzt. Mit Erlass der VO 1/2003 wurde dieses System jedoch umfunktioniert.[589] Indem durch Art. 1 Abs. 2 der VO 1/2003 der Art. 101 Abs. 3 AEUV für unmittelbar anwendbar erklärt wurde, wandelt sich dieser zu einer Legalausnahme, für die es keiner konstitutiven Genehmigung der Kommission mehr bedarf. Liegen die Voraussetzungen des Art 101 Abs. 3 AEUV vor, so ist die Maßnahme auch ohne weiteres Zutun der Beteiligten oder einer Behörde vom Verbot des Art. 101 Abs. 1 AEUV freigestellt.

(a) Gruppenfreistellungsverordnung

In diesem Zusammenhang werden die von der Kommission erlassenen Gruppenfreistellungsverordnungen (GVOen) bedeutsam, die ursprünglich dazu dienten, eine Entscheidung der Kommission für bestimmte Gruppen von Vereinbarungen zu ersetzen und so eine Arbeitserleichterung der Kommission herbeizuführen.[590] Durch die Modulation des Systems, nach der eine Genehmigung der Kommission generell nicht mehr erforderlich ist, hat sich mithin auch die Funktion der Gruppenfreistellungsverordnungen geändert. Ihre neue Aufgabe besteht nach überwiegender Ansicht darin, den Unternehmen Rechtssicherheit darüber zu verschaffen, ob eine Vereinbarung unter den Tatbestand des Art. 101 Abs. 3 AEUV fällt.[591]

---

[589] Rat der EU, Abl. 2003. L 1/1.
[590] Immenga/Mestmäcker/*Ellger*, Art. 101 AEUV, Rn. 335.
[591] Immenga/Mestmäcker/*Ellger*, Art. 101 AEUV, Rn. 336; MüKo-Kartellrecht/*Wolf*, Art. 101 AEUV, Rn. 1026.

Über die Wirkungsweise dieser GVOen herrscht im Schrifttum jedoch Uneinigkeit.

Auch für den Versicherungssektor hat die Kommission eine Gruppenfreistellungsverordnung erlassen (Versicherungs-GVO Nr. 267/2010).[592] Nach Art. 2 der Versicherungs-GVO sind Vereinbarungen freigestellt, die für die gemeinsame Erhebung und Verbreitung von Daten zu bestimmten Zwecken (z.B. Sterbetafeln) oder für die gemeinsame Durchführung und Verbreitung von Studien erforderlich sind. Nach Art. 5 der Versicherungs-GVO ist Art. 101 Abs. 1 AEUV zudem nicht auf Vereinbarungen anzuwenden, die dazu dienen Versicherungspools zur Deckung bestimmter Risiken einzurichten. Ein Rahmenabkommen wie das hier in Rede stehende wäre also nicht von der Versicherungs-GVO erfasst, da es sich bei der darin anvisierten Vorgehensweise weder um Erhebungen, Studien oder die Einrichtung von Pools handelt. Vielmehr hat sich die Kommission laut ihren Erwägungsgründen ausdrücklich dagegen entschieden, Vereinbarungen über die Schadensabwicklung in den Anwendungsbereich der Verordnung miteinzubeziehen, da es ihr ihrer Meinung nach an ausreichender Erfahrung mit derartigen Fällen mangelte.[593] Die aktuelle Freistellungsverordnung gilt gem. ihres Art. 9 bis zum 31.12.2017, es ist aber nicht ersichtlich, dass die Kommission ihre diesbezügliche Meinung anlässlich einer Neuregelung der Versicherungs-GVO zu ändern gedenkt.

Ein Rahmenabkommen, wie es hier untersucht wird, wird sich deshalb unmittelbar an Art. 101 Abs. 3 AEUV messen lassen müssen.

(b) Voraussetzungen des Art. 101 Abs. 3 AEUV

Die Vorschrift des Art. 101 Abs. 3 AEUV wirkt, wie oben bereits erläutert wurde, unmittelbar, ohne dass es eines Antrages oder einer Feststellung bedarf. Erfüllt eine Maßnahme die Anforderungen dieser Norm, so ist sie vom Kartellverbot des Art. 101 Abs. 1 AEUV

---

[592] Zunächst VO (EG) 358/2003, darauf folgend und derzeit geltend: VO (EU) 267/2010.
[593] *Komm.*, VO (EU) 2067/2010, Ziff. 3.

freigestellt. Dafür müssen kumulativ folgende Voraussetzungen erfüllt werden: Die Vereinbarung muss (1.) zu Effizienzvorteilen führen und (2.) die Verbraucher an dem dadurch entstehenden Effizienzgewinn angemessen beteiligen. Außerdem muss (3.) die von der Vereinbarung bezweckte oder bewirkte Wettbewerbsbeschränkung unerlässlich zur Erreichung dieser Ziele sein und es darf (4.) nicht die Möglichkeit eröffnet werden, den Wettbewerb für einen wesentlichen Teil der betreffenden waren auszuschalten.

Obwohl sich der Wortlaut des Art. 101 Abs. 3 AEUV nur auf die Herstellung und den Vertrieb von Waren bezieht, ist es allgemein anerkannt, dass die Regelung auch auf Dienstleistungen Anwendung findet.[594]

(aa) Effizienzvorteile

Der Wortlaut des Art 101 Abs. 3 AEUV fordert, dass die Maßnahme zur Verbesserung der Warenerzeugung oder –verteilung oder zur Förderung des technischen oder wirtschaftlichen Fortschritts beiträgt. Anders ausgedrückt muss sie zu echten, objektiven ökonomischen Vorteilen führen, die deutlich spürbar sind.[595] Grundsätzlich ist hierbei jede Art von ökonomischem Vorteil ausreichend, es muss sich aber um spürbare objektive Vorteile handeln, die auch im Interesse Dritter liegen und die Nachteile, die auf dem Gebiet des Wettbewerbs verursacht werden kompensieren.[596]

Die zu erwartenden Nachteile erscheinen in diesem Fall allerdings nicht besonders gravierend. Obschon eine Vereinbarung der beschriebenen Art eine Wettbewerbsbeschränkung bezwecken würde, wären die Einschränkung der beteiligten Versicherer als gering anzusehen. Sie verpflichten sich zwar, ein neues Produkt in ihre Kfz-Haftpflichtsparte aufzunehmen und anzubieten, darüber hinaus bleibt der Wettbewerb zwischen den Beteiligten aber unverändert. Insbesondere bleibt der Preis- und Qualitätswettbewerb erhalten, da

---

[594] *Bechtold/Bosch/Brinker*, EU-Kartellrecht, Art. 101 AEUV, Rn. 150; *Komm.*, Abl. C 101/97, Rn. 48.
[595] *Komm.*, 4.9.1998, K(1998) 292, Abl. L 246/1, 39, Rn. 224 – van den Bergh Foods.
[596] *Komm.*, 4.9.1998, K(1998) 292, Abl. L 246/1, 39, Rn. 224 – van den Bergh Foods.

die Entscheidung über die Versicherungsprämie und den Deckungsumfang bei dem einzelnen Versicherer verbleibt.

Die Nachteile der Sachverständigen ergeben sich daraus, dass sich für teurere Anbieter der potenzielle Kundenkreis verengt. Dies beruht zum einen darauf, dass sich die Marktgegenseite der Sachverständigen bewusst und freiwillig selbst einschränkt. Allein darin, dass sich die Abnehmer willentlich dagegen entscheidet, mit bestimmten Anbietern (die nach bestimmten Kriterien ausgewählt wurden, hier nach dem Preis) nicht zu kontrahieren, ist aber keine Wettbewerbsbeschränkung zu sehen. Zum anderen erfahren diejenigen Sachverständigen eine Einschränkung, die von den Versicherern nicht empfohlen werden. Erfolgt die Auswahl der Sachverständigen, die dem Geschädigten empfohlen werden, durch den Versicherer aber anhand objektiver Kriterien (günstigste Angebote) kann grundsätzlich jeder Sachverständige sein Marktverhalten darauf abstimmen und versuchen die Kriterien der Versicherer zu erfüllen, um auf die Empfehlungsliste gesetzt zu werden. Höchstpreisgrenzen werden durch die Versicherer dabei nicht gesetzt, da sie keine eigenen Grenzen vorgeben, sondern lediglich die im Verhältnis günstigsten Angebote heraussuchen. Vielmehr regen die Entscheidungen der Versicherungsnehmer und der Versicherer den Preiswettbewerb unter den Sachverständigen an.

Für die Versicherungsnehmer liegt im Grunde keine direkte Einschränkung vor. Es wird ihnen die freie Wahl gelassen, ob sie sich zum Abschluss eines Vertrags entscheiden, durch den sie auf den vollen Umfang des Rechts zur freien Sachverständigenwahl verzichten und dem Versicherer stattdessen ein Mitbestimmungsrecht bei der Auswahl einräumen. Die Einschränkung des Versicherungsnehmers beruht damit nicht auf der Vereinbarung der Versicherer, sondern auf seiner freien Entscheidung, für die er zudem eine Gegenleistung in Gestalt einer Prämienreduzierung erhält. Dieser Freiwilligkeitsaspekt ist bei der Abwägung der Vor- und Nachteile zu berücksichtigten und spricht dafür, dass die dem Versicherungsnehmer entstehenden Nachteile nicht sonderlich schwer wiegen.

Diesen Nachteilen sind die Vorteile gegenüberzustellen, die sich aus der Umsetzung des Rahmenabkommens ergeben können. Indem sich der Versicherer bei der Wahl des Sachverständigen ein Mitbestimmungsrecht einräumen lässt, wird das Wahlrecht des Versicherungsnehmers, auf jene Sachverständige beschränkt, die in den Augen des gegnerischen Kfz-Haftpflichtversicherers angemessen kalkulieren und nicht zu teuer sind. Die damit bezweckte Ausklammerung von überteuerten Gutachterkosten aus dem Prozess der Schadensbeseitigung ist dazu geeignet, eine Kosteneinsparung herbeizuführen.

Das Einsparpotenzial im Bereich der Kfz-Sachverständigengutachten ist dabei beachtlich. Beispielsweise seien die Daten aus dem Jahre 2010 herangezogen, in dem es zu knapp 4 Millionen Kfz-Haftpflichtschäden kam, deren Regulierung insgesamt ca. 12 Milliarden Euro kostete. Dabei wurde in ca. jedem zweiten Fall ein Sachverständigengutachten eingeholt, das fast immer von der Seite des Geschädigten in Auftrag gegeben wurde. So ergibt sich eine geschätzte Anzahl von ca. 1,5 bis 2 Millionen Privatgutachten pro Jahr, für die eine durchschnittliche Vergütung von 410 Euro ermittelt wurde. Das ergibt für die Versicherungswirtschaft im Jahre 2010 ein Regulierungsaufkommen von ca. 600 – 800 Millionen Euro.[597] Die Sachverständigenhonorare stellen damit den deutlich größten Posten innerhalb der Sachfolgeschäden dar. Würde es den Versicherern gelingen hier auch nur durchschnittlich 5 % der Kosten einzusparen, so ergäbe sich bereits ein ökonomischer Vorteil von 30 bis 40 Millionen Euro pro Jahr.

Derartige Kosteneinsparungen sind ein Standardbeispiel für quantitative Effizienzgewinne im Sinne des Art. 101 Abs. 3 AEUV.[598] Durch eine hier beschriebene Vereinbarung zwischen Versicherern sind sie mit hoher Wahrscheinlichkeit zu erwarten und wirken für alle an der Vereinbarung beteiligten Unternehmen. Zudem ist die Vereinbarung dazu geeignet, einen Preiswettbewerb unter den Kfz-Sachverständigen anzuregen, der die Preise für Sachverständigengutachten

---

[597] Alle Daten zitiert nach *Engelke*, NZV 2012, 365, 366.
[598] *Komm.*, Leitlinien zu Art. 81 Abs. 3, Abl. 2004, C 101/97, 105, Rn. 59, 64 ff.

insgesamt auf ein niedrigeres Niveau sinken lässt. Hiervon könnten letztlich das gesamte Versicherungskollektiv und auch nicht an der Vereinbarung teilnehmende Versicherer profitieren. Es sind also ökonomische Effizienzvorteile in Form der Kosteneinsparung und der Anregung des Wettbewerbs zwischen Kfz-Sachverständigen zu erwarten, die die gegenüberstehenden geringen Einschränkungen des Wettbewerbs durchaus aufzuwiegen vermögen.

(bb) Angemessene Beteiligung der Verbraucher am Gewinn

Weiterhin verlangt Art. 101 Abs. 3 AEUV für die Freistellung einer Vereinbarung die angemessene Beteiligung der Verbraucher am entstehenden Gewinn. Als Verbraucher in diesem Sinne sind nicht nur die Endverbraucher sondern alle Abnehmer der beteiligten Unternehmen anzusehen.[599] Mit dem erwähnten Gewinn ist der im ersten Freistellungskriterium bereits behandelte Effizienzvorteil gemeint.[600] An diesem Vorteil müssen die Verbraucher derart partizipieren, dass auch ihnen ein Vorteil erwächst, der kausal auf die Vereinbarung zurückgeht. Dabei ist es nicht erforderlich und in vielen Fällen sicherlich auch nicht realisierbar, dass der gesamte Gewinn, der den beteiligten Unternehmen entsteht, an die Verbraucher weitergegeben wird.[601] Es ist nicht ausschlaggebend, wie groß der bei den Unternehmen verbleibende Anteil ist, so dass keine Vorgaben oder Anhaltspunkte für eine erforderliche Verteilungsquote bestehen. Vielmehr genügt nach dem Wortlaut eine angemessene Beteiligung. Ob dies der Fall ist, muss sodann durch eine Gegenüberstellung und Abwägung beantwortet werden, mittels derer die aus der Wettbewerbsbeschränkung entstehenden Vor- und Nachteile, verglichen werden.[602] Nach der Ansicht der Kommission[603] und auch

---

[599] Komm., Leitlinien zu Art. 81 Abs. 3, Abl. 2004/C 101/97, 109, Rn. 84; Immenga/Mestmäcker/ *Ellger*, Art. 101 AEUV, Rn. 224.

[600] MüKo-Kartellrecht/*Wolf,* Art. 101 AEUV, Rn. 954.

[601] Komm., Leitlinien zu Art. 81 Abs. 3, Abl. 2004, C 101/97, 109, Rn. 86; vgl. auch Kom., 25.7.1974, IV/26.602, ABl. 1974 Nr. L 237/16, 21 (IV.2.) – Frubo.

[602] EuGH, 29.10.1980, C-209/78, Slg. 1980, 3125, Rn. 185 – van Landewyck; Immenga/Mestmäcker/*Ellger*, Art. 101 AEUV, Rn. 227; MüKo-Kartellrecht/*Wolf*, Art. 101 AEUV, Rn. 970.

[603] Komm., Leitlinien zu Art. 81 Abs. 3, Abl. 2004, C 101/97, 110, Rn. 85.

Teilen der Literatur[604] muss die Nettowirkung dabei zumindest neutral sein. Das bedeutet, dass sich die voraussichtlichen Vor- und Nachteile wenigstens ausgleichen müssen. Weiterhin wichtig für die Beurteilung ist letztlich auch die Wahrscheinlichkeit mit der eine Weitergabe des Gewinns an die Verbraucher erfolgt.[605] Zur Erfüllung des zweiten Freistellungsmerkmals genügt es, wenn es sich dabei um eine hinreichende Wahrscheinlichkeit für die Weitergabe des Vorteils handelt.[606]

Der Effizienzgewinn der beteiligten Unternehmen würde, wie oben dargelegt, in einer Kosteneinsparung bei der Schadenregulierung bestehen. Ein Teil dieses Gewinns könnte mittels neuer Versicherungsprodukte mit reduzierten Prämien an die Versicherungsnehmer weitergegeben werden. Im Vergleich zu der Situation, die ohne das Abkommen bestehen würde, läge der Verbrauchervorteil also in der Prämienersparnis der Versicherungsnehmer. Dieser Vorteil wäre leicht nachvollziehbar und würde kausal auf der Vereinbarung der Versicherer beruhen. Die gegenüberstehenden Nachteile, die zwar nicht direkt durch die Vereinbarung der Versicherer entstehen aber auf die das Rahmenabkommen unmittelbar abzielt, bestünden darin, dass der einzelne Versicherungsnehmer sein Recht zur freien Wahl eines Sachverständigen vertraglich einschränkt. Geht man allerdings davon aus, dass es dem Geschädigten auch nach einer Vorauswahl des Versicherers noch möglich ist, einen Sachverständigen ausfindig zu machen, der den Schaden korrekt und objektiv bewertet, entstehen durch diese Einschränkung aber insgesamt keine nennenswerten Nachteile für den Versicherungsnehmer.

Bedeutsam ist zudem der Umstand, dass das Rahmenabkommen darauf abzielt, dem Versicherungsnehmer nur eine weitere Option zur Verfügung zu stellen und er auch den bisherigen Tarif auswählen kann. Damit unterliegt die Angemessenheit einer direkten Kontrolle der Abnehmer, die freiwillig und nach eingehender eigener

---

[604] Grabitz/Hilf/Nettesheim/*Schuhmacher*, Das Recht der EU, Art. 101, Rn. 327; Immenga/Mestmäcker/*Ellger*, Art. 101 AEUV, Rn. 246.

[605] Vgl. *Komm.*, Leitlinien zur Anwendung des Art. 81 Abs. 3, Abl. 2004, C 101/97, 111, Rn. 96 ff.

[606] *Komm.*, 22.7.1969, IV/26.625, ABl. 1969, Nr. L 195/1, 4 (III.2.) – Clima Chappée-Buderus; MüKo-Kartellrecht/*Wolf*, Art. 101 AEUV, Rn. 965.

Bewertung der Vor- und Nachteile darüber entscheiden können, ob sie den neuen Tarif annehmen oder nicht. Da sich die Versicherer darüber im Klaren sind, dass potenzielle Versicherungsnehmer nur wechselbereit sind, wenn sie einen deutlichen Vorteil gegenüber ihrem alten Tarif erkennen, werden sie auch von vornherein nur solche Produkte anbieten, die diesen Interessen entsprechen und einen ausreichenden Anreiz bzw. Vorteil bieten. Das Äquivalenzinteresse der Versicherungsnehmer stellt hier also eine natürliche Kontrollinstanz dar, die die Angemessenheit der Vorteilsweitergabe sicherstellen kann. Die Versicherungsnehmer überprüfen demnach in gewisser Weise selbst, ob die zu erwartenden Vorteile die Nachteile zumindest ausgleichen. Am Markt etablieren werden sie sich neue Produkte indes aber wohl nur, wenn sie von den Versicherungsnehmern nicht nur als neutral sondern als deutlich vorteilhaft eingestuft werden. Die Vorteile der Prämienreduzierung erscheinen daher dazu geeignet, die Nachteile von eher geringem Gewicht auszugleichen.

Der Freiwilligkeitsaspekt und die Wahlmöglichkeit der Versicherungsnehmer sind auch in erheblichem Maße bei der Frage zu berücksichtigen, ob eine Weitergabe der Effizienzgewinne an die Verbraucher überhaupt wahrscheinlich ist. Ohne eine deutliche Verbesserung ihres Status quo würden sich die Versicherungsnehmer aller Wahrscheinlichkeit nach nicht dazu entscheiden, einen Vertrag abzuschließen, der ihre Rechte teilweise einschränkt. Kfz-Haftpflichtversicherer konkurrieren neben dem Leistungsumfang in erster Linie über die Prämienhöhe. Für eine Weitergabe der Gewinne sprechen deshalb auch die Preissensibilität und die Wechselbereitschaft der Versicherungsnehmer auf dem Markt der Kfz-Haftpflichtversicherungen, zu der auch die immer mehr im Vormarsch befindliche Nutzung von Online-Vergleichsportalen erheblich beiträgt. Die Nachfrageelastizität auf dem Markt begründet für die Versicherungsunternehmen einen klaren Anreiz, die Gewinne an ihre Abnehmer weiterzureichen und konkurrenzfähig zu bleiben.

Es kann auch bedeutsam sein, in welchem zeitlichen Rahmen der Effizienzvorteil an die Verbraucher weitergereicht wird. Im untersuchten Fall kann damit gerechnet werden, dass dies zügig geschieht. Der Vorteil für die Versicherungsnehmer entsteht in dem Moment, in dem die neuen Versicherungsprodukte durch die Versicherer an den Markt gebracht und von den Versicherungsnehmern angenommen werden.

Aufgrund dieser Überlegungen ist es daher als wahrscheinlich anzusehen, dass die Versicherer den durch die Vereinbarung entstehenden Effizienzgewinn auch zu einem angemessenen Teil an die Versicherungsnehmer weiterreichen werden und das zweite Freistellungserfordernis damit erfüllt wird.

(cc) Unerlässlichkeit der Einschränkungen

Die dritte Freistellungsvoraussetzung verlangt, dass den beteiligten Unternehmen durch die Vereinbarung keine Wettbewerbsbeschränkungen auferlegt werden, die nicht unerlässlich zum Erreichen der vorgenannten Effizienzgewinne sind. Folglich ist zu prüfen, ob andere Möglichkeiten bestehen, die ebenso geeignet sind die Effizienzgewinne zu realisieren, den Wettbewerb aber weniger intensiv beeinträchtigen.[607] Sollte dies der Fall sein, scheidet eine Freistellung der Vereinbarung gem. Art. 101 Abs. 3 AEUV aus. Solche Alternativen die lediglich hypothetischer oder theoretischer Natur sind müssen dabei allerdings nicht berücksichtigt werden.[608] Ebenso wenig müssen solche Alternativen beachtet werden, die kaufmännisch, technisch oder wirtschaftlich unsinnig sind.[609] Das Erfordernis der Unerlässlichkeit ist mithin eine Ausprägung des Verhältnismäßigkeitsgrundsatzes.[610]

Die Kommission nimmt bei dieser Freistellungsvoraussetzung eine zweistufige Prüfung vor. Im ersten Schritt ist demnach darüber zu entscheiden, ob die Vereinbarung insgesamt notwendig ist, um die Effizienzvorteile zu erzielen. Ist dies der Fall, ist auf der zweiten Stu-

---

[607] Immenga/Mestmäcker/*Ellger*, Art. 101 AEUV, Rn. 254.
[608] *Komm.*, Leitlinien zur Anwendung von Art. 81 Abs. 3, Abl. 2004, C 101/97, 108, Rn. 75
[609] Vgl. *Komm.*, 18.5.1994, IV/33.640, ABl. 1994, Nr. L 144/20, Rn. 74 – Exxon/Shell; *Komm.*, 17.7.1968, IV/26045, ABl. 1968 Nr. L 201/7, III.3 – ACEC-Berliet.
[610] Immenga/Mestmäcker/*Ellger*, Art. 101 AEUV, Rn. 253.

fe zu prüfen, ob auch die einzelnen, sich aus der Vereinbarung ergebenden Wettbewerbsbeschränkungen hierfür notwendig sind.[611] Entscheidend ist hierbei, ob es mit den Einschränkungen möglich ist, die fraglichen Tätigkeiten effizienter durchzuführen, als wenn sie nicht bestünden.[612]

Im ersten Schritt ist also zu untersuchen, ob eine Vereinbarung unter Versicherern, die deren wettbewerbliche Handlungsfreiheit teilweise einschränkt, notwendig ist, um mit dem Mittel der Einflussnahme auf die Wahl des Sachverständigen die Regulierungskosten zu senken, damit den Versicherungsnehmern im Ergebnis günstigere Prämien angeboten werden können. Dies ist zu bejahen, da keine andere realistische Alternative besteht, mit der durch eine Eigeninitiative der Versicherer diese Wirkungen herbeigeführt werden könnten. Als lediglich theoretisch wären in diesem Zusammenhang die Möglichkeiten anzusehen, auf eine Änderung der Rechtsprechung zu warten, oder als einzelnes Versicherungsunternehmen eine altruistische Vorreiterrolle anzunehmen, derartige Produkte anzubieten und darauf zu hoffen, dass sich die davon begünstigten Marktteilnehmer revanchieren und ähnlich verhalten werden. Nicht nur wären die Chancen eines Erfolges in diesem Fall mehr als ungewiss, auch fehlt der Anreiz für diese Maßnahme, da sie zunächst Verluste bedeuten würde, die sich möglicherweise nicht amortisieren.

Zudem wäre es für ein Versicherungsunternehmen nicht möglich, derartige Effizienzgewinne alleine herbeizuführen. Die aktuellen, von Gesetz und Rechtsprechung geprägten, Prinzipien des Schadensrechts verweigern es dem gegnerischen Kfz-Haftpflichtversicherer gerade einen wesentlichen Einfluss auf die Sachverständigenwahl des Geschädigten zu nehmen und führen zu dem Principal-Agent-Problem, das Ausgangspunkt dieser Arbeit ist. Eine direkte vertragliche Lösung ist nicht realisierbar, da zum Geschädigten keine Vertragsbeziehung besteht. Eine gegenseitige Verpflichtung der Versicherer, ihre Versicherungsnehmer über Erstattungsgrenzen

---

[611] *Komm.*, Leitlinien zur Anwendung von Art. 81 Abs. 3, Abl. 2004, C 101/97, 107, Rn. 73.
[612] *Komm.*, Leitlinien zur Anwendung von Art. 81 Abs. 3, Abl. 2004, C 101/97, 107, Rn. 74.

zu informieren, wäre ebenfalls nicht praktikabel. Für den Geschädigten wäre im Voraus nicht ersichtlich, ob er die vom Versicherer gesetzte Grenze einhält, da der Preis des Sachverständigen erst nach erfolgter Begutachtung feststeht. Der einzige Weg, Einfluss zu gewinnen, verläuft daher über eine Vereinbarung mit dem Unternehmen, das eine Vertragsbeziehung zu dem Geschädigten unterhält.

Auch die einzelnen Einschränkungen sind ihrerseits unerlässlich, um den gewünschten Erfolg zu realisieren. Die Verpflichtung der einzelnen Versicherer ein bestimmtes Versicherungsprodukt anzubieten, ist Kern der Vereinbarung und unerlässlich, weil sich jedes einzelne Unternehmen nur deshalb auf die Vereinbarung einlassen wird, weil es sich dadurch Einsparungspotenzial erhofft, dass es im Gegenzug für sein vereinbarungsgemäßes Verhalten auch von dem gleichgerichteten Verhalten der anderen Beteiligten profitieren kann. Lockere Absichtserklärungen oder freiwillige Zusagen hätten hierbei nicht den gleichen Effekt. Neben der Pflicht ein entsprechendes Produkt anzubieten, wird die wettbewerbliche Eigenständigkeit der Partner im Übrigen nicht angetastet. Die Vereinbarung beschränkt sich mithin auf das was zur Erreichung der Ziele notwendig ist.

Ebenso unerlässlich ist die Absicht eine Einschränkung der Handlungsfreiheit der Versicherungsnehmer herbeizuführen. Alles andere würde bedeuten, dass der Geschädigte als Herr des Restitutionsverfahrens weiterhin frei aus allen Sachverständigen wählen kann, ohne sich dabei Gedanken über die entstehenden Kosten zu machen. Zwar muss er auch dann keine Preisvergleiche anstellen, wenn seine Wahl eingeschränkt ist, da dies dann im Voraus von dem Versicherer übernommen wird. Vielmehr kann sich der Geschädigte sicher sein, dass es bei der Regulierung der Gutachterkosten keine Probleme geben wird, solange er sich an die Vorgaben des Versicherers hält. Würde die Vereinbarung aber gerade nicht die Einschränkung dieser Wahlfreiheit des Geschädigten bezwecken, bliebe alles beim Alten und ein Effizienzgewinn wäre nicht nur unwahrscheinlich sondern ausgeschlossen. Zu beachten ist außerdem, dass die Einschränkung nur dann erfolgt, wenn sich der einzelne Versicherungsnehmer bewusst dafür entscheidet. Die Handlungsfreiheit des Verbrauchers wird also nicht unabhängig von seinem Willen eingeschränkt.

Weiterhin wären sogar solche Regelungen als unerlässlich anzusehen, die die Anreize für die beteiligten Parteien ausgleichen sollen und sicherstellen, dass sie ihre Anstrengungen auf die Durchführung der Vereinbarung konzentrieren.[613] Denkbar wären damit dann auch zusätzliche Absprachen unter den Versicherern, die Ausgleichszahlungen für Verluste oder Abschlussprovisionen beinhalten.

Sowohl die Vereinbarung an sich als auch die darin enthaltenden Wettbewerbsbeschränkungen sind damit für den Erfolg der Vereinbarung und die damit einhergehenden Effizienzgewinne unerlässlich, so dass auch das dritte Freistellungserfordernis erfüllt werden kann. Auch Ausgleichszahlungen oder Provisionen könnten vereinbart werden.

(dd) Keine Ausschaltung des Wettbewerbs

Als letzte Voraussetzung für eine Freistellung, darf die Vereinbarung den beteiligten Unternehmen nicht die Möglichkeit eröffnen, den Wettbewerb auf dem betreffenden Markt in seinen wesentlichen Teilen auszuschalten. Damit soll der zu Innovationen anregende Wettstreit und Wettbewerbsprozess zwischen den Unternehmen aufrechterhalten bleiben. Gegenüber den kurzfristigen Effizienzgewinnen aus Kartellen wird deshalb im Zweifel dem Wettbewerb zwischen den Unternehmen der Vorrang eingeräumt, der langfristig zu Innovationen führen soll.[614] Die vierte Freistellungsvoraussetzunge soll sicherstellen, dass trotz der Freistellung noch genügend Wettbewerb auf dem Markt vorhanden ist, um die Ziele des Unionsvertrags zu erfüllen.[615]

---

[613] *Komm.*, Leitlinien zur Anwendung von Art. 81 Abs. 3, Abl. 2004, C 101/97, 108, Rn. 80.
[614] *Komm.*, Leitlinien zur Anwendung von Art. 81 Abs. 3, Abl. 2004, C 101/97, 113, Rn. 105.
[615] MüKo-Kartellrecht/*Wolf*, Art. 101 AEUV, Rn. 1000.

Grundsätzlich wäre das Abkommen umso bedenklicher, je größer der kumulierte Marktanteil der Beteiligten wäre, da mit dem Marktanteil prinzipiell auch die Gefahr dafür steigt, dass die Kooperation Möglichkeiten zur Ausschaltung des Wettbewerbs eröffnet.[616] Aus diesem Grunde sind die Marktanteile zwar von einiger Bedeutung, allerdings kann das Ausmaß des verbleibenden Wettbewerbs nicht allein anhand dieser Größen bewertet werden.[617] Es ist darüber hinaus sowohl der interne Wettbewerb zwischen den Parteien, als auch der von außen auf die Parteien wirkende Wettbewerbsdruck zu berücksichtigen. Bei horizontalen Vereinbarungen ist bezüglich des internen Wettbewerbs insbesondere bedeutsam, welche Wettbewerbsparameter von der Vereinbarung beeinflusst werden und ob daneben noch ausreichende Wettbewerbsmöglichkeiten bestehen bleiben.[618] Je wesentlicher die in der Vereinbarung festgelegte Art der Wettbewerbsbeschränkung ist, bei umso geringeren Marktanteilen ist von der Möglichkeit einer Ausschaltung wesentlichen Wettbewerbs auszugehen. Wenn die Beschränkung indes keine wesentlichen Wettbewerbsparameter betrifft und hinsichtlich der übrigen Wettbewerbsmöglichkeiten ein ausreichender Innen- oder Außenwettbewerb verbleibt, kann eine größere Anzahl von Unternehmen – im Ausnahmefall sogar alle Marktteilnehmer – an der Kooperation beteiligt sein, ohne dass dies zwangsläufig zu der Annahme eines Wettbewerbsausschlusses führen muss.[619]

Im Falle des hier beschriebenen Rahmenabkommens verpflichten sich die Beteiligten Versicherungsunternehmen zwar dazu, ein neues Produkt mit bestimmten Eigenschaften anzubieten. Alle übrigen Wettbewerbsparameter, insbesondere der innere und äußere Preiswettbewerb, bleiben dabei jedoch unangetastet. Ebenso konkurrieren die Beteiligten untereinander und auch mit Dritten weiterhin

---

[616] Vgl. EuGH, 29.10.1980, C-218/78 u. a., Slg. 1980, 3125, Rn. 188 f. – FEDETAB; EuGH, 22.10.1986, C-75/84, Slg. 1986, 3021, Rn. 88 – Metro/Kommission (Metro II).

[617] EuG, 27.9.2006, T-168/01, Slg. 2006, II-2969, Rn. 313 – GlaxoSmithKline Services/Kommission; *Komm.*, Leitlinien zur Anwendung von Art. 81 Abs. 3, Abl. 2004, C 101/97, 113, Rn. 109.

[618] Vgl. EuG, 15.7.1994, T-17/93, Slg. II-595, Rn. 155 – Matra Hachette/Kommission; *Komm.*, 24.1.1999, IV.F.1/36.718, ABl. 2000, Nr. L 187/47, Rn. 65 – CECED.

[619] *Komm.*, 12.4.1999, IV/D-1/30.373, ABl. 1999, Nr. L 125/12, Rn. 114 f. – P&I-Clubs.; *Komm.*, 10.12.1984, IV/30.717, ABl. 1985, Nr. L 35/43, Rn. 41 f. – Einheitliche eurocheques; *Komm.*, 26.7.1972, IV/642, ABl. 1972 Nr. L 182/24, 27 f. – Feinpapier; *Komm.*, 9.7.1980, IV/27.958, ABl. 1980 Nr. L 260/24 Rn. 50 – National Sulphuric Acid Association.

durch sämtliche übrigen Versicherungsprodukte der Kfz-Haftpflicht-versicherungssparte, so dass auch keine wesentliche Zutritts-schranke zum Markt für Kfz-Versicherungen geschaffen wird. Die von der Vereinbarung ausgehende Intensität der Wettbewerbsbe-schränkung ist damit relativ gering und sowohl unter den Parteien, als auch im Verhältnis zu nicht am Kartell beteiligten Dritten bleibt der Wettbewerbsdruck im Wesentlichen erhalten. Nach den zuvor beschriebenen Beurteilungsmaßstäben, dürfte eine derartige Ver-einbarung also sogar bei hohen kumulierten Marktanteilen der parti-zipierenden Unternehmen zulässig sein.

Da die Intensität der durch das Rahmenabkommen veranlassten Wettbewerbsbeschränkung nicht als hoch anzusehen ist und zudem genügend Wettbewerbsmöglichkeiten erhalten bleiben, um einen wirksamen Konkurrenzkampf sowohl im Innen- als auch im Außen-verhältnis aufrechtzuerhalten, gibt es den beteiligten Parteien nicht die Möglichkeit den Wettbewerb in seinen wesentlichen Teilen aus-zuschließen.

Damit liegen alle Voraussetzungen einer Freistellung gem. Art. 101 Abs. 3 AEUV vor.

(ee) Zwischenergebnis

Ein Rahmenabkommen unter Versicherern, in dem die gegenseitige Zusage vereinbart wird, Produkte an den Markt zu bringen und an-zubieten, die den Versicherungsnehmer zugunsten des gegneri-schen Haftpflichtversicherers in seiner freien Wahl eines Kfz-Sachverständigen einschränken, bezwecken eine Wettbewerbsbe-schränkung und würden daher sowohl den Tatbestand des Art. 101 Abs. 1 AEUV als auch den des § 1 GWB erfüllen.

Da aber durch dieses Rahmenabkommen auch Effizienzgewinne zu erwarten wären, die mit hoher Wahrscheinlichkeit über günstigere Prämien an die Versicherungsnehmer weitergereicht würden und auch die weiteren negativen Freistellungsvoraussetzungen bei ent-sprechender Ausgestaltung erfüllbar wären, kann die Freistellungsvoraussetzungen des Art. 101 Abs. 3 AEUV bzw. des § 2 GWB Anwendung finden, so dass das Abkommen vom Kartellverbot freigestellt wäre, sofern keine weiteren Wettbewerbsbeschränkungen vereinbart wurden.

Sowohl das europäische als auch das deutsche Kartellrecht stehen der Vereinbarung eines solchen Rahmenabkommens damit nicht entgegen.

b) Verträge mit den einzelnen Versicherungsnehmern

Nachdem festgestellt wurde, dass ein Rahmenabkommen unter den Versicherern nicht gegen das Kartellrecht verstößt, ist im nächsten Schritt danach zu fragen, ob der Vereinbarung innerhalb der Verträge mit den einzelnen Versicherungsnehmern rechtliche Bedenken entgegenstehen. Die Rechtsnatur der Vereinbarung entspricht der eines Vertrags zugunsten Dritter gem. § 328 BGB. Dem Dritten kann hierbei jede zulässige Leistung zugewendet werden.[620] Sie kann sowohl durch ein Tun als auch durch ein Unterlassen erbracht werden und insbesondere auch darin bestehen, eine gegen einen Dritten bestehende Forderung nicht geltend zu machen (sog. *pactum de non petendo*).[621] Dem Dritten erwächst unter den vereinbarten Voraussetzungen dann eine Einrede gegen die Forderung.

aa) Lastwirkung gegenüber den Sachverständigen

Es stellt sich zunächst die Frage, ob die Vereinbarung nicht zugleich einen Vertrag zulasten Dritter darstellen würde. Um einen Vertrag zu Lasten Dritter handelt es sich, wenn einem Dritten ohne seine Zustimmung vertragliche Verpflichtungen auferlegt werden.[622] Derartige Verträge sind nach allgemeiner Ansicht vom bürgerlichen

---

[620] MüKoBGB/*Gottwald*, BGB, § 328, Rn. 21; HK-BGB/*Schulze*, BGB, § 328, Rn. 4.
[621] BGH NJW 1978, 2506, 2507; JZ 1956, 119, 120; OLG Karlsruhe NJW-RR 2014, 692, 693.
[622] MüKoBGB/*Gottwald*, § 328 BGB, Rn. 258; *Westermann*, AcP 208 (2008), 141, 158.

Recht nicht vorgesehen und gelten als unzulässig.[623] Dies bedeutet aber nicht dass jeder Vertrag unzulässig ist sobald er eine (negative) Wirkung auf Dritte hat. Es könnte sich auch um einen Vertrag mit Lastwirkung gegenüber Dritten handeln. Ein solcher liegt vor, wenn die Rechte oder Interessen des Außenstehenden nur mittelbar beeinträchtigt werden, ohne diesem Pflichten aufzuerlegen.[624] Ein Vertrag mit Lastwirkung gegenüber Dritten wird für grundsätzlich zulässig erachtet.[625] Eine vertraglich eingeräumte Kontrollmöglichkeit des Versicherers bei der Auswahl des Sachverständigen würde dazu führen, dass sich hohe Honorare für Schadensgutachten am Markt schwerer durchsetzen ließen und der Durchschnittspreis gegebenenfalls sinken könnte. Dadurch wären die Sachverständingen zwar in ihren wirtschaftlichen Interessen beeinträchtigt, sie würden aber gerade nicht unmittelbar vertraglich verpflichtet. Bei den einzelnen Verträgen zwischen den Versicherern und den Versicherungsnehmern handelt es sich folglich nicht um unzulässige Verträge zu Lasten Dritter.

bb) Verstoß gegen das Kartellverbot des Art. 101 AEUV bzw. § 1 GWB

Auch hier ist zunächst ein Blick auf das Kartellverbot des Art. 101 AEUV bzw. des § 1 GWB zu werfen. Die Anwendbarkeit des Kartellverbots auf die einzelnen Versicherungsverträge ist allerdings zweifelhaft. Es wird in der Sparte der Kfz-Haftpflichtversicherung ein großer Teil der Versicherungsverträge mit privaten Versicherungsnehmern abgeschlossen, die keine Unternehmen und damit auch keine Adressaten des Kartellrechts darstellen. Versicherungsverträge mit privaten Versicherungsnehmern können schon aufgrund dessen nicht gegen das Kartellverbot verstoßen.

---

[623] BGH NJW 1970, 2157; NJW 1972, 942, 943; NJW 1995, 3183, 3184; MüKoBGB/*Gottwald*, § 328 BGB, Rn. 258; *Westermann,* AcP 208 (2008), 141, 158.

[624] *Martens,* AcP 177 (1977), 113, 164.

[625] MüKoBGB/*Gottwald*, § 328 BGB, Rn. 26 f.; *Westermann,* AcP 208 (2008), 141, 161 ff.

Anders verhält sich dies bei jenen Versicherungsverträgen, die ein Versicherer mit einem anderen Unternehmen schließt, beispielsweise mit einer Spedition, die ihre Fahrzeuge versichern möchte. Da es sich in diesen Fällen bei beiden Vertragsparteien um Unternehmen handelt, ist die Anwendung des Kartellrechts nicht von vornherein ausgeschlossen.

Der Versicherungsvertrag, der unproblematisch als Vereinbarung im Sinne des Art. 101 AEUV bzw. des § 1 GWB anzusehen ist, enthält mit der Einschränkung des Versicherungsnehmers hinsichtlich seiner Wahl des Sachverständigen scheinbar auch eine Wettbewerbsbeschränkung. Dies gilt zumindest dann, wenn der herkömmlichen Praxis der Unionsgerichte und des BGH gefolgt wird, die eine Wettbewerbsbeschränkung in der Einschränkung der wettbewerblichen Handlungsfreiheit der Beteiligten sehen.[626] Der Versicherungsnehmer bindet sich bei seiner Wahl des Sachverständigen an die Vorauswahl des Versicherers und gibt damit einen Teil seiner wettbewerblichen Handlungsfreiheit auf. Im Ergebnis verstoßen aber auch die Verträge mit Unternehmen als Versicherungsnehmern nicht gegen das Kartellrecht, wie im Folgenden aufgezeigt wird.

(1) Wettbewerbsbeschränkung und Immanenzgedanke

Zunächst ist die Einschränkung der Sachverständigenwahl nicht zwangsläufig als Wettbewerbsbeschränkung zu verstehen. Vielmehr stellt sie eine dem neuen Versicherungsprodukt innewohnende Leistungsbeschreibung dar, die das Äquivalenzverhältnis der Vertragsleistungen betrifft. Die neuartig tarifierte günstigere Prämie stellt eine Gegenleistung für die Einschränkung des Rechts zur freien Sachverständigenwahl dar. Würde die Einschränkung entfallen, wäre das Gleichgewicht zwischen Leistung und Gegenleistung gestört.

---

[626] BGH GRUR 1980, 940, 941; EuGH, 28.4.1998, C-306-96, Slg. 1998, I-1983, Rn 13; EuG, 21.10.2003, T-368/00, Slg. 2003 II-4491, Rn. 100 – GM und Opel.

Diese Überlegung kann durch den in der Literatur entwickelten Immanenzgedanken ergänzt werden, nach dem solche Beschränkungen vom Anwendungsbereich des Kartellverbots auszunehmen sind, die zur Sicherung des kartellrechtsneutralen Hauptzweckes des Vertrages erforderlich sind.[627] Die Verbreitung dieser neuen Versicherungsprodukte würde den Preiswettbewerb auf dem Markt für Kfz-Gutachten anregen und auch Bewegung auf den Markt der Kfz-Haftpflichtversicherungen bringen. Dieser wettbewerbsfördernde Zweck des Vertrages kann aber nur durch die begleitende wettbewerbsbeschränkende Abrede ermöglicht werden. Die im Verhältnis eher geringe Einschränkung der Wahlmöglichkeiten des Geschädigten kann daher toleriert werden, um im Gegenzug eine Belebung des Wettbewerbs zu fördern. Für das Ergebnis ist es unerheblich, ob dies damit begründet wird, dass schon keine Wettbewerbsbeschränkung vorliegt, weil es sich um eine Leistungsbeschreibung handelt oder eine vorhandene Wettbewerbsbeschränkung vom Kartellrechtsverbot ausgenommen wird.

(2) Spürbarkeit der Wettbewerbsbeschränkung

Sollte man dieser Argumentation nicht folgen, so wird das Kartellverbot auf Versicherungsverträge dieser Art dennoch in den meisten Fällen keine Anwendung finden, da es an der erforderlichen Spürbarkeit der Wettbewerbsbeeinträchtigung fehlt. Sowohl die EU-Kommission als auch das Bundeskartellamt sehen von der Einleitung eines Verfahrens ab, wenn der von jedem der beteiligten Unternehmen gehaltene Marktanteil auf keinem der von der Vereinbarung betroffenen relevanten Märkte 15 % überschreitet.[628] Als betroffener Markt ist hier einerseits der Markt für Kfz-Haftpflichtver-

---

[627] *Belke,* ZHR 143 (1979), 74, 90; *Schmidt,* Kartellverbot und „sonstige Wettbewerbsbeschränkungen", S. 80 ff.; *Steindorff,* BB 1977, 569, 570.

[628] *Komm.,* De-minimis-Bekanntmachung, ABl. 2014, Nr. C 291/1, Rn. 8; *BKartA,* Bekanntmachung Nr. 18/2007 des Bundeskartellamtes über die Nichtverfolgung von Kooperationsabreden mit geringer wettbewerbsbeschränkender Bedeutung („Bagatellbekanntmachung") vom 13. März 2007, Rn. 9.

sicherungen anzusehen, auf dem nach letztem Stand keines der Unternehmen 15 % des Marktanteils auf sich vereinen konnte.

Als weiterer betroffener Markt ist aber nicht der Markt anzusehen, auf dem das andere Unternehmen (der Versicherungsnehmer) hauptsächlich tätig ist. Hierauf hat der Versicherungsvertrag, wenn überhaupt, nur sehr geringe Auswirkungen. Tatsächlich betroffen ist stattdessen der Markt für private Kfz-Schadensgutachten, auf dem der Versicherungsnehmer als Nachfrager auftritt. Maßgeblich ist daher die Nachfragemacht der gesamten Kfz-Eigentümer in Deutschland, da sie die potenziellen Auftraggeber eines Sachverständigen sind. Bei einem Fahrzeugbestand von 61,5 Millionen Fahrzeugen im Jahre 2016[629] müsste ein einzelnes Unternehmen deshalb 9,2 Millionen versicherte Fahrzeuge zu seinem Eigentum zählen, um den zuvor erwähnten Schwellenwert von 15 % zu erreichen. Es ist nicht davon auszugehen, dass diese Werte in der Praxis erreicht werden.

In diesem Zusammenhang ist allerdings die sogenannte Bündeltheorie zu beachten. Selbst wenn einzelne Verträge für sich genommen keine spürbaren Auswirkungen haben, kann die Spürbarkeit dennoch gegeben sein, wenn ein Bündel gleichartiger Verträge besteht, das in seiner Gesamtheit zu einer Abschottung des Marktes führt.[630] Die Wirkung dieses Bündels gleichartiger Verträge ist dann im rechtlichen und wirtschaftlichen Zusammenhang zu betrachten. Dabei können auch Verträge unterschiedlicher Unternehmen zu dem Bündel hinzuzählen.[631] Auch im Falle des hier untersuchten Versicherungsproduktes ist es denkbar, dass alle Verträge zusammengenommen einen Abschottungseffekt auf dem Markt für Kfz-Gutachten herbeiführen könnten, sobald der neue Vertragstypus eine gewisse Marktdurchdringung erreicht.

---

[629] Kraftfahrtbundesamt, Jahresbilanz des Fahrzeugbestandes am 1. Januar 2016, abrufbar unter http://www.kba.de/DE/Statistik/Fahrzeuge/Bestand/bestand_node.html;jsessionid=FD20BACB24 A6C04C6F0FC942186CEE07.live1042.

[630] EuGH, 28.2.1991, C-234/89, Slg. 1991, I-935 – Delimitis; Grabitz/Hilf/Nettesheim/*Stockenhuber*, Das Recht der EU, Art. 101 AEUV, Rn. 224; *Mestmäcker/Schweitzer*, Europäisches Wettbewerbsrecht, § 11, Rn. 58 ff.

[631] *Mestmäcker/Schweitzer*, Europäisches Wettbewerbsrecht, § 11, Rn. 60.

Die Kommission und das Bundeskartellamt versuchen in ihren Bekanntmachungen einen quantitativen Anhaltspunkt für die Überprüfung zu liefern.[632] Sie vertreten dabei die Ansicht, dass gleichartige Verträge in der Regel nur dann zu einem Abschottungseffekt führen, wenn mindestens 30 % des relevanten Marktes von diesen Verträgen abgedeckt werden. Ist diese Schwelle erreicht, wird der Marktabschottungseffekt allerdings nur denjenigen Unternehmen zugerechnet, deren Marktanteil mindestens 5 % beträgt, was einen Fahrzeugbestand von über 3 Millionen Kfz entspräche.

Das Vorliegen eines kumulativen Abschottungseffektes muss zwar im konkreten Fall zusammen mit den übrigen Faktoren geprüft werden und kann deshalb in diesem Rahmen nicht beurteilt werden. Die Überlegungen führen allerdings zu dem Ergebnis, dass die einzelnen Verträge die Grenze der Spürbarkeit kaum erreichen könnten.

(3) Freistellung gem. Art. 101 Abs. 3 AEUV bzw. § 2 GWB

Schließlich sind die einzelnen Versicherungsverträge zumindest auch aus den gleichen Gründen gem. Art. 101 Abs. 3 AEUV bzw. § 2 GWB von dem Kartellverbot freizustellen, wie auch das Rahmenabkommen unter den Versicherern. Die einzelnen Versicherungsverträge stellen gewissermaßen nur die Ausführung des Rahmenabkommens dar, dienen mithin also dazu, den von dem Rahmenabkommen vorgesehenen Effizienzgewinn überhaupt zu realisieren. Hierfür sind die einzelnen Versicherungsverträge als Umsetzung des Rahmenabkommens auch unerlässlich und zwar sowohl für das Entstehen des Effizienzgewinns, als auch für die Weitergabe an die Versicherungsnehmer. Die Beteiligung der Versicherungsnehmer am entstehenden Gewinn erfolgt nämlich gerade durch die in dem Versicherungsvertrag festgelegte Prämie. Zudem bietet auch ein einzelner Versicherungsvertrag nicht die Möglichkeit den Wett-

---

[632] *Komm.*, De-minimis-Bekanntmachung, ABl. 2014, Nr. C 291/1, Rn. 10; BKartA, Bagatellbekanntmachung vom 13. März 2007, Rn. 11.

bewerb auszuschließen. Dies liegt, wie schon bei dem Rahmenabkommen daran, dass neben der geringfügigen Wettbewerbsbeschränkung noch ausreichende Wettbewerbsparameter erhalten bleiben, um die Konkurrenz zwischen den Marktteilnehmern zu erhalten. Zudem wurde bereits gezeigt, dass der Einfluss eines einzelnen Versicherungsvertrages im Bereich der Kfz-Haftpflichtversicherung sehr begrenzt ist.

Im Grunde müssten diese Erwägungen zwar schon durch den Immanenzgedanken im Rahmen der Feststellung einer Wettbewerbsbeschränkung zu einer Ausnahme vom Kartellverbot führen. Sollte die Prüfung aber fortgeführt werden, so führt doch spätestens die Prüfung des Art. 101 Abs. 3 AEUV bzw. des § 2 GWB zu dem Ergebnis, dass auch die einzelnen Versicherungsverträge aufgrund der Erfüllung der Freistellungsvoraussetzungen von dem Kartellverbot auszunehmen sind.

(4) Zwischenergebnis

Das Kartellverbot steht dem Abschluss einzelner Versicherungsverträge, die zur Ausführung des Rahmenabkommens geschlossen werden, nicht entgegen. Dies ergibt sich nach hier vertretener Auffassung schon daraus, dass keine Wettbewerbsbeschränkung vorliegt, sondern nur eine Leistungsbeschreibung vorgenommen wird bzw. eine Ausnahme gemäß des Immanenzgedankens besteht. Folgt man dieser Auffassung indes nicht, werden die Verträge aber zumindest aufgrund mangelnder Spürbarkeit und der Erfüllung der Freistellungsvoraussetzungen des Art. 101 Abs. 3 AEUV bzw. des § 2 GWB nicht vom Kartellverbot erfasst.

cc) Verstoß gegen Art. 102 AEUV bzw. § 19 Abs. 1 GWB

Weiterhin ist zu prüfen, ob der Abschluss der einzelnen Versicherungsverträge ein verbotenes Verhalten marktbeherrschender Unternehmen i.S.d. Art. 102 AEUV bzw. des § 19 Abs. 1 GWB darstellt. In Betracht kommt hierbei beispielsweise die unbillige Behinderung der Kfz-Sachverständigen.

(1) Adressateneigenschaft

Die erste Voraussetzung dafür, dass sich der Abschluss einzelner Versicherungsverträge an dem kartellrechtlichen Missbrauchsverbot messen lassen muss, ist auch hier die Adressateneigenschaft des Versicherungsunternehmens. Im Falle des Missbrauchsverbots ist hierzu eine marktbeherrschende Stellung des betreffenden Unternehmens nötig.

Zur Ermittlung des relevanten Marktes kann hierfür auf die bereits erfolgte Marktabgrenzung verwiesen werden. Der zu berücksichtigende Markt ist also der Markt für Kfz-Versicherungen innerhalb der Bundesrepublik.

Anschließend an die Feststellung des relevanten Marktes ist innerhalb der Prüfung eines Marktmachtmissbrauchs zu ermitteln, ob dem betreffenden Unternehmen eine marktbeherrschende Stellung zukommt. Im Rahmen der hier vorzunehmenden abstrakten Prüfung, ist daher der Frage nachzugehen, ob eines der auf dem Markt für Kfz-Versicherungen tätigen Unternehmen allein oder mehrere der Unternehmen zusammen eine solche Stellung besitzen, so dass sie als Adressaten des Art. 102 AEUV bzw. des § 19 GWB in Frage kommen. Ist dies nicht der Fall, scheidet ein Verbot der einzelnen Versicherungsverträge durch das kartellrechtliche Missbrauchsverbot aus.

(a) Einzelbeherrschung

Um den Nachweis einer marktbeherrschenden Stellung zu führen, ist eine Vielzahl unterschiedlicher Faktoren zu berücksichtigen.[633] Das größte Gewicht liegt hierbei allerdings auf der Marktstrukturanalyse und insbesondere auf dem Kriterium des Marktanteils des betreffenden Unternehmens.[634] Ein besonders hoher oder besonders niedriger Wert hat in diesem Zusammenhang für gewöhnlich eine gewisse Indizwirkung.[635] Im Allgemeinen kann dementsprechend davon ausgegangen werden, dass Marktanteile unter 25 % regelmäßig zu niedrig sind, um eine marktmächtige Stellung des Unternehmens zu begründen.[636]

Anhand der Statistik aus dem Jahre 2013[637] lässt sich erkennen, dass dieser Wert von keinem der am Markt für Kfz-Versicherungen vertretenen Unternehmen erreicht wird. Auf die Allianz entfiel als Marktführerin ein Marktanteil von 13,59 % während sich die Marktanteile der übrigen neun marktstärksten Unternehmen zwischen 5,69 % und 2,82 % bewegten. Der Abstand des Marktführers zu den Konkurrenten ist zwar beachtlich aber nicht derart groß, dass er die Vermutung einer Marktbeherrschung begründen könnte. Allein die Betrachtung der Marktanteile liefert daher ein Indiz dafür, dass kein marktbeherrschendes Unternehmen auf dem Markt für Kfz-Versicherungen existiert. Zwar kann im Einzelfall auch schon bei geringeren Werten eine Marktbeherrschung angenommen werden, hierfür müssen aber in der Regel weitere die Marktmacht begründende Umstände hinzukommen.[638]

---

[633] Grabitz/Hilf/Nettesheim/*Jung, Das Recht der EU,* Art. 102 AEUV, Rn. 88; Immenga/Mestmäcker/*Fuchs/Möschel,* Art. 102 AEUV, Rn. 86.

[634] *Bechtold/Bosch/Brinker,* EU-Kartellrecht, Art. 102 AEUV, Rn. 24; Grabitz/Hilf/Nettesheim/*Jung, Das Recht der EU,* Art. 102 AEUV, Rn. 88; Immenga/Mestmäcker/*Fuchs/Möschel,* Art. 102 AEUV, Rn. 87.

[635] BGH GRUR 2004, 1048, 1050 – Sanacorp/Anzagi.

[636] Loewenheim u.a./*Bergmann,* Art. 102 AEUV, Rdnr. 124; Immenga/Mestmäcker/*Fuchs/Möschel,* Art. 102 AEUV, Rn. 92. Vgl. auch EuGH, 25.10.1977, C-26/76, Slg. 1977, 1875, Rn. 17 – Metro I; EuGH, 22.10.1986, C-75/84, Slg. 1986, 3021, Rn. 85 – Metro II.

[637] VersicherungsJournal, Marktanteile der Kfz-Versicherer in Deutschland im Jahr 2013 nach Bruttoprämien. http://de.statista.com/statistik/daten/studie/249842/umfrage/marktanteile-der-deutschen-kfz-versicherer-nach-bruttopraemien/ (zugegriffen am 30. März 2016).

[638] Vgl. Immenga/Mestmäcker/*Fuchs/Möschel,* Art. 102 AEUV, Rn. 106.

Als ein weiteres Beurteilungskriterium gilt der Konzentrationsgrad des Marktes, für dessen Ermittlung die Konzentrationskennziffer des sog. Herfindahl-Hirschman-Index (HHI) herangezogen werden kann.[639] Anhand der Daten aus dem Jahre 2013 lässt sich errechnen, dass dieser Wert selbst bei schlechtester Verteilung der unbekannten Marktanteile einen sehr niedrigen Wert von 486 nicht übersteigen würde.[640] Somit spricht auch dieses Merkmal gegen das Vorhandensein eines marktbeherrschenden Unternehmens auf dem relevanten Markt.

Eine Markstrukturanalyse liefert – soweit sie in diesem Rahmen möglich ist – mithin eine erste Vermutung dafür, dass es auf dem deutschen Markt für Kfz-Versicherungen kein Unternehmen mit marktbeherrschender Stellung gibt. Unternehmensspezifische Besonderheiten, die geeignet sind diese Vermutung zu wiederlegen sind demgegenüber nicht ersichtlich.

Ebenso wenig bestehen Anhaltspunkte dafür, dass eines der Versicherungsunternehmen relative Marktmacht i.S.d. § 20 Abs. 1 GWB aufgrund von bestehenden Abhängigkeitsverhältnissen besitz. Ausgehend von der großen Anzahl von Anbietern und der Tatsache, dass es theoretisch keinen mangelbedingten Lieferengpass an Rechtsprodukten wie Versicherungen geben kann, ist den Versicherungsnehmern ein Ausweichen auf einen anderen Wettbewerber leicht möglich. Auch die sogenannte Schadensfreiheitsklasse kann dabei in den meisten Fällen übertragen werden und stellt daher kein Hindernis dar. Im hier maßgeblichen Verhältnis zu den Versicherungsnehmern ist also nicht davon auszugehen, dass ein besonderes Abhängigkeitsverhältnis zu einem bestimmten Versicherungsunternehmen besteht.

---

[639] Immenga/Mestmäcker/*Fuchs/Möschel*, Art. 102 AEUV, Rn. 88.
[640] Anhand der vorhandenen Daten (Fn. 637) konnte der HHI für die 12 marktstärksten Versicherer berechnet werden. Für die restlichen 46,39 % der Marktanteile wurde angenommen, dass sie gleichmäßig (jeweils 2,78 %) auf 16 Versicherer verteilt sind, was bei der Methode des HHI der hypothetischen Verteilung mit der höchsten Konzentrationszahl entspricht.

(b) Kollektive Marktbeherrschung

Eine Marktbeherrschung kann nicht nur durch ein einzelnes, sondern auch durch mehrere Unternehmen gemeinschaftlich vorliegen. Auch die dadurch bestehende Gefahr eines gemeinschaftlichen Marktmachtmissbrauchs wird vom Kartellrecht erfasst.[641] Eine kollektive Marktbeherrschung setzt aber unter anderem voraus, dass zwischen den betreffenden Unternehmen intern kein wesentlicher Wettbewerb besteht.[642] Dies kann sich z.B. aufgrund einer strukturellen Verbindung,[643] eines gemeinsamen Technologievorsprungs,[644] einer großen Reaktionsverbundenheit im Oligopol [645] oder auch durch ein gemeinsames Kartell[646] ergeben. Für den Kfz-Versicherungsmarkt ist allerdings nicht ersichtlich, dass derartige strukturelle oder sonstige Verbindungen zwischen Kfz-Versicherern bestehen.

Auch hier kann die vorhandene Marktstruktur als unterstützendes Argument in den Blick genommen werden. Im Jahre 2013 waren in der Kfz-Versicherungssparte insgesamt 96 Unternehmen tätig.[647] Zusammen mit den bereits genannten Marktanteilen und der Errechnung des HHI wird daraus deutlich, dass keine oligopolistische Marktstruktur vorliegt, die eine kollektive Marktbeherrschung begünstigen würde. Auch die zuvor thematisierte Absprache unter den Versicherern in Form des Rahmenabkommens würde, wie bereits gezeigt wurde, nicht zu einem Ausschluss des Wettbewerbs unter den teilnehmenden Unternehmen führen. Auch eine kollektive Marktbeherrschung liegt somit nicht vor.

---

[641] EuG, 10.03.1992, verb. Rs. T-68/89, T-77/89 und T-78/89, Slg. 1992 II-1403, Rn. 357 ff.; Immenga/Mestmäcker/*Fuchs/Möschel*, Art. 102 AEUV, Rn. 115.

[642] EuGH, 17.10.1995, verb. Rs. C-140/94, C-141/94 und C-142/94, Slg. 1995, I-3257 Rn. 27 – DIP; EuGH, 05.10.1955, Rs. C-96/94, Slg. 1995, I-2883, Rn. 34 – Centro Servizi Spediporto; EuGH, 01.10.1998, C-38/97, Slg. 1998, I-5955 Rn. 32 – Librandi; *Bechtold/Bosch/Brinker*, EU-Kartellrecht, Art. 102 AEUV, Rn. 26; Grabitz/Hilf/Nettesheim/*Jung*, Das Recht der EU, Art. 102 AEUV, Rn. 71. MüKo-Kartellrecht/*Eilmansberger/Bien*, Art. 102 AEUV, Rn. 79.

[643] MüKo-Kartellrecht/*Eilmansberger/Bien*, Art. 102 AEUV, Rn. 83.

[644] Grabitz/Hilf/Nettesheim/*Jung*, Das Recht der EU, Art. 102 AEUV, Rn. 71.

[645] *Bechtold/Bosch/Brinker*, EU-Kartellrecht, Art. 102 AEUV, Rn. 26.

[646] Vgl. *Komm.*, 14.05.1997, Abl. L 258/1, Rn. 112 f.; MüKo-Kartellrecht/*Eilmansberger/Bien*, Art. 102 AEUV, Rn. 84.

[647] GDV, Daten abrufbar unter: www.gdv.de/zahlen-fakten/kfz-versicherung/ueberblick/ (zugegriffen am 31.03.2016)

(c) Geltung des § 19 Abs. 1 GWB für freigestellte Kartelle
gem. § 19 Abs. 3 S. 1 GWB

Die Vorschrift des § 19 Abs. 3 GWB erweitert den Normadressaten-
kreis des § 19 Abs. 1 GWB. Danach gilt § 19 Abs. 1 i.V.m. Abs. 2
Nr. 1 und Nr. 5 GWB unter anderem auch für freigestellte Kartelle im
Sinne des § 2 GWB.[648] Dem Verbot unterliegt aber nur das Kartell
als solches. Die einzelnen Kartellmitglieder können daher nur insoweit dagegen verstoßen, als ihr Verhalten in die Regelungsmaterie
des Kartells fällt.[649]

Im Laufe der Untersuchung wurde bereits festgestellt, dass das beschriebene Rahmenabkommen zwischen Versicherern unter den
Tatbestand des Kartellverbots fällt. Da es aber auch die Voraussetzungen des Art. 101 Abs. 3 AEUV bzw. des § 2 GWB erfüllen würde, wäre es vom Kartellverbot freigestellt, so dass das Kartell gem.
§ 19 Abs. 3 S. 1 GWB zu dem erweiterten Adressatenkreis des § 19
Abs. 1 GWB gehört. Da der Abschluss und die Durchführung der
Versicherungsverträge durch die Kartellmitglieder mit den einzelnen
Versicherungsnehmern im Grunde nur die Umsetzung des Rah-
menabkommens darstellt und somit zum Regelungsbereich des
Kartells zählt, fällt dieses Verhalten der einzelnen Mitglieder eben-
falls in den Regelungsbereich des § 19 Abs. 1 i.V.m. Abs. 1 und
Abs. 5 GWB.

(2) Missbräuchliches Verhalten durch unbillige Behinderung
der Sachverständigen

Das Verhalten der einzelnen am Rahmenabkommen beteiligten
Versicherungsunternehmern kann also hinsichtlich des Abschlusses
und der Durchführung der vergünstigten Verträge mit den Versicherungsnehmern anhand des § 19 Abs. 1 i.V.m. Abs. 2 Nr. 1 und Nr. 5
GWB überprüft werden. In Betracht kommt in diesem Fall eine unbil-

---

[648] MüKoBGB/*Wolf*, § 19 GWB, Rn. 195.
[649] Immenga/Mestmäcker/*Markert*, § 19 GWB, Rn. 386.

lige Behinderung der Sachverständigen i.S.d. § 19 Abs. 2 Nr. 1 GWB.

Der Begriff der Behinderung ist in diesem Zusammenhang im rein objektiven Sinne zu verstehen und weit auszulegen. Er umfasst jedes Verhalten, das objektiv nachteilige Auswirkungen für den Betroffenen hat.[650] Nach dieser Definition ist eine Behinderung durch die Versicherer zu Lasten der Sachverständigen zu bejahen. Durch die Vorauswahl der Versicherer und die Beschränkung der Wahlmöglichkeiten des Versicherungsnehmers auf günstige Sachverständige, verengt sich für die übrigen Sachverständigen mit weniger preiswerten Angeboten der Kreis potenzieller Kunden. Darüber hinaus könnte es durch ein gesteigertes Preisbewusstsein der Geschädigten generell schwieriger werden, hohe Preise am Markt durchzusetzen und sich auch der Durchschnittspreis senken. Der Abschluss der Verträge zwischen Versicherern und Versicherungsnehmern hätte damit objektiv nachteilige Auswirkungen auf die Sachverständigen.

Eine Behinderung ist gem. § 19 Abs. 1 i.V.m. Abs. 2 Nr. 1 GWB allerdings nur verboten, wenn sie unbillig ist. Zur Beurteilung, ob dies der Fall ist, hat eine Abwägung der Interessen der Beteiligten unter Berücksichtigung der auf die Freiheit des Wettbewerbs gerichteten Zielsetzung des GWB zu erfolgen.[651] Auf der Seite der Sachverständigen stehen hierbei deren wirtschaftliche Interessen im Vordergrund. Dem steht auf der anderen Seite das Interesse der Versicherer an einer günstigen Schadensregulierung gegenüber, was ebenfalls zu den wirtschaftlichen Interessen zu zählen ist. Berücksichtigungsfähig ist auf dieser Seite aber zudem das Interesse der Versicherungsnehmer, die durch eine reduzierte Versicherungsprämie an den Effizienzvorteilen des Versicherers partizipieren würden.

Zunächst ist festzustellen, dass die wirtschaftlichen Interessen aller Beteiligten, sowie deren Verfolgung, grundsätzlich nicht zu missbilligen sind. Weiter sind aber auch keine Gründe ersichtlich, die die Interessen der Sachverständigen besonders gewichtig oder schüt-

---

[650] BGH GRUR 1982, 60, 61; GRUR 1992, 191, 194.
[651] BGH GRUR, 1963, 86, 89; NJW 2012, 773, 775.

zenswert erscheinen lassen und die Abwägung deshalb zu ihren Gunsten beeinflusst. Vor einem höheren Wettbewerbsdruck, der daher rührt, dass sich die Nachfrageseite der Unfallgeschädigten wirtschaftlicher verhält und günstigere Angebote anderer Anbieter auswählt, muss der einzelne Sachverständige jedenfalls nicht geschützt werden. Das Interesse an einer Beibehalung des Status quo, in dem der Geschädigte, bedingt durch das beschriebene Principal-Agent-Problem, kein Interesse daran hat, die wirtschaftlichste Alternative zu wählen, ist insofern nicht schützenswert. Es lassen sich keine sachlichen Gründe dafür finden, warum das Interesse der Versicherer und auch das Interesse des Versicherungskollektivs dahinter zurücktreten sollten. Ebenso wenig ist das verwendete Mittel als unbillig anzusehen, da dem Geschädigten durch die Empfehlungen der Versicherer im Ergebnis eine Hilfestellung zur Einhaltung des Wirtschaftlichkeitspostulats gegeben wird. Eigene Preisgrenzen setzen die Versicherer, wie bereits erwähnt wurde, durch die Vorauswahl der günstigsten Sachverständigen nicht fest. Der Wettbewerb unter den Sachverständigen wird also nicht beschränkt. Sind sowohl die Interessen, als auch die zur Verfolgung gewählten Mittel legitim, ist es hinzunehmen, dass sich die Interessenverfolgung des einen Teils zu Lasten des anderen auswirken kann.

(3) Zwischenergebnis

Der Abschluss und die Durchführung der Verträge mit den Versicherungsnehmern unterfällt gem. § 19 Abs. 3 S. 1 GWB der Missbrauchsaufsicht, da die Handlungen der einzelnen Kartellmitglieder in diesen Fällen der Regelungsmaterie des Kartells zuzuordnen sind. Sie stellen jedoch keine unbillige Behinderung der Sachverständigen durch die Versicherungsunternehmen dar, da die Interessen der Sachverständigen im Rahmen einer Abwägung nicht überwiegen.

dd) AGB-Kontrolle

Die Vereinbarung der Regelung zur Wahl des Sachverständigen zwischen Versicherer und Versicherungsnehmer würde wahrscheinlich durch die Aufnahme der entsprechenden Klausel in die Allgemeinen Versicherungsbedingungen (AVB) des Versicherers erfolgen. Als für eine Vielzahl von Verträgen vorformulierte Vertragsbedingungen, die eine Vertragspartei der anderen bei Abschluss des Vertrages stellt, sind diese rechtlich als Allgemeine Geschäftsbedingungen (AGB) zu qualifizieren.[652] Die Klausel zur Wahl des Sachverständigen ist damit auch einer AGB-Kontrolle zugänglich.

(1) Überraschende Klauseln

Zunächst ist die Regelung zur Sachverständigenwahl anhand des § 305c Abs. 1 BGB zu überprüfen. Nach dem Sinn und Zweck dieser Norm, soll sich der Vertragspartner eines AGB-Verwenders darauf verlassen dürfen, dass sich die vorformulierten Vertragsbedingungen, die ohne individuelle Verhandlungen zum Bestandteil des Vertrages werden, im Rahmen dessen halten, was bei Würdigung aller Umstände gewöhnlich zu erwarten ist.[653] Bestimmungen, die so ungewöhnlich sind, dass der Vertragspartner des Verwenders mit ihnen nicht zu rechnen braucht, werden demnach nicht Bestandteil des Vertrages.

Bei der Klausel zur Sachverständigenwahl handelt es sich zumindest anfänglich – wenn das Versicherungsprodukt noch neu und dem Verbraucher unbekannt ist – um eine objektiv ungewöhnliche Klausel, da sie für Verträge dieser Branche unüblich ist. Ob sie für den Versicherungsnehmer überraschend ist hängt aber zusätzlich von den vorherigen Vertragsgesprächen ab. Zur Beseitigung des

---

[652] *Beckmann*/Matusche-Beckmann, Versicherungsrechts-Handbuch, § 10, Rn. 6; *Deutsch/Iversen*, Versicherungsvertragsrecht, Rn. 43; *Wandt*, Versicherungsrecht, Rn. 176.
[653] BT-Drs. 7/3919 S. 19.

Überraschungsmoments kann bereits ein eindeutiger Hinweis auf die betreffende Klausel genügen.[654]

Es ist aber nicht davon auszugehen, dass die Besonderheit des neuen Produktes bei vorhergehenden Gesprächen mit dem Versicherungsnehmer bzw. -interessenten keine Erwähnung findet, da die freie Sachverständigenwahl das zentrale Unterscheidungsmerkmal der beiden zur Wahl stehenden Tarife darstellen würde. Allerdings ist es nicht generell ausreichend, wenn sich der Hinweis des Versicherers darauf beschränkt, ein weiteres vorformuliertes Schriftstück zur Unterschrift vorzulegen. Die Gewähr dafür, dass der Versicherungsnehmer die Besonderheiten des Vertrages zur Kenntnis genommen hat, bietet nur ein individueller Hinweis.[655] Bei Vertragsabschlüssen, die ohne ein persönliches Gespräch zustande kommen (z.B. Abschluss eines Vertrages im Internet), ist daher zumindest ein gesonderter Hinweis notwendig, der vom Umfang auf das Notwendige beschränkt und daher schnell zu erfassen ist sowie eine Hervorhebung der entscheidenden Wörter enthält.[656] Auf diese Weise wird dem Schutz des Versicherungsnehmers Rechnung getragen, der auf den wesentlichen neuen Aspekt und die konkreten Auswirkungen der Vereinbarung für das von ihm in Betracht gezogene Versicherungsprodukt hingewiesen wird.

(2) Inhaltskontrolle

(a) Kontrollfähigkeit der Klausel

Den nächsten Schritt der rechtlichen Überprüfung allgemeiner Geschäftsbedingungen stellt die Inhaltskontrolle gem. den §§ 307 ff. BGB dar. Allerdings sind gemäß § 307 Abs. 3 S. 1 BGB Klauseln mit leistungsbeschreibendem Charakter von dieser inhaltlichen Kon-

---

[654] BGHZ 109, 197, 203 = NJW 1990, 576, 577; NJW 1992, 1822, 1823; NJW 1997, 2677; MükOBGB/*Basedow*, § 305c BGB, Rn. 8.
[655] BGH NJW 1996, 191, 192.
[656] Vgl. BGH ebd.

trolle ausgenommen.[657] Es zählt nicht zu den Aufgaben des AGB-Rechts das Gleichgewicht zwischen Leistung und Gegenleistung zu überprüfen,[658] da es grundsätzlich den Vertragsparteien überlassen sein soll, Art, Umfang und Güte der geschuldeten Leistung frei auszuhandeln.[659] Nach hier vertretener Ansicht, ist der Klausel zur Wahl des Sachverständigen ein solcher leistungsbeschreibender Charakter zuzuschreiben.[660]

Für Allgemeine Versicherungsbedingungen ergeben sich indes besondere Schwierigkeiten bei der Abgrenzung zwischen den kontrollfreien Leistungsbeschreibungen und den übrigen kontrollfähigen Klauseln. Die Bestimmungen der Allgemeinen Versicherungsbedingungen beschränken sich im Gegensatz zu den AGB anderer Branchen regelmäßig nicht auf die Ausgestaltung der Vertragsabwicklung oder der Nebenbedingungen, sondern legen vielmehr den Hauptgegenstand der Leistung in konstitutiver Form fest.[661]

Dies führt im Bereich des Versicherungsrechts aber gerade nicht zu einem besonders weiten kontrollfreien Bereich. Vielmehr stellte der BGH fest, dass für eine Kontrollfreiheit „nur der enge Bereich der Leistungsbezeichnungen verbleibt, ohne deren Vorliegen mangels Bestimmtheit oder Bestimmbarkeit des wesentlichen Vertragsinhalts ein wirksamer Vertrag nicht mehr angenommen werden kann."[662] Die Kontrolle solcher Klauseln, die das Hauptleistungsversprechen einschränken, verändern, ausgestalten oder modifizieren, sei hingegen möglich.[663] Diese enge Abgrenzung der kontrollfreien Leistungsbeschreibungen entspricht auch der überwiegenden Meinung in der Literatur.[664]

---

[657] HK-BGB/*Schulte-Nölke*, § 307, Rn. 8; Looschelders/*Pohlmann*, VVG, Vorbemerkung B., Rn. 45; MüKoBGB/*Wurmnest*, BGB, § 307, Rn. 12.

[658] *Wandt*, Versicherungsrecht, Rn. 195.

[659] Vgl. Palandt/*Grüneberg*, § 307, Rn. 44.

[660] Vgl. oben. S. 194.

[661] Looschelders/*Pohlmann*, VVG, Vorbemerkung B., Rn. 1, Rn. 45; *Römer*/Langheid, VVG, Vorbemerkung zu § 1, Rn. 61.

[662] BGH VersR 1993, 957 = NJW 1993, 2369; VersR 2004, 1037, 1038; VersR 2007, 1690, Rn. 13.

[663] BGH, ebd.; VersR 2012, 48, 49, Rn. 18.

[664] *Beckmann*/Matusche-Beckmann, Versicherungsrechts-Handbuch, § 10, Rn. 204; Looschelders/*Pohlmann*, VVG, Vorbemerkung B., Rn. 46; *Looschelders*, JR 2001, 397, 398; Prölss/Martin/*Armbrüster*, VVG, Einleitung, Rn. 90; *Wandt*, Versicherungsrecht, Rn. 197.

Die Klausel zur Wahl des Sachverständigen gehört demnach nicht zu diesem engen Bereich der Leistungsbeschreibung. Sie schränkt die Leistungspflicht des Versicherers ein, indem durch die Vereinbarung nur die Kosten solcher Sachverständiger zu erstatten sind, die vom Versicherer nach objektiven Kriterien vorgeschlagen wurden. Es handelt sich also um eine die Leistungsbeschreibung einschränkende und ausgestaltende Bestimmung, die der Inhaltskontrolle unterliegt.

(b) Inhaltliche Kontrolle

Im Rahmen der Inhaltskontrolle sind sodann vorrangig die Kataloge der §§ 308 und 309 BGB in den Blick zu nehmen, die eine Reihe von typischen AGB-Klauseln auflisten, deren Regelungen üblicherweise gegen § 307 BGB verstoßen und deshalb unwirksam sind. Da die Klausel zur Wahl des Sachverständigen aber nicht unter eines der dort aufgelisteten Beispiele fällt, ist die Beurteilung in diesem Fall allein an den Maßstäben des § 307 BGB vorzunehmen.

Für die Ausgestaltung der Klausel sind dabei unterschiedliche Varianten denkbar, die zu überprüfen sind. Klärungsbedürftig ist zum einen, ob die Klausel die Auswahlmöglichkeiten des Versicherers eingrenzen muss oder ihm die freie Wahl lassen darf, so dass er auch dazu berechtigt ist, mit ihm kooperierende oder sogar versicherungsinterne Sachverständige bei seiner Auswahl zu berücksichtigen. Zum anderen ist zu klären, ob der Versicherer eine Klausel verwenden darf, die ihm das Recht verleiht, den Geschädigten dazu anzuweisen einen konkreten Sachverständigen seiner Wahl (des Versicherers) zu beauftragen (im Folgenden: Anweisungsklausel) oder ob er demgegenüber nur eine Klausel verwenden darf, nach der er dem Geschädigten eine Liste verschiedener ausgewählter Sachverständiger unterbreitet aus der der Geschädigte frei wählen darf (im Folgenden: Auswahlklausel).

Diese Fragen sind im Hinblick darauf zu überprüfen, ob sie eine unangemessene Benachteiligung des Geschädigten darstellen. Dabei ist auch der Sinn und Zweck der in Rede stehenden Klausel zu beachten, der nach dem hier vorgeschlagenen Konzept darin bestehen soll, das Wirtschaftlichkeitsgebot des Schadensrechts durchzusetzen. Es soll hingegen nicht bezweckt werden, die Schadensregulierung für den Versicherer so günstig wie möglich zu gestalten.

(aa) Unvereinbarkeit mit den Prinzipien des Schadensrechts

Nach § 307 Abs. 1 S. 1 BGB sind Bestimmungen in Allgemeinen Geschäftsbedingungen unwirksam, wenn sie den Vertragspartner des Verwenders entgegen den Geboten von Treu und Glauben unangemessen benachteiligen. Nach Abs. 2 Nr. 1 ist eine solche unangemessene Benachteiligung im Zweifel anzunehmen, wenn eine Bestimmung mit dem wesentlichen Grundgedanken der gesetzlichen Regelung, von der abgewichen wird, nicht zu vereinbaren ist. Dabei ist es nicht notwendig, dass es sich bei der Rechtsvorschrift von der abgewichen wird, um eine positive gesetzliche Regelung handelt. Es genügt, wenn es sich um einen allgemeinen Rechtsgrundsatz oder anerkanntes Richterrecht handelt.[665]

Die Klausel zur Sachverständigenwahl ist am Grundgedanken der §§ 249 ff. BGB zu messen, der primär darin besteht, einen Ausgleich für erlittene Nachteile zu schaffen.[666] Der Umfang des Schadensersatzanspruches soll dabei so bemessen sein, dass der Geschädigte einen vollständigen Schadensausgleich erhält (Prinzip der Totalreparation).[667] Für den Fall des Geldersatzes normiert § 249 Abs. 2 S. 1 BGB demgemäß, dass der für die Herstellung erforderliche Geldbetrag verlangt werden kann. Führt der Geschädigte die Restitution in Eigenregie durch, wozu er als „Herr des Restitutionsgeschehens" befugt ist,[668] kann er also solche Kosten ersetzt verlangen, „die vom Standpunkt eines verständigen, wirtschaftlich

---

[665] BGH VersR 2014, 1010, Rn. 16 = NJW 2014, 1168; MüKoBGB/*Wurmnest*, BGB, § 307, Rn. 7; vgl. auch Jauernig/*Stadler*, BGB, § 307, Rn. 10.

[666] MüKoBGB/*Oetker*, BGB, § 249, Rn. 8.

[667] BGH SVR 2014, 181, 182 = NJW 2014, 1947; *Fuchs/Pauker*, Delikts- und Schadensersatzrecht, S. 345 f.; Jauernig/*Teichmann*, BGB, Vor §§ 249 – 253, Rn. 2; *Peifer*, Gesetzliche Schuldverhältnisse, § 3, Rn. 96; Palandt/*Grüneberg*, BGB, Vorb v § 249, Rn. 3.

[668] BGH NJW 2000, 800, 802; NJW 2005, 3134, 3135; NJW 2010, 606, 607.

denkenden Menschen in der Lage des Geschädigten zur Behebung des Schadens zweckmäßig und angemessen erscheinen."[669] Auf der anderen Seite entspringt diesem Erforderlichkeitsgrundsatz aber auch das zuvor bereits erwähnte Wirtschaftlichkeitspostulat, nach dem der Geschädigte – im Sinne eines verständigen, wirtschaftlich denkenden Menschen – unter mehreren zur Verfügung stehenden Möglichkeiten diejenige zu wählen hat, die den geringsten Aufwand erfordert.[670] Die Konvergenz der Klausel zur Wahl des Sachverständigen mit diesen schadensrechtlichen Grundsätzen hängt deshalb entscheidend davon ab, welche konkrete Regelung sie für die Gutachterwahl vorsieht. Abhängig von ihrer Ausgestaltung könnte die Regelung in den AVB gegen die Prinzipien des Schadensrechts verstoßen.

(aaa) Widerspruch zur Stellung des Geschädigten als Herr des Restitutionsgeschehens

Nach dem gesetzlichen Bild des Schadensersatzes ist der Geschädigte Herr des Restitutionsgeschehens.[671] Dies berechtigt ihn dazu, im Rahmen des Wirtschaftlichkeitsgebots, über die Modalitäten der Wiederherstellung zu bestimmen.[672] Die Vereinbarung einer Anweisungsklausel würde ihn jedoch vollständig dieser Rechtsstellung berauben. Der Geschädigte hätte hinsichtlich des Sachverständigen keinerlei Wahlmöglichkeit mehr.

Zumindest wenn auf dem regionalen Markt mehrere Sachverständige vorhanden sind, die gleich günstig oder sogar günstiger sind als der vom Versicherer ausgewählte (bspw. weil der vom Versicherer ausgewählte Sachverständige dazu neigt im Interesse des Versicherers zu bewerten), muss dem Geschädigten aufgrund seiner Stellung als Herr des Restitutionsgeschehens auch bei strengster Auslegung des Wirtschaftlichkeitsgebots eine Wahlmöglichkeit ver-

---

[669] BGH NJW 1992, 302, 303; NJW 1994, 999, 1000; NJW 2009, 58.
[670] BGHZ 162, 161, 164; BGHZ 155, 1, 3; BGHZ 154, 395, 398; BGHZ 115, 364, 373; BGHZ 66, 239, 248 f.; Bamberger/Roth/*Schubert*, BGB, § 249, Rn. 181; MüKoBGB/*Oetker*, § 249, Rn. 385.
[671] BGH NJW 2000, 800, 802; NJW 2005, 3134, 3135; NJW 2010, 606, 607.
[672] BGH ebd.

bleiben. Schon aus diesem Aspekt wäre die Vereinbarung einer Anweisungsklausel daher als unzulässig anzusehen.

Das Wirtschaftlichkeitsgebot verpflichtet den Geschädigten allerdings nicht zur Wahl des absolut günstigsten Angebots, sondern verlangt dies lediglich im Rahmen des Zumutbaren.[673] Neben den entstehenden Kosten können daher noch eine Reihe weiterer Kriterien, mit zum Teil persönlichem Einschlag entscheidungserheblich sein (z.B. ein besonderes gutes oder zerrüttetes Vertrauensverhältnis zu einem bestimmten Sachverständigen). Auch die Berücksichtigung solcher Umstände kann sich noch im Rahmen „wirtschaftlicher Vernunft" bewegen. Dies ist ein weiterer Grund der gegen eine Anweisungsklausel spricht. Dem Geschädigten muss die Möglichkeit verbleiben, im Rahmen der wirtschaftlichen Vernunft auf seine persönlichen Interessen zu achten, die der Versicherer bei der Auswahl nicht kennen kann. Aus diesem Grunde ist zu fordern, dass der Versicherer anstelle eines einzigen Sachverständigen eine Liste mit mehreren Wahlmöglichkeiten übermittelt, aus denen der Geschädigte bedenkenlos auswählen kann. Angelehnt an die Erkundigungsobliegenheit des Geschädigten im Bereich der Mietwagenrechtsprechung erscheint es angemessen, eine Vorauswahl von mindestens drei Sachverständigen zu verlangen.

Eine Auswahlklausel würde diese Stellung des Geschädigten demgegenüber nicht beeinträchtigen, da sie faktisch nur zu einer Durchsetzung des vom Schadensrecht vorgesehenen Wirtschaftlichkeitsgebots führt. Der Versicherer ermittelt für den Geschädigten die günstigsten verfügbaren Angebote der Sachverständigen, aus denen der Geschädigte sodann frei auswählen kann. In den Grenzen des Wirtschaftlichkeitsgebots verbleibt damit die Entscheidung über das konkrete Mittel beim Geschädigten.

---

[673] Vgl. BGH SVR 2014, 181, 182 = NJW 2014, 1947.

(bbb) Verstoß gegen das Prinzip der Totalreparation

Darüber hinaus würde gegen die Prinzipien des Schadensrechts verstoßen, wenn die Klausel dem Versicherer das Recht einräumt, bei seiner Vorauswahl (ggf. ausschließlich) solche Sachverständige zu berücksichtigen, die nur aufgrund einer Kooperation mit dem Versicherer besonders günstige Preise anbieten. Da sich die Auswahlmöglichkeiten des Versicherers dann auch auf solche Sachverständige bezieht, die für den durchschnittlichen Geschädigten auf dem normalen Markt nicht erreichbar sind, würde der Maßstab der Erforderlichkeit missachtet und der Geschädigte weniger erhalten als es das Schadensrecht vorsieht. Dies folgt daraus, dass nach der bereits erörterten subjektivierten Schadensbetrachtung der Preis als erforderlich gilt, der vom Geschädigten in seiner konkreten Situation auf dem ihm ohne Weiteres offenstehenden Markt erzielbar wäre.[674]

Zwar mag dies auf den ersten Blick nicht bedeutsam erscheinen, da der Geschädigte auch im Falle eines mit dem Versicherer kooperierenden Sachverständigen ein Schadensgutachten erhalten würde, dessen Kosten er am Ende ohnehin an den Versicherer weiterreicht. Relevant würde dieser Umstand aber in den Fällen, in denen sich der Geschädigte nicht an die vereinbarte Klausel hält und ohne Absprache einen Sachverständigen auswählt. Dies kann sich zum Beispiel dann ergeben, wenn die Vorschläge des Versicherers zu lange auf sich warten lassen und der Geschädigte deshalb eigenmächtig einen Sachverständigen auswählt, um den Regulierungsvorgang zu beschleunigen. Fällt seine Wahl dann auf einen Anbieter, der sich preislich im Rahmen dessen bewegt, was auch die vom Versicherer vorgeschlagenen Sachverständigen verlangt hätten, kann ihm kein Verstoß gegen das Wirtschaftlichkeitsgebot vorgeworfen werden und sein „Vertragsbruch" bliebe folgenlos. Kann der Versicherer aber auch solche Sachverständige vorschlagen, deren Preise sich aufgrund der Kooperation deutlich unter dem allgemeinen Marktniveau bewegen, wäre es dem Geschädigten überhaupt nicht möglich, denselben Preis in Eigenregie zu erzielen. Jede Ab-

---

[674] BGH NJW 1992, 302, 303; NJW 1996, 1958; NZV 1996, 357; DS 2005, 65, 66; DS 2005, 383; NJW 2007, 1450, 1452. Vgl. auch LG Weiden, NJW-RR 2009, 675.

weichung von der Vereinbarung würde dann dazu führen, dass der Geschädigte einen Teil der Gutachterkosten selbst zu tragen hat. Sinn und Zweck der zu prüfenden Klausel soll es aber sein, eine preisorientierte Wahl des Geschädigten herbeizuführen. Der Versicherer kann daher zwar eine abschließende Liste von Sachverständigen vorschlagen. Weicht der Geschädigte hiervon aber ab und findet einen Sachverständigen, der die gleichen Preise verlangt wie einer der vorgeschlagenen Sachverständigen, darf ihm dies keinen Nachteil einbringen, da das Ziel der Klausel erreicht wurde und dem Versicherer keine höheren Kosten entstanden sind. Dies deckt sich mit der Vorschrift des § 28 Abs. 3 S. 1 VVG nach der der Versicherer auch bei Verletzung einer vertraglichen Obliegenheit zur Leistung verpflichtet bleibt, wenn die Verletzung den Umfang der Leistungspflicht nicht beeinflusst. Zudem könnte sich aus der Befugnis des Versicherers, einen kooperierenden Sachverständigen vorzuschreiben, auch eine unangemessene Benachteiligung im Sinne des § 307 Abs. 1 S. 1 BGB ergeben.[675]

Die Grundprinzipien des Schadensrechts würden also gewahrt, wenn die gewählte Klausel dem Versicherer nur die Möglichkeit verleiht, eine Vorauswahl zu treffen (Auswahlklausel) und sich dabei auf jene Sachverständige zu beschränken, die für durchschnittliche Verbraucher frei zugänglich sind. Da es sich um ein Angebot handeln muss, dass dem Geschädigten unter Berücksichtigung seiner individuellen Situation zugänglich wäre, ist neben den voraussichtlichen Kosten auch die Entfernung vom Wohnort des Geschädigten ein zu berücksichtigendes Auswahlkriterium.[676] Ein Widerspruch zum Prinzip der Totalreparation ist bei dieser Ausgestaltung nicht mehr erkennbar. Vielmehr würde das erwähnte Wirtschaftlichkeitsgebot – dem ein ebenso hoher Stellenwert einzuräumen ist wie dem Prinzip des vollständigen Schadensersatzes – in seiner Anwendbarkeit hierdurch erheblich gefördert.

---

[675] Dazu sogleich.
[676] Vgl. BGH VersR 2005, 850, 851 = NJW 2005, 1933, 1934 = NZV 2005, 357, 358.

(bb) Unangemessene Benachteiligung

Eine unangemessene Benachteiligung kann sich darüber hinaus aus der Wertung der Generalklausel des § 307 Abs. 1 S. 1 BGB ergeben. Die Feststellung einer unangemessenen Benachteiligung erfolgt dabei in zwei Schritten, wobei zunächst zu beurteilen ist, ob dem Vertragspartner durch die Einbeziehung der Klausel ein Nachteil entsteht. Im zweiten Schritt ist die Frage zu beantworten, ob dieser Nachteil unter Abwägung der beidseitigen Interessen auch unangemessen ist.

Ob der Vertragspartner des Verwenders durch die Regelung benachteiligt wird, ist anhand des dispositiven Rechts zu beurteilen, das ohne die Vereinbarung zur Anwendung käme.[677] Durch die Vereinbarung der hier zu prüfenden Klausel wird die Auswahl der Sachverständigen, auf solche Angebote begrenzt, die vom Versicherer nach objektiven Kriterien ausgewählt wurden. Die Ersatzfähigkeit der Gutachterkosten beschränkt sich damit auf die günstigsten Angebote, die dem Geschädigten frei und ohne weiteres zugänglich sind. Wie zuvor bereits erläutert wurde, stellt dies aber grundsätzlich keine Abweichung von der gesetzlichen Regelung dar, da auch das in § 249 BGB enthaltene Wirtschaftlichkeitsgebot den Geschädigten dazu anhält, von mehreren möglichen Wegen der Schadensbeseitigung den wirtschaftlichsten zu wählen. Vor diesem Hintergrund ist es fraglich, ob die Verwendung der Klausel überhaupt zu einer Benachteiligung des Vertragspartners führt.

In der Realität führt die Auslegung des Erfoderlichkeitsgrundsatzes durch die Rechtsprechung jedoch zu einer ganz anderen Rechtslage. Danach besteht zunächst keine Erkundigungspflicht für den Geschädigten nach günstigen Angeboten.[678] Zudem ist die Grenze der Erforderlichkeit nach Ansicht des BGH erst dann überschritten, wenn es für den Geschädigten erkennbar ist, dass der Sachverständige seine Preise willkürlich festsetzt bzw. Preis und Leistung in

---

[677] BGH NJW 1994, 1069, 1070; Erman/*Roloff*, BGB, § 307, Rn. 8; HK-BGB/*Schulte-Nölke*, BGB, § 307, Rn. 9; Wolf/Lindacher/*Pfeiffer*, AGB-Recht, § 307 BGB, Rn. 78.

[678] BGH VersR 2007, 560, 561, Rn. 17 = DS 2007, 144, 145 = NJW 2007, 1450, 1452; DS 2014, 90, 91, Rn. 7 = VersR 2014, 474, 475; NZV 2014, 445, 447, Rn. 15.

einem auffälligen Missverhältnis zueinander stehen.[679] Mangels tatsächlicher Vergleichsmöglichkeiten, ist diese Erkennbarkeit indes nicht gegeben.[680] Im Zusammenspiel mit der Auslegung des Erforderlichkeitsgrundsatzes durch die Rechtsprechung, kann der Geschädigte nach der Rechtslage, die ohne die Vereinbarung bestehen würde, deshalb einen beliebigen Sachverständigen beauftragen und somit auch verhältnismäßig hohe Gutachterhonorare ersetzt verlangen. Demgegenüber würde die Beschränkung auf die günstigsten Sachverständigen durchaus einen Nachteil darstellen.

Geht man also davon aus, dass die Regelung zur Wahl des Sachverständigen in den AVB zu einer Benachteiligung des Versicherungsnehmers führen würde, ist im zweiten Schritt zu klären, ob diese Benachteiligung auch unangemessen wäre. Insofern ist zu prüfen, ob die Benachteiligung durch einen angemessenen Interessensausgleich zu rechtfertigen ist.[681] Auf der einen Seite steht hierbei das Interesse des Versicherers, die Kosten der Schadensregulierung dadurch zu senken, dass Einfluss auf die Gutachterwahl genommen wird. Dabei handelt er nicht nur im eigenen Interesse sondern auch im Interesse des gesamten Versicherungskollektivs, was bei der Abwägung der Interessen zu berücksichtigen ist.[682] Auf der anderen Seite steht das Interesse des Versicherungsnehmers, das darin besteht, gegenüber der bisherigen Rechtslage nicht schlechter gestellt zu werden. Zugleich besteht seinerseits aber auch ein Interesse daran, eine reduzierte Prämie für die eigene Kfz-Haftpflichtversicherung zahlen zu müssen.

Dass der Versicherungsnehmer durch die Vereinbarung unangemessen benachteiligt wird, kann schon alleine deshalb bezweifelt werden, weil die Klausel zur Wahl des Sachverständigen im Grunde nur die Anwendbarkeit des Wirtschaftlichkeitspostulats bestärkt und damit einen legitimen Grundgedanken des Schadensrechts verfolgt. Zugleich wird der Nachteil des Versicherungsnehmers aber auch durch eine geringere Prämie kompensiert, was dem Interesse des

---

[679]   BGH NJW 2014, 1947, 1948, Rz. 9; NVwZ 2014, 385 = VersR 2013, 1590, Rn. 19 m.w.N.
[680]   Vgl. oben S. 118.
[681]   BGH NJW 2005, 1774 1775; Palandt/*Grüneberg*, § 307, Rn. 12.
[682]   Palandt/*Grüneberg,* § 307, Rn. 12; Wolf/Lindacher/*Pfeiffer*, AGB-Recht, § 307 BGB, Rn. 171.

Versicherungsnehmers entspricht. Im Allgemeinen wird dieses sogenannte „Preisargument" allerdings nicht als mögliche Rechtfertigung für unangemessene AGB anerkannt.[683] Es wird vorgebracht, dass weder der angemessene Preis noch der angebliche Preisvorteil des Vertragspartners wirklich zu quantifizieren seien.[684] Auch der BGH lehnt dieses Preisargument im Allgemeinen ab und begründet dies damit, dass der Verwender seine Preise von vornherein so kalkulieren müsse, dass sie den Geboten von Treu und Glauben entsprechen.[685]

Im Falle der Klausel zur Wahl des Sachverständigen besteht jedoch die Besonderheit, dass es dem Versicherungsnehmer zur Wahl steht, ob er den üblichen Tarif einer Kfz-Haftpflichtversicherung oder den vergünstigten Tarif mit einer Einschränkung seines Rechts auf freie Sachverständigenwahl auswählt. Er kann bewusst und nach vorheriger Überlegung darüber entscheiden, ob er eine Beschränkung seiner Rechte in Kauf nimmt, um dafür einen Preisvorteil zu erhalten, der ansonsten nicht angeboten werden könnte. Dass ein vergünstigter Preis in bestimmten Fällen als Rechtfertigung für eine nachteilige Klausel dienen kann, wurde auch in Literatur und Rechtsprechung bereits festgestellt. Danach besteht eine Ausnahme von dem zuvor genannten Grundsatz, wenn der Verwender mehrere Tarife anbietet und eine echte Wahlmöglichkeit zwischen diesen verschiedenen Tarifen besteht.[686] Ebenso ist auch in der Präambel der Richtlinie 93/13/EWG über missbräuchliche Klauseln in Verbraucherverträgen davon die Rede, dass insbesondere bei Versicherungsverträgen solche Klauseln, die die Verpflichtungen des Versicherers betreffen, nicht als missbräuchlich zu beurteilen sind, wenn die Einschränkungen bei der Prämienberechnung berücksichtigt werden.[687] Wie bereits dargelegt wurde, wäre dies vorliegend der Fall. Das Preisargument wäre also auch im hier zu untersuchenden

---

[683] BGHZ 22, 90, 98; BGHZ 77, 126, 131 = NJW 1980, 1953, 1954; BGHZ 120, 216, 226.
[684] Erman/*Roloff*, BGB, § 307, Rn. 17; HK-BGB/*Schulte-Nölke*, BGB, § 307, Rn. 14; MüKoBGB/*Wurmnest*, BGB, § 307, Rn. 44; Palandt/*Grüneberger*, BGB, § 307, Rn. 18.
[685] BGHZ 22, 90, 98 = NJW 1957, 17, 19; BGHZ 33, 216, 219 = NJW 1961, 212, 213.
[686] BGH 153, 148; 151; HK-BGB/*Schulte-Nölke*, BGB, § 307, Rn. 14; Palandt/*Grüneberg*, BGB, § 307, Rn. 18; Grabitz/Hilf/*Pfeiffer*, Das Recht der EU, A 5. RL 93/13/EWG, Art. 4, I., Rn. 9.
[687] Rat der EU, Richtlinie 93/13/EWG über missbräuchliche Klauseln in Verbraucherverträgen, Abl. Nr. L 95/29, 30.

Fall als zulässig anzusehen und ist dazu geeignet, eine Schlechter-stellung des Versicherungsnehmers gegenüber der normalen Rechtslage zu rechtfertigen.

Eine unangemessene Benachteiligung ergibt sich aber dann, wenn die zu prüfende Klausel eine Anweisungsklausel darstellt. Zusätzlich zu dem oben dargelegten Umstand, dass die Regelung die Stellung des Geschädigten als Herren des Restitutionsgeschehens umgeht, wären die Interessen des Geschädigten unangemessen beeinträch-tigt, wenn er nach der Vorauswahl des Versicherers nicht zumindest in gewissen Grenzen selbst darüber entscheiden könnte, welcher Sachverständige seinen Schaden begutachtet. In vielen Fällen be-steht auf der Seite des Geschädigten ein nicht immer ungerechtfer-tigtes Misstrauen gegenüber dem gegnerischen Haftpflichtversiche-rer und seinem Regulierungsverhalten. Würde dem Geschädigten nun vorgeschrieben, sein Auto von einem Sachverständigen begut-achten zu lassen, den der gegnerische Haftpflichtversicherer aus-gesucht hat, würden Zweifel darüber aufkommen, ob der Schaden wirklich objektiv beurteilt wird oder das Gutachten nicht doch im In-teresse zukünftiger Aufträge eher zugunsten des Versicherers aus-fällt. Diese Zweifel ließen sich auch nur schwer ausräumen, da ein Schadensgutachten für den Geschädigten ohne zusätzliche erhebli-che Kosten nicht überprüfbar ist. Mit dem Gedanken des § 249 Abs. 2 S. 2 BGB, der es dem Geschädigten gerade ermöglichen will, die Restitution selbst in die Hand zu nehmen ohne sich auf den Schädiger verlassen zu müssen, wäre dies unvereinbar. Dem Ge-schädigten muss also zumindest ein geringes Maß an Wahlfreiheit verbleiben. Anderenfalls wäre für ihn die Objektivität des Sachver-ständigen in Frage gestellt, was seine Interessen deutlich beein-trächtigen würde. Bei der Vereinbarung einer Auswahlklausel, nach der der Geschädigte frei aus einer Vorauswahl von Sachverständi-gen aussuchen kann, würde das Vertrauen in die Objektivität des Sachverständigen hingegen erhalten bleiben, da letztlich der Ge-schädigte die Entscheidung über den konkreten Sachverständigen treffen kann.

Ganz ähnlich verhält es sich bei der Frage, ob der Versicherer Sachverständige vorschlagen darf, mit denen er kooperiert. Das

Misstrauen und die Bedenken hinsichtlich der Objektivität des Sachverständigen wären dann sogar noch größer, als wenn es sich schlicht um einen frei zugänglichen aber vom Versicherer ausgewählten Sachverständigen handelt. Hinsichtlich der Leistungserbringer auf die sich die Vorschläge des Versicherers beziehen dürfen, besteht hier also ein wesentlicher Unterschied zu der Ersatzwagenanmietung, zu der festgestellt wurde, dass die Interessen des Geschädigten durch die Vermittlung eines kooperierenden Vermieters nicht beeinträchtigt werden. Nicht nur bezieht sich die Anmietung eines Ersatzwagens in der Regel auf einen relativ kurzen Zeitraum von zumeist nur wenigen Tagen. Darüber hinaus kann der Geschädigte die Leistung des Vermieters auch eigenständig bewerten und leicht feststellen, ob sie zum Erhalt seiner Mobilität geeignet und ausreichend ist. Anders verhält es sich hingegen bei einem Schadensgutachten, dessen Richtigkeit im Grunde nur durch ein weiteres Gutachten geprüft werden kann. Das Vertrauen in die Objektivität des Leistungserbringers spielt also bei einem Sachverständigen eine wesentlich größere Rolle und kann dadurch gestärkt werden, dass dem Geschädigten eine gewisse Wahlmöglichkeit verbleibt, die sich auf unabhängige Leistungserbringer bezieht.

(3) Zwischenergebnis

Um einer Inhaltskontrolle standzuhalten, muss die Klausel als Auswahlklausel gestaltet sein und darf den Versicherer nicht dazu berechtigen, kooperierende oder interne Sachverständige vorzuschlagen. Bei derartiger Gestaltung verstößt sie weder gegen wesentliche Grundgedanken des § 249 BGB noch gegen das Gebot von Treu und Glauben. Würde die Klausel den Versicherer hingegen dazu berechtigen, (ggf. ausschließlich) kooperierende oder eigene Sachverständige vorzuschlagen, würde dies gegen den Erforderlichkeitsgrundsatz verstoßen und die Interessen des Geschädigten auch nach Treu und Glauben unangemessen beeinträchtigen.

Eine rechtskonforme Klausel könnte damit wie folgt lauten:

„Im Schadensfall wird von dem Kfz-Haftpflichtversicherer des Unfallgegners eine Liste von mindestens drei verschiedenen Sachverständigen in Ihrer Nähe übermittelt, die anhand objektiver Kriterien ausgewählt wurden. Die Auswahl erfolgt vorrangig anhand der voraussichtlichen Kosten und der räumlichen Nähe zu Ihrem Wohnort und bezieht sich ausschließlich auf Angebote, die Ihnen auch als Privatperson zugänglich sind. Wählen Sie einen Sachverständigen aus dieser Liste, wird die Übernahme der Kosten für ein Schadensgutachten im Rahmen des Verursachungsbeitrags ihres Unfallgegners garantiert."

Da es sich zudem um eine objektiv ungewöhnliche Klausel im Sinne des § 305c Abs. 1 BGB handelt, ist es für die Einbeziehung in den Vertrag unerlässlich, den Versicherungsnehmer im Vorfeld des Vertrages ausdrücklich auf die Klausel und die damit einhergehenden Besonderheiten hinzuweisen.

c) Anforderungen an das Verhalten des Versicherers: Vorauswahl und Mitteilung

aa) Allgemeine Anforderungen an die Vorauswahl

Klärungsbedürftig ist auch die Frage, nach welchen Kriterien die Vorauswahl durch den Versicherer erfolgen kann und wie sie dem Geschädigten mitzuteilen ist. Die Inhaltskontrolle führte zu dem Ergebnis, dass die Vorauswahl aus den Sachverständigenangeboten zu erfolgen hat, deren Angebote auch ohne Weiteres für Privatpersonen erreichbar wären. Zudem hat sie sich nach objektiven Maßstäben zu richten und die Interessen des Geschädigten angemessen zu berücksichtigen. Eine Auswahl sollte sich demnach primär an dem Honorar des Sachverständigen und der Entfernung zum Wohnsitz des Geschädigten orientieren. Darüber hinaus liefert aber auch die bereits behandelte Kritik an den Mietwagen-Erstschreiben[688] einige Anhaltspunkte für die Vorauswahl und die Präsentation der Empfehlungen.

Hat sich die Auswahl der Sachverständige nach objektiven und sachlichen Kriterien (z.b. voraussichtliche Kosten und Entfernung zum Wohnort des Geschädigten) zu richten, bedeutet dies auch, dass sachliche Gründe dafür vorliegen müssten, einen Sachverständigen nicht zu empfehlen, obwohl dessen Honorar an sich zu den günstigsten zählt. Die Nichtberücksichtigung eines Sachverständigen durch den Versicherer, weil dieser seiner Meinung nach die Schäden zu hoch schätzt, würde diesen Erfordernissen beispielsweise nicht gerecht. Ebenso dürfte der Versicherer seine Auswahl nicht von bestimmten Umständen, die er selbst zu vertreten hat, beeinflussen lassen. Das ist z.B. der Fall wenn er sich aufgrund vorhergegangener Rechtsstreitigkeiten gegen die Wahl eines bestimmten Sachverständigen entscheidet, obwohl diese Streitigkeiten allein dadurch entstanden sind, dass der Versicherer eine unzutreffende Rechtsauffassung vertritt.[689]

bb) Qualitative Anforderungen an die Sachverständigen

Insbesondere ist danach zu fragen, ob die Versicherer bei ihrer Auswahl bestimmte Anforderungen an die Qualifikation des Sachverständigen stellen können, um auf diesem Wege dazu beizutragen, dass sich nur noch gut ausgebildete und seriöse Sachverständige auf dem Markt für Schadensgutachten bewegen. So wäre es beispielsweise denkbar, dass bei der Vorauswahl durch den Versicherer nur solche Sachverständige berücksichtigt werden, die ein Zertifikat des IfS (Institut für Sachverständigenwesen), der Berufsverbände oder der DEKRA nachweisen können.

---

[688] Vgl. oben S. 49.
[689] Vgl. BGH, NJW 1999, 279, 280 f.

Die Bezeichnung des Kfz-Sachverständigen ist in Deutschland nicht geschützt.[690] Der Gesetzgeber hat mithin keine Vorgaben für die Ausübung dieses Berufs gemacht. Auch das Schadensrecht und die darauf bezogene Rechtsprechung machen für die Auswahl des Sachverständigen keine Vorgaben in qualitativer Hinsicht. Auf den ersten Blick scheint es damit unbedenklich, wenn die Versicherer bestimmte Kriterien festlegen, die eine gewisse Qualität der Gutachten sicherstellen sollen. Eine unangemessene Benachteiligung des Geschädigten stellt dies jedenfalls nicht dar, da er nicht benachteiligt wird, wenn er einen qualifizierten Sachverständigen beauftragen darf.

Eine Vorauswahl der Versicherer, die qualitative Ansprüche an die Ausbildung des Sachverständigen stellt, könnte aber eine unbillige Behinderung der Sachverständigen i.Sd. § 19 Abs. 2 Nr. 1 GWB darstellen und damit gegen das kartellrechtliche Missbrauchsverbot verstoßen. Es wurde bereits festgestellt, dass solche Handlungen der Versicherer, die der Durchführung des Rahmenabkommens dienen, gem. § 19 Abs. 3 S. 1 GWB der Missbrauchskontrolle unterliegen. Die Sachverständigen ohne Zertifikat hätten durch die Vorauswahl der Versicherer, in der sie nicht berücksichtigt werden, im Grunde keine Chance die betreffenden Geschädigten als Kunden zu gewinnen. Dass sich der Geschädigte nach dem oben Gesagten nicht strikt an die Vorauswahl des Versicherers halten muss ändert daran nichts, da ein Abweichen des Geschädigten von der Liste des Versicherers aufgrund der bestehenden Unsicherheiten eine Ausnahme darstellen dürfte. Sachverständige ohne Zertifikat würden damit einen Nachteil erfahren und wären in ihrer Wettbewerbsposition behindert.

Bei der erforderlichen Interessenabwägung steht hierbei auf der einen Seite das Interesse der Sachverständigen am Markt teilnehmen und ihren Beruf ausüben zu können, was durch die Berufsfreiheit des Art. 12 GG geschützt ist und gem. Art. 12 Abs. 1 S. 2 GG nur vom Gesetzgeber eingeschränkt werden kann. Es ist seine Aufgabe

---

[690] Van Bühren/*Lemcke*/Jahnke, Anwalts-Handbuch Verkehrsrecht, Teil 3, Rn. 311; vgl. auch Berz/Burmann/*Hörl*, Handb. d. Straßenverkehrsrechts, 10., Rn. 7 ff.

Berufsbilder zu entwerfen und sie mit Ausbildungs- und Qualifikationsvoraussetzungen zu verbinden.[691] Dem steht das Interesse der Versicherer gegenüber, auf dem Markt für Schadensgutachten nur mit gut ausgebildeten und seriösen Sachverständigen zusammenarbeiten zu müssen.

Diese Interessen der Versicherer müssen im Ergebnis aber hinter denen der Sachverständigen zurückstehen. Dies folgt schon daraus, dass mit der Berufsfreiheit der Sachverständigen ein äußerst gewichtiges Interesse betroffen ist. Darüber hinaus wäre es auch sehr bedenklich, die Versicherer durch eine vertragliche Vereinbarung in die Position einer Kontrollinstanz zu heben, die de facto Ausbildungsstandards für eine Berufssparte festlegt und damit Aufgaben des Gesetzgebers übernimmt. Schießlich stellt es auch keine gesicherte Erkenntnis dar, dass Sachverständige ohne Zertifkat grundsätzlich unbrauchbare Schadensgutachten erstellen. Sachliche Gründe dafür, prinzipiell alle Sachverständigen ohne Zertifikat von der Vorauswahl auszuschließen, bestehen daher nicht.

Demnach haben Versicherer bei ihrer Vorauswahl grundsätzlich alle Sachverständigen auf dem für Privatpersonen erreichbaren Markt zu berücksichtigen und aus ihnen eine Auswahl zu treffen. Erst nachdem sich Schwierigkeiten ergeben, z.B. durch die mangelnde Qualität der Gutachten, sind sachliche Gründe dafür gegeben, diesen Sachverständigen bei der Auswahl fortan nicht mehr zu berücksichtigen.

cc) Mitteilung an den Geschädigten

Schließlich ist danach zu Fragen, was der Versicherer bei der Mitteilung seiner Vorauswahl an den Geschädigten zu beachten hat. Es sollten hierbei irreführende Formulierungen vermieden werden, die dazu geeignet sind eine Fehlvorstellung des Geschädigten hervorzurufen.[692] Das wäre der Fall, wenn die Formulierung den Eindruck

---

[691] ErfK/*Schmidt*, GG Art. 12, Rn. 17.
[692] Vgl. OLG Düsseldorf NZV 1995, 450, 450 f.

erweckt, dass bei einer Verletzung der vertraglichen Obliegenheit des Geschädigten, die Vorauswahl des Versicherers zu berücksichtigen, grundsätzlich keine Kostenerstattung stattfindet. Dies würde die geltende Rechtslage unzutreffend wiedergeben. Nach der Regelung des § 28 Abs. 3 S. 1 VVG ist der Versicherer auch bei der Verletzung einer vertraglichen Obliegenheit zur Leistung verpflichtet, soweit die Verletzung den Umfang der Leistungspflicht nicht beeinflusst. Der Versicherer soll nur leistungsfrei werden, wenn und soweit er durch die Obliegenheitsverletzung einen Nachteil erleidet.[693] Das wäre aber nicht der Fall, wenn der Geschädigte zwar von der Vorauswahl des Versicherers abweicht, dadurch aber keine höheren Kosten entstehen. Zu beachten ist in diesem Zusammenhang, dass die Norm zugunsten des Versicherers eine Kausalität vermutet und die Beweislast für das Nichtvorligen dem Versicherungsnehmer obliegt.[694]

Sinnvoll erscheint deshalb eine Klarstellung darüber, dass sich die Vorschläge auf die günstigsten dem Versicherer bekannten Angebote beziehen, es dem Geschädigten aber frei steht, einen anderen Sachverständigen zu beauftragen und die vollen Kosten erstattet werden, sofern sie die vom Versicherer unterbreiteten Angebote nicht überschreiten. Es sollte aber auch unmissverständlich erläutert werden, dass höhere Kosten nicht erstattet werden.

Unter Beachtung dieser Anhaltspunkte, bestehen weder gegen die Auswahl der Angebote noch gegen die Mitteilung der Vorauswahl durch den Versicherer an den Geschädigten rechtliche Bedenken.

---

[693] MüKoVVG/*Langheidt/Wandt*, § 28 VVG, Rn. 267.
[694] MüKoVVG/*Wandt/Langheidt*, § 28 VVG, Rn. 266.

Formulierungsbeispiel:

*„Wir haben Ihnen die günstigsten uns bekannten Sachverstän-
digen aufgelistet. Sie sind grundsätzlich dazu berechtigt, einen
anderen Sachverständigen zu beauftragen, der nicht von uns
auf dieser Liste vorgeschlagen wurde. In diesem Fall erstatten
wir die Kosten eines Schadensgutachtens maximal bis zu der
Höhe, wie sie bei der Beauftragung von einem der vorgeschlagenen Sachverständigen angefallen wären. Wir weisen
ausdrücklich darauf hin, dass ein vorheriger Vergleich der
Kosten für ein Schadensgutachten in den meisten Fällen
nicht ohne Weiteres möglich ist."*

d) Vergleich zu Carpartner

Im Rahmen der vorhergegangenen Untersuchung wurden sowohl
das Rahmenabkommen als auch die Verträge mit den Versicherungsnehmern untersucht und dabei unter kartellrechtlichen Aspek-
ten geprüft. Die Versicherungsverträge wurden zudem einer Inhaltskontrolle unterzogen. Hierbei stellte sich heraus, dass es sich jeweils um rechtlich zulässige Mittel zur Einflussnahme auf die Sachverständigenkosten handeln würde, sofern sich die Ausgestaltung
des Rahmenabkommens und auch die Klausel zur Sachverständigenwahl in den Verträgen mit den Versicherungsnehmern in bestimmten Grenzen bewegen. Der Betrieb des gemeinschaftlichen
Unternehmens Carpartner, der in ähnlicher Weise darauf abzielte,
auf die Kosten für Unfallersatzwagen einzuwirken, wurde hingegen
vom Bundeskartellamt untersagt.[695] Nachdem die Rechtmäßigkeit
eines Rahmenabkommens in Kombination mit einer Klausel zur
Sachverständigenwahl in den einzelnen Verträgen festgestellt wurde, soll ein Vergleich die Unterschiede aufzeigen, die dazu führen,
dass sich die vorgeschlagene Maßnahme in der rechtlichen Bewertung vom Fall Carpartner unterscheidet.

---

[695] WUW/E BKartA 2795, 2808 f.; Mitteilung in NZV 1995, 346; bestätigt von BGH WuW/E DE-R,
115 = DAR 1998, 311 = NJW 1998, 2825 = NZV 1998, 240; zfs 1998, 251 = VersR 1998, 1432.

Die Gemeinsamkeit der beiden Maßnahmen und der Grund für ihre Vergleichbarkeit bestehen darin, dass in beiden Fällen versucht wird, die Preise der Leistungserbringer, mit denen der Geschädigte einen Vertrag schließt, zu senken. Dieser Versuch allein ist allerdings weder verwerflich noch rechtswidrig. Entscheidend sind vielmehr die konkreten Mittel mit denen versucht wird, dieses Ziel zu erreichen.

Mithilfe des gegründeten Unternehmens Carpartner haben die Versicherer versucht, Preise für Mietwagen durchzusetzen, die allein mit den Mitteln des Wettbewerbs nicht zu erreichen waren.[696] Die von Carpartner verlangten Preise waren nicht so kalkuliert, dass eine kostendeckende Unternehmensführung möglich war. Stattdessen erfolgte eine Subventionierung des Unternehmens über den von den Versicherern zu entrichtenden Servicebeitrag.[697] Ein Kritikpunkt bestand also darin, dass Preise angesetzt wurden, die unter marktwirtschaftlichen Bedingungen nicht zustande gekommen wären.

Bei der Einflussnahme über ein Rahmenabkommen bzw. die Klausel zur Sachverständigenwahl verhält es sich jedoch grundlegend anders, da die günstigeren Preise gerade mithilfe des Wettbewerbs erreicht werden sollen. Der Preiswettbewerb soll dadurch angeregt werden, dass anstelle des bisherigen Nachfragers, der keinen Anreiz hatte auf den Preis zu achten, ein neuer Quasi-Nachfrager auftritt, der eine kostenorientierte Vorauswahl trifft. Sollten die Versicherer im Rahmenabkommen Provisionen für den Abschluss der Verträge mit den Versicherungsnehmern oder Ausgleichszahlungen vereinbaren, wirken sich diese allein zwischen den Versicherern aus und haben keinen Einfluss auf die Preisgestaltung der Sachverständigen. Sie würden nicht zu solchen Preisen führen mit denen eine kostendeckende Unternehmensführung nicht mehr möglich ist. Zudem würden sie auch die Maßnahme an sich nicht subventionieren, da dieses System auch ohne Ausgleichszahlungen denkbar

---

[696]   BGH NJW 1998, 2825, 2827.
[697]   BGH NJW 1998, 2825, 2827.

wäre und sich allein dadurch auszahlen könnte, dass jeder Versicherer von den geschlossenen Verträgen der anderen profitiert.

Ein zweiter Unterschied besteht darin, dass im Gegensatz zum Verhalten der Versicherer im Fall Carpartner nicht versucht würde, selbst gestaltete und subventionierte Preise am Markt durchzusetzen. Bei den Kosten für Unfallersatzwagen, wurden die Carpartner-Preise von den Versicherern bei der Regulierung und im Prozess als Referenzwert herangezogen und alle darüber liegenden Preise als Verstoß gegen die Schadensminderungspflicht abgelehnt.[698] Zusammen mit der Beeinflussung der Preise wurde so auch das Regulierungsverhalten der Versicherer koordiniert.[699] Auch in diesen Punkt unterscheidet sich die Herangehensweise bei den Sachverständigenkosten. Es sollen keine festen Erstattungsgrenzen oder Referenzwerte geschaffen, sondern lediglich ein Preisdruck erzeugt werden, der daher rührt, dass das Wirtschaftlichkeitspostulat stärker beachtet wird und der Preis deshalb, wie auf anderen Märkten üblich, als Wettbewerbskriterium fungiert. Dies wird dadurch erreicht, dass die Versicherer durch eine bloße Beobachtung des Marktes die günstigsten Angebote für den Geschädigten herausfinden, der dazu selbst nicht in der Lage ist.

Zusammenfassend besteht also der wesentliche Unterschied darin, dass bei den Sachverständigenkosten im Gegensatz zum Fall Carpartner eine Kostensenkung nicht durch wettbewerbsfremde Mittel herbeigeführt werden soll, sondern gerade mit solchen Mitteln die dem Wettbewerb an sich immanenten sind.

e) Praktische Schwierigkeiten bei der Durchführung

Zwar ist die rechtliche Zulässigkeit des Rahmenabkommens und der einzelnen Verträge mit den Versicherungsnehmern die wichtigste Voraussetzung für die Durchführung einer Kooperation der Versicherer. Von großer Bedeutung ist aber auch die praktische Reali-

---

[698] BGH NJW 1998, 2825, 2828.
[699] BGH NJW 1998, 2825, 2826, 2828.

sierbarkeit der Maßnahme. Auf einige der praktischen Aspekte soll deshalb eingegangen werden.

aa) Koordination unter den Versicherern

Die wohl größte praktische Schwierigkeit bei der Umsetzung des Rahmenabkommens liegt darin, dass sie ein erhebliches Maß an Koordination zwischen den beteiligten Versicherungsunternehmen erfordert. Unter anderem wären das Konzept der Tarife, die Formulierung der Verträge und etwaige Ausgleichszahlungen in einer gemeinsamen Planungsphase zu entwickeln. Während der Durchführung wären laufende Informationsaustausche und ggf. eine regelmäßige Anpassung des Rahmenabkommens nötig.

Dass dies mit einigem Aufwand verbunden wäre, ist nicht von der Hand zu weisen. Das Beispiel des Unternehmens Carpartner hat aber gezeigt, dass auch eine komplexe Kooperation unter Beteiligung mehrere Versicherungsunternehmen durchaus möglich ist. Bei Carpartner bestand diese Kooperation darin, ein gemeinsames Unternehmen zu gründen, das durch spezielle Rahmenverträge mit Autovermietern und Subventionen von Kfz-Haftpflichtversicherern besonders günstige Mietwagenpreise für Unfallgeschädigte anbieten konnte.[700] Zwar handelt es sich um verschiedene Ansätze, die sich hinsichtlich der konkreten Vorgehensweise deutlich unterscheiden, der Vergleich zeigt aber, dass auch komplexe Kooperationen unter Versicherungsunternehmen möglich sind und allein die Aussicht auf erheblichen Aufwand die Idee des Rahmenabkommens nicht unmöglich erscheinen lässt.

Erwähnenswert ist an dieser Stelle noch, dass die Auswahl der Sachverständigen im Rahmen der Schadensregulierung keiner Koordination durch die Versicherer bedarf. Hierbei handelt es sich um eine Aufgabe, die aufgrund der vorhandenen Expertise von jedem Versicherungsunternehmen intern bearbeitet werden kann.

---

[700] Vgl. oben S. 45 ff.

bb) Schwierigkeit des vorherigen Vergleichs

Es wurde bereits erörtert, dass es dem Geschädigten, aufgrund der schadensorientierten Preisberechnung der Kfz-Sachverständigen, kaum möglich ist, vor Beauftragung eines Sachverständigen einen Preisvergleich durchzuführen. [701] Vorherige Erkundigungen nach den entstehenden Kosten werden nur vereinzelt beantwortet. Falls eine Auskunft erteilt wird, liefert sie höchstens eine grobe Einschätzung. Eigene Stichproben haben dieses Bild bestätigt. Es stellt sich also die Frage, ob es für einen Versicherer überhaupt möglich ist, einen Preisvergleich für Sachverständigenkosten durchzuführen, oder ob für ihn dieselben Schwierigkeiten bestehen wie für einen privaten Geschädigten.

Richtig ist, dass es die Berechnung des Honorars in Relation zur ermittelten Schadenshöhe mit sich bringt, dass der am Ende zu zahlende Preis erst nach Feststellung der Schadenshöhe berechnet und deshalb nicht im Voraus angegeben werden kann. Es wurde aber auch dargelegt, dass der Sachverständige dazu in der Lage ist, seine Berechnungsmethode mitzuteilen und dass anhand dessen ein vorheriger Vergleich ermöglicht würde. [702] Während dies, wegen der zum Teil komplexen Berechnung und der hinzukommenden Nebenkosten, für den durchschnittlichen Geschädigten noch mit einigen Unsicherheiten verbunden wäre, sollte insbesondere aber ein Versicherungsunternehmen dazu in der Lage sein, verschiedene Berechnungsmethoden unterschiedlicher Sachverständiger auszuwerten und die für den konkreten Fall günstigsten Angebote zu ermitteln.

Um einen solchen Vergleich vorzunehmen, wäre der Versicherer allerdings auch darauf angewiesen, dass die Sachverständigen ihre Berechnungsmethoden offenlegen. Ob sie dazu bereit sind, ist zweifelhaft, da sie unter Umständen ein besonderes Interesse daran haben, eben diese Berechnungsmethode geheim zu halten. Demnach wäre es für den Versicherer hilfreich, wenn ihm gegen den Sach-

---

[701] Vgl. oben S. 118 ff.
[702] Dazu bereits oben auf S. 122 ff.

verständigen ein Anspruch auf Mitteilung der notwendigen Informationen zustehen würde.

Die Voraussetzungen einer vorvertraglichen Aufklärungspflicht[703] liegen im Verhältnis zwischen dem Sachverständigen und Versicherer allerdings nicht vor. Dies ergibt sich schon daraus, dass das spätere Vertragsverhältnis nicht zwischen dem Sachverständigen und dem Versicherer, sondern mit dem Geschädigten zustande kommt. In dieses Schuldverhältnis ist der Versicherer zwar einbezogen, da es sich um einen Vertrag mit Schutzwirkung zugunsten Dritter handelt,[704] daraus ergeben sich jedoch keine Ansprüche auf vorvertragliche Informationen, sondern lediglich Schadensersatzansprüche nach Vertragsgrundsätzen.[705] Es steht einem Versicherer gegenüber einem Sachverständigen mithin kein Anspruch auf eine vorvertragliche Aufklärung über die Berechnungsmethode zu.

Zu erwarten ist aber, dass bei entsprechender Verbreitung des neuen Tarifs zumindest ein wesentlicher Teil der Kfz-Sachverständigen dazu bereit ist, die erforderlichen Informationen mitzuteilen. Ein Sachverständiger der sich weigert, Informationen über die zu erwartenden Kosten mitzuteilen, müsste davon ausgehen, dass der Versicherer ihn bei seinen Vorschlägen für den Geschädigten nicht berücksichtigen kann und er damit von vornherein seinen Zugang zu der entsprechenden Kundengruppe verlieren würde. Letztlich dürfte es aber den meisten Kfz-Versicherern auch schon aufgrund ihrer langjährigen Tätigkeit in der Sparte und der bisher aufgetretenen Fälle möglich sein, entsprechende Daten auszuwerten und die preisgünstigsten Sachverständigen aufzulisten.

Den Versicherungsunternehmen stehen also wesentlich bessere Möglichkeiten für einen Preisvergleich zur Verfügung, als dem Geschädigten. Eine Mitwirkung der Sachverständigen wäre für einen Vergleich zwar von Vorteil, ist aber vermutlich nicht unbedingt erforderlich.

---

[703] Dazu bereits oben auf S. 122 ff.
[704] Dazu bereits oben auf S. 143 ff.
[705] HK-BGB/*Schulze*, BGB, § 328, Rn. 19; Jauernig/*Stadtler*, BGB, § 328, Rn. 29; MüKoBGB*Gottwald*, BGB, § 328, Rn. 189.

cc) Fehlender Preiswettbewerb unter den Sachverständigen

Zuletzt könnte angezweifelt werden, ob sich durch einen Preisvergleich überhaupt wesentlich günstigere Angebote ermitteln lassen, so dass sich ein vorheriger Vergleich lohnt. Da der Preis derzeit kein wichtiges Auswahlkriterium für den Geschädigten ist, besteht für die Sachverständigen auch kein Anreiz für einen ausgeprägten Preiswettbewerb. Die Honorarbefragung des BVSK zeigt dementsprechend, dass der Korridor innerhalb dessen je nach Schadenshöhe 50 – 60 % der Mitglieder ihr Honorar berechnen nicht besonders groß ist.[706] Dies deutet darauf hin, dass sich die Sachverständigenkosten zu großen Teilen auf einem sehr ähnlichen Niveau befinden und nur gering voneinander abweichen. Es ist also möglich, dass sich in bestimmten Regionen – beispielsweise in ländlichen Gebieten mit wenigen Sachverständigen auf dem räumlich relevanten Markt – durch einen Preisvergleich kein wesentlich günstigerer Sachverständiger ermitteln lässt und das Potenzial für Kosteneinsparungen nur gering ist.

Allerdings wurde bereits angesprochen, dass im Rahmen der Schadensregulierung aufgrund der großen Zahl der Fälle schon Einsparungen von wenigen Prozent zu Kostenvorteilen in mehrfacher Millionenhöhe führen können.[707] Auch wenn ein Preisvergleich nur geringe Vorteile bringt, erscheint er damit für die Versicherer durchaus lohnenswert. Darüber hinaus ist die Vereinbarung der Klausel zur Sachverständigenwahl zusätzlich dazu geeignet, sowohl bei den Geschädigten als auch bei den Sachverständigen eine gewisse Preissensibilisierung herbeizuführen, die zu einer Anregung des Wettbewerb führen dürfte. Sollte dadurch ein Preiswettbewerb unter den Sachverständigen entstehen, sind auch sinkende Kosten möglich, die sich dann auf den gesamten Kfz-Versicherungsmarkt auswirken und damit auch die Regulierungskosten der übrigen Tarife betreffen können.

---

[706] BVSK, Honorarbefragung 2015, abrufbar unter http://www.bvsk.de/fileadmin/download/HONORARBEFRAGUNG-2015-Gesamt.pdf (letzter Zugriff: 19.04.2016)
[707] Vgl. dazu oben S. 180 ff.

dd) Eingeschränkter Wirkungsbereich des Vertrags

Gem. § 1 PflVG ist der Halter eines Kraftfahrzeugs dazu verpflichtet, für sich, den Eigentümer und den Fahrer eine Kfz-Haftpflichtversicherung abzuschließen. Versicherungsnehmer und Vertragspartner des Versicherers ist in der Regel also der Halter. Es ist daher zu klären, wem gegenüber die Vereinbarung ihre Wirkung entfaltet.

Der Fahrer ist, sofern es sich nicht zugleich um den Eigentümer des Kfz handelt, von der Vereinbarung nicht betroffen. Da sich für ihn aus einem Verkehrsunfall keine Ansprüche auf Ersatz der Sachverständigenkosten ergeben können, wirkt sich die Vereinbarung nicht auf seine Rechtspositionen aus.

Nicht selten tritt aber die Situation auf, dass Halter bzw. Versicherungsnehmer und Eigentümer des Kfz auseinanderfallen. Anspruchsberechtigter des § 823 Abs. 1 BGB und der §§ 7 Abs. 1, 18 Abs. 1 StVG ist aber der Eigentümer des Kfz. Damit die Vereinbarung ihre beabsichtigte Wirkung entfalten kann, muss sie gerade ihm gegenüber gelten. Fallen Versicherungsnehmer und Eigentümer des Kfz auseinander, muss der Versicherungsnehmer mithin dafür Sorge tragen, dass der Eigentümer dieser Vereinbarung beitritt, da es sich anderenfalls um einen Vertrag zulasten Dritter handeln würde. Ist diese Mitwirkung des Eigentümers nicht zu erlangen, steht dem Versicherungsnehmer die Option des günstigeren Tarifs mit Verzicht auf die freie Wahl der Sachverständigenkosten nicht zur Verfügung.

f) Zwischenergebnis

Die vertragliche Einführung eines neuen Kfz-Haftpflichttarifs, bei dem der Versicherungsnehmer zugunsten einer niedrigeren Versicherungsprämie die Einschränkung seiner freien Sachverständigenwahl hinnimmt, stellt für die Versicherer eine Möglichkeit dar, das Principal-Agent-Problem unabhängig von der Rechtsprechung über die Erkundigungsobliegenheiten und die Aufklärungspflichten der Sachverständigen zu beeinflussen. Eine Vorauswahl durch den Versicherer könnte gewährleisten, dass das im § 249 BGB verankerte Wirtschaftlichkeitspostulat Beachtung findet. Eine Preisregulierung durch die Versicherer oder eine Beschränkung des Wettbewerbs zwischen den Sachverständigen entsteht durch das vorgeschlagene System hingegen nicht, da die Versicherer keine Erstattungsgrenzen festsetzen, sondern lediglich durch Beobachtung des Marktes eine Vorauswahl für den Geschädigten treffen, der allein nicht dazu in der Lage ist, die günstigsten Angebote zu erkennen. Durch den Einfluss der Versicherer wird mithin kein künstlicher Druck erzeugt, sondern das Nachfrageverhalten der Geschädigten an die Situation auf normalen Märkten angeglichen, auf denen eine preisorientierte Auswahl üblich ist.

Sowohl das dafür nötige Rahmenabkommen, als auch die einzelnen Verträge mit den Versicherungsnehmern wären bei entsprechender Gestaltung rechtskonform, so dass rechtliche Bedenken einer Einführung nicht entgegenstehen müssten. Die Versicherer hätten zwar bei der Auswahl und der Übermittlung der Vorschläge darauf zu achten, dass keine unangemessene Benachteiligung des Versicherungsnehmers auftritt. Solange sich aber die Vorauswahl nach objektiven Kriterien richtet und sich nur auf solche Angebote bezieht, die am am frei zugänglichen Markt verfügbar sind, werden sowohl die Interessen des Geschädigten, als auch die der Sachverständigen ausreichend geschützt. Bei der Übermittlung der Vorschläge wäre darauf zu achten, dass eine Irreführung des Geschädigten vermieden wird.

Neben einer stärkeren Beachtung des Wirtschaftlichkeitspostulats könnte durch eine Vorauswahl des Versicherers auch das moralische Risiko verringert werden, dass der Sachverständige seine Begutachtung an den Interessen seines Auftraggebers orientiert. Erfolgt eine Vorauswahl durch den Versicherer und eine endgültige Beauftragung durch den Geschädigten, hat er es im Interesse zukünftiger Aufträge nach Möglichkeit beiden Seiten Recht zu machen, was einer einseitigen Orientierung entgegenstünde. Die Qualifikation des Sachverständigen kann von den Versicherern indes nicht prinzipiell als Kriterium herangezogen werden, da dies eine unbillige Behinderung der Marktteilnehmer darstellen würde, die diese Anforderungen nicht erfüllen.

Ob und wann es zu einem Umdenken der Rechtsprechung kommen wird, ist zweifelhaft. Anstatt sich davon abhängig zu machen, steht den Versicherern mit dem aufgezeigten Weg aber die Möglichkeit offen, die Entwicklung aktiv zu steuern und voranzutreiben.

3. Erstschreiben des Versicherers an den Geschädigten

Eine letzte Möglichkeit der Einflussnahme durch die Versicherer besteht darin, dem Geschädigten auch ohne vorherige vertagliche Absprachen schnellstmöglich Empfehlungen für günstige Sachverständige zu unterbreiten.

Wie zuvor erwähnt, wurde diese Vorgehensweise bereits im Bereich der Mietwagenkosten praktiziert, um den Geschädigten auf möglichst günstige Alternativen der Unfallersatzwagenanmietung hinzuweisen.[708] In diesem Zusammenhang wurde festgestellt, dass ein derartiges Verhalten zulässig ist, solange es keine Irreführung für den Geschädigten oder eine Verfälschung des Wettbewerbs darstellt. Im Bereich der Sachverständigenhonorare kann also im Grundsatz nichts anderes gelten, so dass auch in diesem Bereich eine sachliche, der Rechtslage nicht widersprechende Empfehlung mit der auf günstige Angebote hingewiesen zulässig ist.

Auch bei Empfehlungen für Kfz-Sachverständigen ist aber fraglich, wie der Geschädigte mit dem Hinweis des Versicherers umzugehen hat. Hinsichtlich der Mietwagenkosten wird überwiegend vertreten, dass der Geschädigte ein preisgünstiges Angebot des Versicherers nicht ohne triftige Gründe ignorieren darf.[709] Ebenso gilt dies für die Restwertverwirklichung des Autowracks. Unterbreitet der Versicherer vor dem Verkauf ein günstiges Restwertangebot, ist der Ge-

---

[708]   Oben S. 49 f.
[709]   BGH NJW 2006, 1508, 1509; NJW 2006, 1726, 1728; OLG Stuttgart, NJWE-WettbR 1996, 45, 46; LG Nürnberg-Fürth, Urt. v. 20.07.2011, Az. 8 S 8758/10, juris, Rz. 10; *Speer*, Aktives Schadensmanagement, S. 252; *Wolff*, zfs 2006, 249, 253.

schädigte, wenn er nicht gegen seine Schadensminderungspflicht verstoßen will, gehalten dies zu berücksichtigen.[710] Orientiert man sich am Maßstab eines vernünftigen und wirtschaftlich denken Menschen, können auch im Bereich der Sachverständigenkosten Empfehlungen des gegnerischen Versicherers vom Geschädigten nicht unberücksichtigt bleiben, da ein anderweitiges Verhalten gegen das Wirtschaftlichkeitsgebot verstoßen würde. Solange hierdurch keine Nachteile entstehen, widerspräche es der wirtschaftlichen Vernunft und auch dem Gebot von Treu und Glauben, wenn trotz der Kenntnis eines günstigeren Angebots nicht darauf eingegangen und ein teurerer Sachverständiger beauftragt wird.

Es wurde zuvor bereits ausgeführt, dass sich der Geschädigte aber abweichend von dem Bereich der Mietwagenkosten[711] nicht auf solche Angebote verweisen lassen muss, die ihm nicht auf dem freien Markt, sondern nur durch eine Vermittlung des Versicherers zugänglich sind. Anders als bei der Anmietung eines Ersatzwagens, bei der es letztlich nur um den Erhalt der Mobilität während der Reparatur oder bis zur Neuanschaffung ankommt, ist es für den Geschädigten schwer einzuschätzen, ob ihm vom Versicherer ein „guter" Sachverständiger empfohlen wird, der den Schaden korrekt ermittelt. Zudem muss dem Umstand Rechnung getragen werden, dass der Geschädigte in solchen Fällen nachvollziehbare Zweifel an der Neutralität des Sachverständigen haben könnte. Es ist nicht vollkommen unwahrscheinlich, dass durch Versicherer vermittelte Sachverständige eher dazu geneigt sind, im Interesse des Versicherers zu entscheiden, um auch weiterhin empfohlen zu werden. Vor diesem Hintergrund wäre es dem Geschädigten nicht zuzumuten, das vermittelte Angebot des Versicheres anzunehmen, wenn es sich um einen kooperierenden Sachverständigen handelt.

Die Möglichkeit des Versicherers, dem Geschädigten ein Empfehlungsschreiben zu übermitteln, hebt aber die bereits vorgestellte Forderung nach einer Erkundigungsobliegenheit des Geschädigten

---

[710] BGH NJW 2000, 800, 800 f.; NJW 2010, 2722, 2723; *Höke*, NZV 2002, 254, 257; ähnlich: AG München, NZV 1993, 116 und OLG Köln, NJW-RR 2013, 224, wonach dem Versicherer vor dem Verkauf die Möglichkeit einzuräumen ist, ein besseres Angebot zu unterbreiten.
[711] Vgl. oben S. 57.

und einer Aufklärungspflicht des Sachverständigen nicht auf. Im besten Falle sollte die Empfehlung nur eine Ergänzung bzw. eine Erleichterung für den Geschädigten darstellen, da ihre Wirksamkeit ohne eine entsprechende Änderung der Rechtsprechung sehr begrenzt wäre. Ohne eine Aufklärung durch den Sachverständigen hätte der Geschädigte keine Möglichkeit, eigene Vergleiche einzuholen und die vorgelegten Angebote zu überprüfen. Es wäre für ihn nicht nachvollziehbar, ob es sich tatsächlich um ein günstiges Angebot handelt. Folgt er der Empfehlung des Versicherers nicht und stellt sich im Nachhinein heraus, dass dadurch höhere Kosten verursacht wurden, ist ihm ohne bestehende Vergleichsmöglichkeiten aber kein Vorwurf zu machen, da es für ihn im Voraus nicht erkennbar war. Ohne Vergleichsmöglichkeiten müsste er sich also auf den gegnerischen Versicherer verlassen, was ihm naturgemäß schwer fällt. Die Aufklärungspflicht des Sachverständigen ist aus diesen Gründen ein wichtiges Element, das durch ein Empfehlungsschreiben des Versicherers nicht ersetzt werden könnte.

In der Praxis könnte sich zudem ein Problem daraus ergeben, dass der Versicherer nicht immer rechtzeitig von dem Schadensfall erfährt, um noch vor der Beauftragung eines Sachverständigen durch den Geschädigten eigene Angebote unterbreiten zu können. Hier können allerdings technische Neuerungen, wie z.B. das e-Call System, einen direkten Zugang zum eigenen Versicherungsnehmer und auch zum Geschädigten ermöglichen.

4. Resümee zu den Lösungsansätze

Es wurden drei Ansätze vorgestellt, die auf unterschiedliche Art dazu beitragen können, die Auswirkungen des Principal-Agent-Problems im Bereich der Sachverständigenkosten zu vermindern. Sie zeigen, dass sowohl für die Rechtsprechung als auch für die Versicherungswirtschaft die Möglichkeit besteht Einfluss zu nehmen.

Die Einführung einer Erkundigungsobliegenheit für den Geschädigten hätte durch eine Rechtsprechungsänderung zu erfolgen und würde zu einer Gleichbehandlung von Sachverständigenkosten und übrigen Schadenspositionen führen. Vom Geschädigten würde dabei nichts Unzumutbares, sondern lediglich normales und im Grunde alltägliches Marktverhalten verlangt, welches im Ergebnis zu nachfrageorientierten Preisen führen sollte. Um die Erfüllung einer Erkundigungsobliegenheit aber überhaupt möglich zu machen, ist eine vorvertragliche Aufklärungspflicht der Sachverständigen zu fordern. Die Vorteile dieses Ansatzes würden in einer Gleichbehandlung der verschiedenen Schadenspositionen und einer Anwendung marktwirtschaftlicher Elemente ohne große äußere Beeinflussung liegen.

Zu einer noch effektiveren Kostensenkung würde vermutlich die Einführung eines neuen Tarifs mithilfe des Vertragsrechts führen. Auch wenn für den Geschädigten eine Erkundigungsobliegenheit besteht, würde schon ein durchschnittlicher Preis als erforderlich gelten, während die Vorauswahl der Versicherer nur die günstigsten der insgesamt verfügbaren Angebote auflisten würde. Dementsprechend größer wäre mithin auch die Kosteneinsparung der Versicherer, wobei zu beachten ist, dass ein Teil dieser Effizienzgewinne über vergünstigte Prämien an die Versicherungsnehmer weiterzugeben wäre.

Der dritte Ansatz, der darin besteht, dass Versicherer ohne vorherige vertragliche Regelungen Empfehlungen mit günstigen Angeboten gegenüber den Geschädigten abgeben, würde seine größte Wirkung als Ergänzung zu einer bestehenden Erkundigungsobliegenheit und einer Aufklärungspflicht der Sachverständigen erzielen. Solange diese beiden Verhaltensweisen von der Rechtsprechung nicht verlangt werden, können derartige Empfehlungen zwar auch eine positive Wirkung auf die Entscheidung des Geschädigten haben, allerdings könnte ihm eine Missachtung der Vorschläge kaum vorgeworfen werden. Solange er, aufgrund der fehlenden Informationen, keine Möglichkeit hat, die Empfehlungen mit anderen Angeboten zu vergleichen und er deshalb im Voraus nicht abschätzen konnte, ob es mehr Kosten verursacht, wenn er statt des Vorschlags ein anderes Angebot wählt, kann ihm diesbezüglich kein Verschuldensvorwurf gemacht werden. Ein weiterer Nachteil gegenüber der Lösung über einen neu eingeführten Versicherungstarif bestünde zudem darin, dass der Versicherer schnellstmöglich handeln müsste, um seine Empfehlungen noch vor Beauftragung eines Sachverständigen auszusprechen. Dies wird aber in vielen Fällen kaum möglich sein.

VI. Erforderlichkeit einer Honorarverordnung

Aufgrund der bestehenden Missstände auf dem Markt, hat der GDV den Gesetzgeber dazu aufgefordert, eine Honorarverordnung für Sachverständige zu erlassen.[712] Folgt der Gesetzgeber dieser Aufforderung, sollte es das Ziel einer solchen Verordnung sein, die Interessen der Beteiligten in einen angemessenen Ausgleich zu bringen. Das bedeutet, die Auftraggeber vor willkürlichen und überhöhten Preisen zu schützen und damit einhergehend auch die Versicherer und die Versicherungskollektive vor unnötigen Kosten zu bewahren. Zugleich ist aber auch den Sachverständigen eine auskömmliche und kostendeckende Vergütung zu gewähren. Fraglich ist, ob diese Ziele durch eine vom Gesetzgeber festgelegte Honorarverordnung besser zu erreichen sind, als über einen der vorgeschlagenen Lösungsansätze, die der Anregung des Wettbewerbs dienen.

Eine Honorarverordnung könnte so ausgestaltet sein, dass sie ganz konkrete Berechnungsformeln bzw. Vergütungssätze vorschreibt, die entweder in Relation zur Schadenshöhe oder nach Zeitaufwand berechnet werden. Ein daraus entstehender positiver Effekt wäre die Vereinheitlichung der Sachverständigenvergütung, wodurch sich Streitigkeiten über die Höhe der Sachverständigenkosten deutlich reduzieren ließen. Zudem sollte eine Honorarverordnung zumindest theoretisch auch eine gewisse Transparenz für den Geschädigten schaffen. Ob dies auch praktisch der Fall wäre, mag allerdings be-

---

[712] *GDV*, Positionen Nr. 82, April 2012, S. 16.

zweifelt werden. Auch für Rechtsanwälte gilt beispielsweise mit dem Rechtsanwaltsvergütungsgesetz (RVG) eine gesetzliche Grundlage für ihre Vergütung, die sich im Allgemeinen an dem Gegenstandswert orientiert. Dennoch herrscht bei den meisten Mandanten große Unsicherheit darüber, welche Kosten die Beauftragung eines Anwalts tatsächlich verursacht. Es kann also keinesfalls als gesichert angenommen werden, dass eine Honorarverordnung auch zu einer Transparenz für die Geschädigten führt.

Weiterhin würde eine einheitliche Formel zur Berechnung des Honorars dazu führen, dass der Wettbewerb auf der Preisebene nicht oder nur sehr begrenzt stattfinden kann. Grundsätzlich würde sich die bestehende Situation dadurch nicht wesentlich verändern, da der Preis auch aktuell kein ausschlaggebendes Wettbewerbskriterium ist. Eine weitere Einengung der Preissetzungsspielräume würde aber vermutlich dazu führen, dass der Wettbewerb ausschließlich auf Qualitätsebene stattfinden könnte. Die Qualität des Gutachtens wird aus Sicht des Nachfragers, also des Geschädigten, oftmals danach beurteilt, wie hoch der ermittelte Schaden ausfällt und wieviel Schadensersatz dementsprechend vom gegnerischen Haftpflichtversicherer verlangt werden kann. Es ist bereits jetzt nicht unüblich, dass Sachverständige damit werben „das Meiste" oder „den letzten Cent" für den Geschädigten herauszuholen. Sollten Sachverständige nun allein nach dieser „Qualität" ihres Gutachtens ausgewählt werden, besteht die Gefahr, dass die Neutralität ihrer Arbeit darunter leidet und sich die Schadensermittlung in erster Linie nach den Interessen des Geschädigten richtet. Eine Einengung des ökonomischen Preissetzungsspielraums der Sachverständigen würde diese Gefahr erhöhen.

Bei dem erstmaligen Erlass einer Honorarverordnung würde das erlassende Organ zunächst vor der Frage stehen, welche Vergütung die Interessen aller Beteiligten angemessen berücksichtigt. Hierbei würde vermutlich eine Orientierung an den aktuell üblichen Preisen erfolgen, die gerade nicht unter Wettbewerbsbedingungen gebildet wurden. Die derzeitigen Preise würden somit eingefroren und es bliebe kein Raum für eine wettbewerbsorientierte Kostensenkung und eine Ausrichtung der Preise an Angebot und Nachfrage.

Außerdem ist zu beachten, dass die Preise einer Honorarverordnung regelmäßig an die wirtschaftlichen Entwicklungen angepasst werden müssten, was zusätzlichen Aufwand bedeutet und bei einer marktorientierten Lösung entfallen würde.

Da eine Honorarverordnung die durch das Principal-Agent-Problem verursachten Missstände aller Wahrscheinlichkeit nach nicht beseitigen könnte, erscheint der Versuch einer der vorgeschlagenen Lösungen für das Grundhonorar der Sachverständigen angemessener.

Anders verhält es sich hingegen mit den Nebenkosten eines Schadensgutachtens, für die eine durch den Gesetzgeber vorgegebene Preisverordnung durchaus sinnvoll erscheint. Diese Rechnungsposten sollen tatsächlich entstandene Kosten des Sachverständigen, wie beispielsweise Druckkosten, Fahrtkosten, Telefon- oder Internetpauschale, ausgleichen und stellen deshalb nach ihrem Sinn und Zweck kein Wettbewerbselement dar. Da es sich bei diesen Auslagen um alltägliche Kosten handelt, könnten sie anhand objektiver Kriterien relativ einfach geschätzt und vom Gesetzgeber Standardsätze errechnet werden. Die dadurch entstehende einheitliche Berechnung würde die bereits angesprochene Gefahr der künstlichen Verteuerung eines Gutachens durch überhöhte Nebenkosten verhindern.[713] Die Einführung einer Verordnung über die Nebenkosten würde also die Möglichkeit beseitigen, ein günstiges Grundhonorar anzubieten und dieses durch hohe Nebenkosten auszugleichen. Zudem würden die Nebenkosten bei Anwendung einer Verordnung als preisgestaltendes Mittel entfallen, so dass sich der Preiswettbewerb allein auf das Grundhonorar der Sachverständigen konzentrieren müsste. Dadurch würde auch ein vorheriger Vergleich der zu erwartenden Kosten erleichtert, unabhängig davon ob dieser vom Geschädigten selbst oder vom Versicherer vorgenommen würde. Auch für die Nebenkosten wären allerdings regelmäßige Anpassungen notwendig.

---

[713] Vgl. oben S. 83 ff.

Kapitel 5:   Abschließendes Fazit

Das eingangs beschriebene Principal-Agent-Problem tritt im Rahmen der Regulierung eines Kfz-Haftpflichtschadens an verschiedenen Stellen auf und stellt damit keine nur die Sachverständigenkosten betreffende Besonderheit dar. Dies wurde insbesondere durch den Vergleich zur Problematik der Unfallersatztarife verdeutlicht, für die aber nach verschiedenen erfolglosen Ansätzen schließlich eine angemessene Lösung gefunden wurde. In dem sogenannten Taxi-Urteil aus dem Jahre 2004 stellte der BGH fest, dass sich für Unfallersatzmietwagen ein Sondermarkt gebildet hatte, der von den Wettbewerbselementen des Angebots und der Nachfrage losgelöst war. Als Konsequenz legte er fest, dass für die Bestimmung der Erforderlichkeit künftig auf den Normaltarif abzustellen sei, einen Referenzwert, der sich unter marktwirtschaftlichen Bedingungen entwickelt hat.

Obschon dieses Urteil wichtige Maßstäbe für die Beurteilung ähnlicher Situationen liefert, zeigte ein Vergleich mit dem Themenfeld der Sachverständigenkosten und der dort bestehenden Marktsituation, dass sich die Lösung für die Unfallersatztarife nicht einfach auf die Problematik der Sachverständigenkosten übertragen lässt. Die Bezugnahme auf einen unter wettbewerbsbedingungen enstandenen Referenzpreis scheitert daran, dass ein solcher in diesem Bereich nicht existiert.

Die Principal-Agent-Problematik, die durch das fehlende Interesse des Geschädigten an einer möglichst wirtschaftlichen Lösung entsteht, wird im Bereich der Sachverständigenkosten von der aktuellen Rechtsprechung aber nicht befriedigend gelöst. Eine Erkundigungsobliegenheit oder die Kenntnis der Honorarlisten wird vom Geschädigten nicht erwartet. Die Grenze der Erstattungfähigkeit wird nach Ansicht des BGH erst dann überschritten, wenn es für den Geschädigten ohne Weiteres erkennbar ist, dass der Sachverständige ein überteuertes Honorar verlangt. Ohne vorherige Vergleiche und oftmals sogar ohne vorherige Absprachen über das Honorar, liegt diese Erkennbarkeit aber in der Regel nicht vor, was die vom BGH aufgestellte Grenze praktisch obsolet werden lässt. Im

Ergebnis kann der Geschädigte einen beliebigen Sachverständigen mit der Erstellung eines Schadensgutachtens beauftragen, dessen Kosten der Versicherer zu erstatten hat, ohne dass ihm dabei der Einwand zusteht, dass auch ein günstigeres Angebot verfügbar gewesen wäre. Auch Sachverständigenkosten, die weit über den üblichen Preisen liegen, sind zu erstatten, da der Geschädigte dies in der Regel vorher nicht erkennen konnte. Da es dem Geschädigten, bedingt durch das Marktverhalten der Sachverständigen, faktisch also nicht möglich ist, sich vorab über die entstehenden Kosten zu informieren, führt die aktuelle Rechtsprechung zu folgerichtigen aber im Ergebnis unbefriedigenden Entscheidungen. Es kann nicht gewollt sein, dass eine Partei die andere mit beliebig hohen Kosten belasten kann, ohne sich an das Wirtschaftlichkeitsgebot halten zu müssen.

Aufgrund der unbefriedigenden Ergebnisse, wurden zu diesem Thema bereits einige Lösungsansätze entwickelt, deren Wirksamkeit sich aber aus unterschiedlichen Gründen als eher gering darstellte. Insbesondere diejenigen Ansätze, die im Wesentlichen darauf setzten, dass der Geschädigte Vergleiche anstellt, scheitern daran, dass dem Geschädigten eben diese Möglichkeit zum Vergleichen fehlt. Die eigenen Vorschläge versuchen deshalb, unter Berücksichtung dieser Marktsituation, sowohl für die Rechtsprechung als auch für die Versicherungswirtschaft Lösungswege aufzuzeigen, mit denen dem Principal-Agent-Problem begegnet werden kann.

Der Grundgedanke für eine Lösung durch die Rechtsprechung besteht dabei darin, eine Situation zu schaffen, in der die Übertragung der Maßstäbe aus der Unfallersatzwagen-Rechtsprechung ermöglicht wird. Dafür ist an die Rechtsprechung zu appellieren, eine Erkundigungsobliegenheit des Geschädigten einzuführen. Unter besonderer Berücksichtigung der von der Rechtsprechung entwickelten subjektbezogenen Schadensbetrachtung, sind die vorgenommenen Untersuchungen zu dem Ergebnis gekommen, dass es keinen Grund dafür gibt, die Sachverständigenkosten als Ausnahme zu behandeln und in diesem Kontext nicht die gleichen Anforderungen an den Geschädigten zu stellen, wie auch in anderen Bereichen des

Schadensrechts. Sofern eine vorvertragliche Erkundigung über die verschiedenen Preise am Markt möglich ist, ist sie dem Geschädigten auch zumutbar. Eben diese Möglichkeit des vorherigen Vergleichs besteht aber derzeit nicht und stellt eine notwendige Bedingung dar, die für eine Lösung des Problems mittels erhöhter Anforderungen an die Erkundigungsobliegenheit geschaffen werden sollte. Erreicht werden kann dies über die Einführung einer vorvertraglichen Aufklärungpflicht des Sachverständigen, dem es auch unter Berücksichtigung seiner schutzwürdigen Interessen, zumutbar und möglich ist, vorab über die zu erwartenden Kosten zu informieren. Eine tabellarische Honorarübersicht bietet sich hierzu an. Der Geschädigte hat auf diese Aufklärung auch einen Anspruch, da zwischen ihm und dem Sachverständigen ein vorvertragliches Schuldverhältnis besteht, innerhalb dessen zu seinen Lasten ein Informationsgefälle hinsichtlich entscheidungserheblicher Umstände herrscht.

Die Anerkennung einer Erkundigungsobliegenheit des Geschädigten und zugleich einer vorvertraglichen Aufklärungspflicht des Sachverständigen, würde die Voraussetzungen dafür schaffen, die Vorgehensweise der Rechtsprechung bei anderen Schadenspositionen im Wesentlichen zu übernehmen und so eine einheitliche Behandlung im Schadensrecht herbeizuführen. Wie auch im Bereich der Mietwagenkosten wäre es sachgemäß, eine zweistufige Prüfung vorzunehmen, bei der im ersten Schritt zu überprüfen ist, ob sich der Preis des Gutachens im Rahmen des üblichen befindet. Ist dies der Fall, sind die aufgewandten Kosten als erforderlich anzusehen. Liegt der Preis darüber, obliegt es dem Geschädigten darzulegen, dass ihm ein günstigeres Angebot nicht ohne Weiteres zugänglich war, indem er nachweist, einige Vergleichsangebote eingeholt zu haben ohne auf einen besseren Preis gestoßen zu sein. Auf diese Weise wird der Missstand beseitigt, dass beliebig hohe Gutachterhonorare vom Versicherer zu ersetzen sind.

Aus eigenem Interesse wird der Geschädigte sein Verhalten dahingehend verändern, dass er nunmehr vor der Beauftragung Vergleiche einholt und das günstigste dabei ermittelte Angebot auswählt. Verhält er sich anders, bestünde nunmehr tatsächlich die Gefahr, dass sich der von ihm gewählte Sachverständige nachträglich als zu teuer erweist und er deshalb einen Teil der Kosten selbst zu tragen hätte. Der dadurch ausgelöste Preiswettbewerb unter den Sachverständigen dürfte sodann zu wettbewerbsbestimmten Preisen auf dem Markt für Kfz-Schadensgutachten führen.

Auch der Versicherungswirtschaft, die nicht darauf vertrauen kann, dass die Rechtsprechung im Bereich der Sachverständigenkosten früher oder später zur gleichen Einsicht gelangt, wie es bei den Unfallersatztarifen der Fall war, steht eine Möglichkeit offen, die Auswirkungen der Principal-Agent-Problematik zu verringern. Hierzu bedarf es eines Vertragssystems, dass es den Versicherern erlaubt, für den Geschädigten eine Vorauswahl an Sachverständigen zu treffen, an die sich dieser grundsätzlich zu halten hat. Obwohl ein dazu notwendiges Rahmenabkommen unter den Versicherern den Tatbestand des Kartellverbots erfüllen würde, wäre es aufgrund der dadurch zu erwartenden Effizienzgewinne und der wahrscheinlichen Beteiligung des Versicherungskollektivs daran, von diesem Verbot freizustellen. Auch die einzelnen Verträge mit den Versicherungsnehmern, die der Durchführung des Vorhabens dienen, wären aus rechtlicher Sicht nicht zu beanstanden. Wichtig wäre es allerdings, durch die konkrete Ausgestaltung der Vertragsklausel, eine unangmessene Benachteiligung oder eine Irreführung des Versicherungsnehmers zu vermeiden. Selbiges gilt für die Empfehlungen die gegenüber dem Geschädigten ausgesprochen werden.

Dieser vertragsrechtliche Lösungsansatz würde im Vergleich zu der beschriebenen Rechtsprechungsänderung vermutlich sogar eine effektivere Kostensenkung herbeiführen. Durch die Einführung einer Erkundigungsobliegenheit, würden nur noch solche Honorare als erforderlich gelten, die sich innerhalb der üblichen Bandbreite bewegen. Kann der Versicherer hingegen eine Vorauswahl für den Geschädigten treffen, würde er wohl die preiswertesten verfügbaren Angebote vorschlagen die noch unterhalb der üblichen Preise liegen und somit zu einer noch größeren Kosteneinsparung führen. An diesem Effizienzgewinnen müsste das Versicherungskollektiv zwar angemessen beteiligt werden, was aber nicht bedeutet, dass der gesamte Gewinn durchgeschleust werden müsste. Die Versicherer wären also dazu berechtigt, sich selbst am Gewinn zu beteiligen. Zudem besteht die Chance, dass die hervorgerufene Preissensibilisierung der Geschädigten zu einem Preiswettbewerb unter den Sachverständigen führt und so insgesamt sinkende Kosten verursacht, die sich dann auch auf die Regulierungskosten in den übrigen Tarifen auswirken.

Der letzte Ansatz sieht Empfehlunggschreiben der Versicherer vor, die dem Geschädigten ohne vorherige vertragliche Absprachen Vorschläge für günstige Kfz-Schadensgutachter unterbreiten. Auch gegen dieses Vorgehen bestünden nach einer Untersuchung der Rechtsprechung keine durchgreifenden rechtlichen Bedenken. Hinsichtlich des zu betreibenden Aufwandes wäre dies zudem die einfachste Methode, um auf die Sachverständigenwahl einzuwirken. Allerdings würde sie für sich genommen auch die geringste Wirkung zeigen. Zwar kann der Geschädigte ein Empfehlungsschreiben des Versicherers grundsätzlich nicht einfach ignorieren, ohne Vergleichsmöglichkeiten kann er aber auch nicht beurteilen, wie das Angebot des Versicherers zu bewerten ist und ob die Beauftragung eines anderen Sachverständigen höhere Kosten verursachen würde, so dass ihn in diesem Fall kein Verschulden anzulasten wäre. Die Empfehlungsschreiben würden ihre beste Wirkung deshalb in Verbindung mit einer Erkundigungsobliegenheit des Geschädigten und einer Aufklärungspflicht der Sachverständigen erzielen.

Ein Tätigwerden des Gesetzgebers in Form einer Honorarverordnung zu fordern, erscheint demgegenüber bezüglich der Gesamtkosten eines Gutachtens weniger sinnvoll. Einerseits ist es nicht ersichtlich, dass eine solche Verordnung eine Verbesserung der aktuellen Situation herbeiführen könnte. Andererseits handelt es sich um ein verhältnismäßig unflexibles Instrument, das ständiger Korrekturen bedürfte. Sinnvoll wäre hingegen eine auf die Nebenkosten eines Schadensgutachtens beschränkte Verordnung, die es verhindert, dass dieser Rechnungsposten dazu genutzt wird, die Gesamtkosten künstlich zu erhöhen.

Es wurde anfangs dargelegt, dass die Sachverständigenkosten im Rahmen der Kfz-Schadensregulierung einen bedeutenden Stellenwert einnehmen. Die Untersuchung hat gezeigt, dass die geltende Rechtslage den Versicherern die Möglichkeit eröffnet, die vorgeschlagenen Lösungsansätze umzusetzen und damit ein großes Einsparungspotenzial zu realisieren. Zugunsten des Versicherungskollektivs und auch im eigenen Interesse, sollten sie versuchen, dies zu nutzen. Daneben ist aber auch an die Rechtsprechung zu appellieren, die derzeit bestehenden Missstände durch eine veränderte Rechtsprechung zu beseitigen.

Anhang

Beispiel für ein Informationsblatt mit dem der Sachverständige seine gem. § 241 Abs. 2 BGB bestehende Aufklärungspflicht gegenüber dem Geschädigten eines Verkehrsunfalls erfüllen kann:

Als Geschädigter eines Verkehrsunfalls können Sie in der Regel Schadensersatz vom Schädiger und seinem Kfz-Haftpflichtversicherer fordern. Sofern kein Bagatellschaden vorliegt, zählen zu den erstattungsfähigen Positionen auch die Kosten eines Schadensgutachtens. Die Höhe des Schadensersatzes ist allerdings gesetzlich auf den zur Herstellung erforderlichen Geldbetrag begrenzt. Da für die Vergütung eines Kfz-Schadensgutachtens keine verbindliche Gebührenordnung existiert, steht es jedem Gutachter frei, sein Honorar nach eigenen Berechnungsregeln festzulegen. Um Kosten oberhalb der Erforderlichkeitsgrenze zu vermeiden, ist es für den Geschädigten eines Verkehrsunfalls ratsam, sich vorab über die Preise eines Kfz-Schadensgutachtens zu informieren.

Wir berechnen unser Honorar in Relation zur ermittelten Schadenhöhe nach einer feststehenden Formel. Hierbei ergeben sich folgende Rechenbeispiele und Honorarkurven, die Ihnen einen Eindruck von den bei uns zu erwartenden Kosten vermitteln können.

Schadenhöhe	Honorar	Anteil Honorar
...	...	...
1.000 Euro	*153,86 Euro*	*15,4 %*
1.250 Euro	*174,73 Euro*	*14,0 %*
1.500 Euro	*193,86 Euro*	*12,9 %*
1.750 Euro	*211,67 Euro*	*12,1 %*
2.000 Euro	*228,41 Euro*	*11,4 %*
2.250 Euro	*244,27 Euro*	*10,9 %*
2.500 Euro	*259,39 Euro*	*10,4 %*
...	...	...

[Rechenbeispiel mit beispielhafter Formel $G = S^{0,57} \times 3$ Euro]

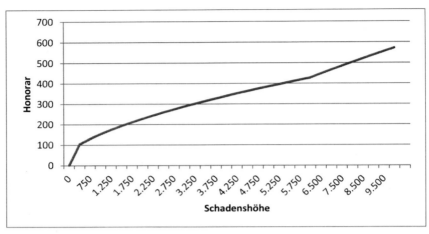

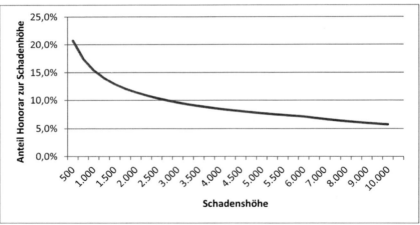

Zusätzlich zu dem Grundhonorar berechnen wir unsere Neben-
kosten wie folgt:

1. Fotosatz	*2,00 Euro pro Bild*
2. Fotosatz	*0,50 Euro pro Bild*
Porto/Telefon	*15,00 Euro pauschal*
Fahrtkosten	*0,70 Euro pro km*
Schreibkosten	*1,80 Euro pro Seite*
Kopie	*0,50 Euro pro Kopie*

[…]
[Die Werte sind exemplarisch der BVSK-Honorarbefragung 2015
entnommen]

Literaturverzeichnis

Albrecht, Peter: Eine Analyse der Preisdifferenz zwischen Unfallersatzwagengeschäft und Freiem Geschäft, NZV 1996, S. 49 – 54

Alexander, Christian: Die Erforderlichkeit von Aufwendungen des Geschädigten für schadensausgleichende Maßnahmen gem. § 249 Abs. 2 S. 1 BGB, VersR 2006, S. 1168 – 1178

Bachmeier, Werner: Beck'sches Mandatshandbuch Verkehrszivilsachen, 2. Auflage, München 2010

Balke, Rüdiger / Reisert, Gesine / Quarch, Matthias: Regulierung von Verkehrsunfällen, Baden-Baden 2012

Balke, Rüdiger: Erforderlichkeit von Sachverständigenkosten nach einem Verkehrsunfall, SVR 2014, S. 181 – 184

Bamberger, Heinz Georg / Roth, Herbert: Kommentar zum Bürgerlichen Gesetzbuch, Band 2, 3. Auflage, München 2012

Bamberger, Heinz Georg / Roth, Herbert: Beck'scher Online-Kommentar BGB, 39. Edition, München 2016

Bartosch, Andreas: Von der Freistellung zur Legalausnahme – was geschieht mit der Rechtssicherheit?, WUW 2000, S. 462 – 473

Bauer, Günter: Die Kraftfahrtversicherung, 6. Aufl., München 2010

Bechtold, Rainer / Bosch, Wolfgang / Brinker, Ingo: EU-Kartellrecht, 3. Aufl., München 2014

Bechtold, Rainer: Modernisierung des EG-Wettbewerbsrechts: Der Verordnungs-Entwurf der Kommission zur Umsetzung des Weißbuchs, BB 2000, S. 2425 – 2431

Beckmann, Roland Michael / Matusche-Beckmann, Annemarie: Versicherungsrechts-Handbuch, 3. Aufl., München 2015

Belke, Rolf: Grundfragen des Kartellverbots, ZHR 143 (1979), S. 74 – 94

Birkeneder, Dieter: Zur aktuellen Entwicklung der Sachverständigenkosten bei Unfällen, unter Einbeziehung der urheberrechtlichen Problematik bei der Verwertung von Gutachten durch Versicherer, VRR 2012, S. 164 – 168

Born, Renate: Mietwagenabkommen, VersR 1979, S. 877 – 890

Bornkamm, Joachim / Becker, Mirko: Die privatrechtliche Durchsetzung des Kartellverbots nach der Modernisierung des EG-Kartellrechts, ZWeR 2005, S. 213 – 236

Brinker, Ingo / Schädle, Anne: Kartellrechtliche Marktabgrenzung in der Versicherungswirtschaft, VersR 2004, S. 673 – 680.

Brinker, Ingo / Siegert, Reinhard: Rechtssicherheit für Regulierungsabkommen, VersR 2006, S. 30 – 38

Buchholz-Duffner, Monika: Anmerkung zu OLG Stuttgart, Urteil vom 31.03.1994 – 7 U 296/93, NZV 1994, S. 315 – 316

Buller, Dirk: Mietwagen – Die Ermittlung des Normaltarifs, NJW-Spezial 2008, S. 169

Buller, Dirk: Anmerkung zu BGH, Urteil vom 26.10.2004 – VI ZR 300/03, NZV 2005, S. 36 – 37

Bunte, Hermann-Josef: Regulierungsabkommen zwischen Leistungserbringern und Versicherungsunternehmen auf dem Prüfstand des Kartellrechts, VersR 1997, S. 1429 – 1436

Bunte, Hermann-Josef (Hrsg.): Langen/Bunte, Kartellrecht, Band 2 Europäisches Kartellrecht, 12. Auflage, Köln 2014.

Burmann, Michael / Heß, Rainer / Höke, Bernd-Matthias / Stahl, Kerstin: Das neue VVG im Straßenverkehrsrecht, München 2008

Burmann, Michael / Heß, Rainer: Handbuch des Straßenverkehrs-rechts, Band 1 Zivilrecht, Stand: 31. Ergänzungslieferung Juli 2013; zit. als: Berz/Burmann-*Bearbeiter*, Hdb. d. Straßen-verkehrsrechts, Kap. ..., Rn. ...

Burmann, Michael / Heß, Rainer / Jahnke, Jürgen / Janker, Helmut: Straßenverkehrsrecht, 24. Auflage, München 2016

Buschbell, Hans: Rechtsschutzdeckung für außergerichtliche Gut-achten – eine kaum genutzte Chance, DAR 2003, S. 55 – 58

Buschbell, Hans: Münchener Anwaltshandbuch Straßenver-kehrsrecht, 3. Auflage, München 2009; zit. als: Buschbell, MAH Straßenverkehrsrecht

Bücken, Michael: Der Unfallersatztarif – Gibt der BGH dem Ge-schädigten „Steine statt Brot"?, DAR 2006, S. 475 – 478

Böhm, Falk H. / Strecke, Berta-Li: Erstattung von Sachver-ständigenkosten nach einem Verkehrsunfall, zfs 2015, S. 4 – 10

Calliess, Christian / Ruffert, Matthias: EUV/AEUV, 4. Aufl., München 2011

Cavada, Armin: Die Unfallersatztarife – eine Problematik im Spannungsfeld zwischen Unfallgeschädigten, Versicherungen und Kraftfahrzeugvermietern -, Tübingen 2000

Deckenbrock, Christian / Henssler, Martin: Rechtsdienstleistungs-gesetz, 4. Auflage, München 2015

Deringer, Arved: Stellungnahme zum Weißbuch der Europäischen Kommission über die Modernisierung der Vorschriften zur Anwendung der Art. 85 und 86 EG-Vertrag (Art. 81 und 82 EG), EuZW 2000, S. 5 – 11

Deutsch, Erwin: Allgemeines Haftungsrecht, 2. Auflage, Köln u.a. 1996

Diehl, Heinz: Anmerkung zu LG München, Urt. v. 21.4.2005 – 19 S 17458/04, zfs 2005, 492 ff.; zfs 2005, S. 495

Diehl, Heinz: Anmerkung zu BGH, Urt. v. 30.1.2007 – VI ZR 99/06, zfs 2007, 330 f., S. 331 – 332

Eggert, Christoph: Verträge mit Schutzwirkung zu Gunsten Dritter nach einem Verkehrsunfall, NZV 2009, S. 367 – 374

Eilmansberger, Thomas: Zum Vorschlag der Kommission für eine Reform des Kartellvollzugs, JZ 2001, S. 365 – 374

Emmerich, Volker: Kartellrecht, 13. Aufl., München 2014

Engelke, Dierk: Der Kfz-Sachverständige in der Unfallregulierung – Anforderungen der Kfz-Haftpflichtversicherer an den vom Geschädigten beauftragen Kfz-Sachverständigen –, NZV 2012, S. 365 – 369

Erman, Bürgerliches Gesetzbuch: Hrsg. *Westermann, Harm Peter / Grunewald, Barbara / Maier-Reimer, Georg*, Band 1, 13. Auflage, Köln 2011

Esser, Josef / Schmidt, Eike: Schuldrecht Band I Allgemeiner Teil Teilband 2, 8. Auflage, Heidelberg 2000

Etzel, Thomas / Wagner, Josef: Anspruch auf Mietwagenkosten bei Straßenverkehrsunfällen, VersR 1993, S. 1192 – 1198

Ferner, Wolfgang (Hrsg.): Straßenverkehrsrecht, 2. Auflage, Baden-Baden 2006

Freyberger, Dietrich: Mietwagenkosten zum Unfallersatztarif, MDR 1996, S. 1091 – 1092

Freyberger, Dietrich: Die aktuelle Rechtsprechung des BGH zum Unfallersatztarif, MDR 2005, S. 301 – 304

Fricke, Hans-Joachim: Der gem. § 249Abs. 2 S. 1 BGB erforderliche Geldbetrag – Rechte und Pflichten des Geschädigten im Rahmen der Restitution, VersR 2011, S. 966 – 972.

Frommhold, Uwe: Grenzen der Haftung, Frankfurt a.M. 2006

Fuchs, Andreas: Die Gruppenfreistellungsverordnung als Instrument der europäischen Wettbewerbspolitik im System der Legalausnahme, ZWeR 2005, S. 1 – 31

Fuchs, Maximilian / Pauker, Werner: Delikts- und Schadensersatzrecht, 8. Auflage, Heidelberg u.a. 2012

Geigel, Der Haftpflichtprozess: Hrsg. *Haag, Kurt*, 27. Auflage, München 2015

Gesamtverband der Deutschen Versicherungswirtschaft e.V.: Jahrbuch 2012, Die deutsche Versicherungswirtschaft, Berlin 2012

Gesamtverband der Deutschen Versicherungswirtschaft e.V.: Statistisches Taschenbuch der Versicherungswirtschaft 2015, Berlin 2015

Grabitz, Eberhard / Hilf, Meinhard / Nettesheim, Martin: Das Recht der europäischen Union, 58. Ergänzungslieferung, München 2016

Greger, Reinhard: Rechtliche Grundlagen des Mietwagenkostenersatzes, NZV 1994, S. 337 – 340

Greger, Reinhard: Zum aktuellen Stand der Mietwagen-Rechtsprechung, NZV 1996, S. 430 – 432

Greger, Reinhard: Kurskorrekturen beim Kraftfahrzeugschaden; Die neue Rechtsprechung des BGH zu Reparatur-, Wiederbeschaffungs- und Mietwagenkosten, NZV 2006, S. 1 – 6

Greger, Reinhard: Haftungsrecht des Straßenverkehrs – Handbuch und Kommentar, 4. Auflage, Berlin 2007

Griebenow, Claudia: Unfallersatztarife der Autovermieter – Wie kann ihnen begegnet werden?, NZV 2003, S. 353 – 360

Griebenow, Claudia: Unfallersatzwagentarif und kein Ende – oder doch?, NZV 2005, S. 113 – 119

Griebenow, Claudia: Erstattungsfähigkeit von unfallbedingten Mietwagenkosten – Erste Erfahrungen mit der neuen BGH-Rechtsprechung, NZV 2006, S. 13 – 19

Grigoleit, Hans Christoph: Vorvertragliche Informationshaftung, München 1997

Gruber, Urs Peter: Die Erstattung vorprozessualer Sachverständigengutachten – Eine Bestandsaufnahme, NVersZ 2002, S. 153 – 158

Grunsky, Wolfgang: Zur Ersatzfähigkeit unangemessener hoher Sachverständigenkosten, NZV 2000, S. 4 – 6

Gröning, Jochem: Die dezentrale Anwendung des EG-Kartellrechts gemäß dem Vorschlag der Kommission zur Ersetzung der VO 17/62, WRP 2001, S. 83 – 89

Göbel, Carsten: Die Vergütung des Sachverständigen in Verkehrsunfallsachen, NZV 2006, S. 512 – 518

Haertlein, Lutz: Materielles Recht im Prozess – Der Ersatz des Unfallersatztarifs, JZ 2007, S. 68 – 78

Haus, Klaus-Ludwig / Krumm, Carsten / Quarch, Matthias: Nomos-Kommentar – Gesamtes verkehrsrecht, Baden-Baden 2014; zit. als: NK-GVR/*Bearbeiter*, § ..., Rn...

Heitmann, Lutz: Empfehlungen des HUK-Verbandes zur Abrechnung von Mietwagenkosten und Ausfallkosten für Selbstfahrer Vermietungen, VersR 1986, S. 408 – 414

Heitmann, Lutz: Neuordnung der Empfehlungen des HUK-Verbandes zur Abrechnung von Mietwagenkosten, VersR 1993, S. 24 – 33

Hentschel, Peter / König, Peter / Dauer, Peter: Straßenverkehrsrecht, 43. Auflage, München 2015

Herrler, Sebastian: Aufklärungspflicht des Autovermieters beim sogenannten „Unfallersatztarif", VersR 2007, S. 582 – 593

Heß, Rainer / Buller, Dirk: Mietwagentarife und verlässliche Markt-
daten (Schwackeliste), NJW-Spezial 2007, S. 255 – 256

Heßeler, Benjamin: Erforderlichkeit von Sachverständigen-
honoraren, NJW 2014, S. 1916 – 1918

Himmelreich, Klaus / Halm, Wolfgang: Handbuch des Fachanwalts
Verkehrsrecht, 4. Auflage, Köln 2012

Himmelreich, Klaus / Halm, Wolfgang / Staab, Ulrich: Handbuch
der Kfz-Schadensregulierung, 2. Auflage, Köln 2012

Holz, Michael: Nochmals: Die Sachverständigenkosten bei der
Schadensregulierung von Verkehrsunfällen unter Berück-
sichtigung der Rechtsprechung – Stellungnahme zu den
Aufsätzen von Trost VersR 97, 537 und Otting VersR 97, 1328,
VersR 1998, S. 1217 – 1218

Homburg, Christian: Marketingmanagement: Strategie –
Instrumente – Umsetzung – Unternehmensführung,
4. Aufl., Wiesbaden 2012

Hootz, Christian: Die Freistellung von § 15 GWB in der Bereichs-
ausnahme des § 102 GWB, in: Festschrift für Reimer Schmidt,
Hrsg.: Reichert-Facilides, Fritz / Rittner, Fritz / Sasse, Jürgen,
Karlsruhe 1976, S. 657 – 666

Hootz, Christian: Anmerkung zu BGH, Urteil vom 7.5.1996 –
VI ZR 138/95, BB 1996, S. 2215 – 2216

Höke, Bernd-Matthias: Aspekte zur Restwertermittlung aus Sicht
der Versicherungswirtschaft, NZV 2002, S. 254 – 257

Hörl, Henner: Kfz-Sachverständigenkosten – Marktforschungspflicht
des Geschädigten und Aufklärungspflicht des Gutachters?,
NZV 2003, S. 305 – 310

Imhof, Lutz / Wortmann, Friedrich-Wilhelm: Die Erforderlichkeit
von Sachverständigenkosten i.S. des § 249 BGB und die
Beweislastverteilung, DS 2011, S. 149 – 155

Immenga, Ulrich / Mestmäcker, Ernst-Joachim / Körber, Torsten (Hrsg.): Wettbewerbsrecht, Band 1, EU-Wettbewerbsrecht, 5. Aufl. München 2012

Immenga, Ulrich / Mestmäcker, Ernst-Joachim / Körber, Torsten (Hrsg.): Wettbewerbsrecht, Band 2, GWB, 5. Aufl., München 2014

Jaeger, Wolfgang: Die möglichen Auswirkungen einer Reform des EG-Wettbewerbsrechts für die nationalen Gerichte, WUW 2000, S. 1062 – 1074

Jauernig, Bürgerliches Gesetzbuch: Hrsg. *Stürmer, Rolf*, 16. Aufl., München 2015

Kommission der Europäischen Union: Bekanntmachung über die Definition des relevanten Marktes im Sinne des Wettbewerbsrechts der Gemeinschaft (97/C 72/03), Amtsblatt der Europäischen Union, C 372/5

Kommission der Europäischen Union: Bericht an das Europäische Parlament und den Rat über die Anwendung der Verordnung Nr. 3932/92 der Jinnussiub über die Anwendung von Artikel 81 Absatz 3 EWG-Vertrag (Ex-Artikel 85 Absatz 3) auf bestimmte Gruppen von Vereinbarungen, Beschlüssen und aufeinander abgestimmte Verhaltensweisen im Bereich der Versicherungswirtschaft, KOM (1999) 192 endg., 12.05.1999

Kommission der Europäischen Union: Leitlinien zur Anwendbarkeit von Artikel 101 des Vertrags über die Arbeitsweise der Europäischen Union auf Vereinbarungen über horizontale Zusammenarbeit, Amtsblatt der Europäischen Union C 11/1

Kommission der Europäischen Union: Leitlinien zur Anwendung von Artikel 81 Abs. 3 EG-Vertrag (2004/C 101/08), Amtsblatt der Europäischen Union, C 101/97

Krenzler, Michael (Hrsg.): Rechtsdienstleistungsgesetz, Baden-Baden 2010

Kropholler, Jan / Jacoby, Florian / von Hinden, Michael: Bürgerliches Gesetzbuch – Studienkommentar –; 15. Auflage, München 2015

Kuhn, Paul: Schadenmanagement durch Versicherer – Gefahr für den Geschädigten?, NZV 1999, S. 229 – 231

Kursawe, Stefan: Die Aufklärungspflicht des Arbeitgebers bei Abschluß von Arbeitsverträgen, NZA 1997, S. 245 – 249

Kääb, Ottheinz / Jandel, Iris-Maria: Zum Ersatz von Sach-verständigenkosten bei objektiv unrichtigem Gutachten, NZV 1992, S. 16 – 19

Kääb, Ottheinz / Jandel, Iris-Maria: Sachverständigenhonorare – ein Faß ohne Boden?, NZV 1998, S. 268 – 270

Köhler, Helmut: Die Regulierungsabkommen zwischen Versicherern und Autovermietern auf dem Prüfstand des Kartellrechts, NJW 1995, S. 2019 – 2021

Körber, Torsten: Grundsätzliche Fragen und aktuelle Entwicklung des Anspruchs auf Ersatz der Unfallersatzwagenkosten, NZV 2000, S. 68 – 77

Kötz, Hein / Wagner, Gerhard: Deliktsrecht, 12. Auflage, München 2013

Langheid, Theo / Wandt, Manfred: Münchener Kommentar zum Versicherungsvertragsgesetz, Bd. 1, 2. Auflage, München 2016

Langheid, Theo / Wandt, Manfred: Münchener Kommentar zum Versicherungsvertragsgesetz, Bd. 2, München 2011

Larenz, Karl: Lehrbuch des Schuldrechts, I. Band: Allgemeiner Teil, 14. Aufl., München 1987

Lemcke, Hermann: Anmerkung zu BGH, Urteil vom 7.5.1996 – VI ZR 138/95, r + s 1996, S. 268 – 269

Lemcke, Hermann: Abrechnung des Fahrzeugschadens nach
§ 249 Abs. 2 BGB n.F., r + s 2002, S. 265 – 274

*Loewenheim, Ulrich / Meessen, Karl M. / Riesenkampff, Alexan-
der / Kersting, Christian / Meyer-Lindemann, Hans Jürgen*
(Hrsg.): Kartellrecht – Kommentar, 3. Auflage, München 2016

Looschelders, Dirk: Die Mitverantwortlichkeit des Geschädigten
im Privatrecht, Tübingen 1999

Looschelders, Dirk: Die Kontrolle Allgemeiner Versicherungsbedingungen nach dem AGBG, JR 2001, S. 397 – 401

Looschelders, Dirk / Pohlmann, Petra: VVG-Kommentar, Köln 2011

Looschelders, Dirk: Schuldrecht Allgemeiner Teil, 13. Auflage,
München 2015

Looschelders, Dirk / Olzen, Dirk / Schiemann, Gottfried (Hrsg.):
J. von Staudingers Kommentar zum Bürgerlichen Gesetzbuch
mit Einführungsgesetz und Nebengesetzen, Buch 2 Recht der
Schuldverhältnisse, Berlin 2015

Magnus, Ulrich: Schaden und Ersatz, Tübingen 1987

Mayer-Maly, Theo: Der österreichische Spalttarif, VersR 1974,
S. 208 – 211

Medicus, Dieter: Anmerkung zu BGH, Urteil vom
10.07.1984 – VI ZR 262/82, JZ 1985, S. 42 – 44

Medicus, Dieter / Lorenz, Stephan: Schuldrecht II – Besonderer Teil,
17. Auflage, München 2014

Medicus, Dieter / Petersen, Jens: Bürgerliches Recht, 25. Auflage,
München 2015

Meinel, Norbert: Die Verpflichtung zum Ersatz von Sachverständigenkosten beim Kfz-Unfall, VersR 2005, S. 201 – 206

Merrath, Annett: Erstattungsfähigkeit von Schadensermittlungs-
kosten, SVR 2008, S. 334 – 336

Mertens, Hans-Joachim: Der Begriff des Vermögensschadens im Bürgerlichen Recht, Stuttgart u.a. 1967

Mestmäcker, Ernst-Joachim / Schweitzer, Heike: Europäisches Wettbewerbsrecht, 3. Aufl., München 2014

Mikulla-Liegert, Roswitha: Schadensmanagement durch Versicherer – Schadensmanagement von uns für Versicherer im Interesse des Geschädigten?, DAR 1999, S. 289 – 295

Mommsen, Friedrich: Beiträge zum Obligationenrecht, Abth. 2: Zur Lehre von dem Interesse, Braunschweig 1855

Montag, Frank / Säcker, Franz Jürgen / Bornkamm, Joachim (Hrsg.): Münchener Kommentar zum Europäischen und Deutschen Wettbewerbsrecht (Kartellrecht), Band 1 Europäisches Wettbewerbsrecht, 2. Aufl., München 2015

Möller, Christoph / Durst, Matthias: Probleme des Mietwagenkostenersatzes im Haftpflichtschadensfall, VersR 1993, S. 1070 – 1074

Müller-Glöge, Rudi / Preis, Ulrich / Schmidt, Ingrid: Erfurter Kommentar zum Arbeitsrecht, 16. Auflage, München 2016; zit. als: Erf/*Verfasser*

Münchener Kommentar zum Bürgerlichen Gesetzbuch: Hrsg. *Säcker, Franz Jürgen / Rixecker, Roland / Oetker, Hartmut*, 6. Aufl., München 2013; zit. als: MüKoBGB/*Bearbeiter*, § …, Rn. …

Nehm, Kay: Diener zweier Herren? – Der freie Kfz-Schadensgutachter zwischen Auftraggeber und Haftpflichtversicherung, DAR 2013, S. 557 – 561

Neidhardt, Claus / Kremer, Jürgen: Ein betriebswirtschaftlicher Kalkulationsansatz für Mietpreise im Unfallersatztarif, NZV 2005, S. 171 – 178

Nettesheim, Wolfgang: Neue Probleme bei Mietwagenkosten anläßlich eines Verkehrsunfalls, DAR 1993, S. 235 – 236

Neuner, Robert: Interesse und Vermögensschaden, AcP 133, S. 277 – 314

Notthoff, Martin: Die Entwicklung des Mietwagenkostenersatzrechts im Jahre 1994, VersR 1995, S. 1015 – 1020

Notthoff, Martin: Die Entwicklung des Mietwagenkostenersatzrechts im Jahre 1995, VersR 1996, S. 1200 – 1206

Oswald, Ralf / Tietz, Ralf: Mietwagenrechtsprechung des BGH – Kritik aus der Praxis, NJW 2006, S. 1483 – 1484

Otting, Joachim: Nochmals: Neuordnung der Empfehlungen des HUK-Verbandes zur Abrechnung von Mietwagenkosten, VersR 1993, S. 290 – 292

Otting, Joachim: Nochmals: Die Sachverständigenkosten bei der Schadensregulierung von Verkehrsunfällen unter Berücksichtigung der Rechtsprechung, VersR 1997, S. 1328 – 1332

Otting, Joachim: Das Rechtsdienstleistungsgesetz (RDG) und die Klage aus abgetretenem Recht, SVR 2011, S. 8 – 13

Palandt, Otto: Bürgerliches Gesetzbuch, 65. Aufl. München 2006

Palandt, Otto: Bürgerliches Gesetzbuch, 75. Aufl., München 2016

Pamer, Jochen: Unallmanagement, DAR 1999, S. 299 – 308

Peifer, Karl-Nikolaus: Schuldrecht Gesetzliche Schuldverhältnisse, 4. Auflage, Baden-Baden 2014

Pratt, John W. / Zeckhauser, Richard: Principals and Agents: The Structure of Business, Boston 1985

Prölss, Erich / Martin, Anton: Versicherungsvertragsgesetz, 29. Aufl., München 2015

Prütting, Hanns / Wegen, Gerhard / Weinreich, Gerd: BGB Kommentar, 8. Aufl.; Köln 2013; zit. als: PWW/*Bearbeiter*, § …, Rn. …

Riedmeyer, Oskar: Die Erstattungsfähigkeit von Mietwagenkosten nach der Rechtsprechung des BGH, zfs 2010, S. 70 – 74

Richardi, Reinhard: Betriebsverfassungsgesetz, 15. Auflage, München 2016; zit. als Richardi BetrVG/*Verfasser*

Richter, Roland: Die Regulierung von Mietwagenkosten im Unfallersatzgeschäft, zfs 2005, S. 109 – 114

Richter, Roland: Zur Schätzung „erforderlicher" Mietwagenkosten im Rahmen des § 287 ZPO, VersR 2007, S. 620 – 622

Rixecker, Roland: Die Markterkundungsobliegenheiten bei der Kraftfahrzeugersatzmiete, NZV 1991, S. 369 – 372

Rohe, Mathias: Gründe und Grenzen deliktischer Haftung – die Ordnungsaufgabe des Deliktsrechts (einschließlich der Haftung ohne Verschulden) in rechtsvergleichender Betrachtung, ACP 201 (2001), S. 117 – 164

Roth, Hartmut: Verkehrsrecht, 3. Auflage, Baden-Baden 2012

Roß, Carl Christian: Rechtliche Probleme bei Kfz-Sachverständigengutachten, NZV 2001, S. 321 – 327

Römer, Wolfgang / Langheid, Theo / Rixecker, Roland: Versicherungsvertragsgesetz, 4. Aufl., München 2014

Römermann, Volker: Unfallregulierung durch Mietwagenunternehmen – Verstoß gegen das RDG?, NJW 2011, S. 3061 – 3064

Sattler, Michael: Erstattungsfähigkeit von Privatgutachterkosten am Beispiel der Kfz-Sachverständigen, Hamburg 2004

Schaub, Alexander / Dohms, Rüdiger: Das Weißbuch der Europäischen Kommission über die Modernisierung der Vorschriften zur Anwendung der Artikel 81 und 82 EG-Vertrag, WUW 1999, S. 1055 – 1070

Schiemann, Gottfried: Anmerkung zu BGH, Urteil vom 07.05.1996, VI ZR 138/95, JZ 1996, S. 1077 – 1080

Schiemann, Gottfried: Anmerkung zu BGH, Urteil vom 19.04.2005, VI ZR 37/04, JZ 2005, S. 1058 – 1059

Schmidt, Karsten: Kartellverbot und „sonstige Wettbewerbs-beschränkungen", Köln 1978

Schmidt, Karsten: Umdenken im Kartellverfahrensrecht, BB 2003, S. 1237 – 1245

Schneider, Hagen: Justizvergütungs- und -entschädigungsgesetz, 2. Aufl., München 2014

Graf von der Schulenburg, J.-Matthias / Lohse, Ute: Versicherungs-ökonomik, 2. Auflage, 2014

Schulze, Reiner (Schriftleitung) u.a.: Bürgerliches Gesetzbuch Handkommentar, 8. Auflage, Baden-Baden 2014; zit. als: Hk-BGB/*Bearbeiter*, § …, Rn …

Soergel / Hans Theodor: Bürgerliches Gesetzbuch, Band 12, 13. Auflage, Stuttgart 2005

Speer, Detlef: Aktives Schadensmanagement in der Kraftfahrzeug-versicherung, Karlsruhe 2001

Staake, Marco: Gesetzliche Schuldverhältnisse, Heidelberg u.a. 2014

Staehlin, Sven J.: Regulierungsverhalten der Kfz-Versicherer in - Sachen Unfallersatz – zulässige Steuerung der Verbraucher oder wettbewerbswidriges Verhalten?, NZV 2007, S. 396 – 401

Steffen, Erich: Die Haftung des Kfz-Sachverständigen für seine - Bewertungsgutachten unter besonderer Berücksichtigung des Restwertes, DAR 1997, S. 297 – 302

Steindorff, Ernst: Gesetzeszweck und gemeinsamer Zweck des § 1 GWB, BB 1977, S. 569 – 571

Stoll, Hans: Begriff und Grenzen des Vermögensschadens, Karlsruhe 1973

Thole, Christoph: Das Wirtschaftlichkeitspostulat im Unfallschaden-
recht – ist die Rechtsprechung auf dem Weg zu uneinheitlichen
Maßstäben?, NZV 2010, S. 425 – 430

Trost, Markus: Die Sachverständigenkosten bei der Schadensregulierung von Verkehrsunfällen unter Berücksichtigung der
Rechtsprechung, VersR 1997, S. 537 – 545

Van Bühren, Hubert: Schadensminderungspflicht bei Unfallregulierung, MDR 1997, S. 318 – 320

Van Bühren, Hubert: Handbuch Versicherungsrecht, 5. Aufl.,
Bonn 2012

Van Bühren, Hubert / Lemcke, Hermann / Jahnke, Jürgen (Hrsg.):
Anwalts-Handbuch Verkehrsrecht, 2. Auflage, Köln 2012

Vom Stein, Jürgen: Der neue Begriff der „Rechtsdienstleistung",
AnwBl 2008, S. 358 – 389

Von der Groeben, Hans / Schwarze, Jürgen / Hatje, Armin (Hrsg.):
Europäisches Unionsrecht, 7. Aufl., Baden-Baden 2015

Von Fürstenwerth, Frank / Weiß, Alfons: Versicherungsalphabet,
9. Auflage, Karlsruhe 1997

Vuia, Mihai: Die Ermittlung des „Normaltarifs" und des „pauschalen
Aufschlags" in der Unfallersatztarif-Rechtsprechung des BGH,
NJW 2008, S. 2369 – 2373

Vuia, Mihai: Die Höhe der gem. § 249 II 1 BGB erstattungsfähigen
Sachverständigenkosten, DS 2013, S. 182 – 187

Wagner, Achim: Der Systemwechsel im EG-Kartellrecht –
Gruppenfreistellungen und Übergangsproblematik, WRP 2003,
S. 1369 – 1389

Wagner, Frank: Gabler Versicherungslexikon, Wiesbaden 2011

Wagner, Gerhard: Unfallersatztarife, NJW 2006, S. 2289 – 2294

Wandt, Manfred: Versicherungsrecht, 5. Auflage, Köln 2010

Wandt, Manfred: Gesetzliche Schuldverhältnisse, 7. Auflage, München 2015

Wenning, Ulrich: Die Erstattungsfähigkeit von Unfallersatztarifen – eine unendliche Geschichte? Anmerkung zum Urteil des LG Regensburg vom 7.10.2003 – NJW-RR 2004, 455, NZV 2004, S. 609 – 613

Wille, Stefan: Einführung in die Straßenverkehrshaftung, JA 2008, S. 210 – 218

Woitkewitsch, Christopher: Erstattungsfähige Kosten bei Anmietung eines Unfallersatzfahrzeugs, MDR 2013, S. 437 – 442

Wolf, Manfred / Lindacher, Walter F. / Pfeiffer, Thomas (Hrsg.): AGB-Recht, 6. Auflage, München 2013

Wolff, Matthias: Erstattungsfähigkeit des Unfallersatztarifes, zfs 2006, S. 248 – 253

Wortmann, Friedrich-Wilhelm: Die Schadensregulierung bei Verkehrsunfällen – insbesondere die Sachverständigenkosten, VersR 1998, S. 1204 – 1214

Wortmann, Friedrich-Wilhelm: Ermittlung des Restwerts durch Sachverständige, Anmerkung zu BGH, Urteil vom 13.01.2009, VI ZR 205/08, DS 2009, S. 253 – 254

Wortmann, Friedrich-Wilhelm: Der Sachverständige im Mittelpunkt der Schadensregulierung, Teil II: Geltendmachung des Sachverständigenhonorars, DS 2009, S. 300 – 305

Wortmann, Friedrich-Wilhelm: Die Sachverständigenkosten bei der Unfallschadensabrechnung, DS 2010, S. 102 – 105

Wussow, Werner: Unfallhaftpflichtrecht, 15. Auflage, Köln u.a. 2002; zit. als: Wussow/*Bearbeiter*, UHR, Kap. ... Rn. ...

Zimmer, Daniel / Paul, Thomas: Entwicklungstendenzen der europäischen und der deutschen Kartellrechtspraxis – Teil 1, JZ 2008, S. 611 – 622

Schriftenreihe
Kompetenzzentrum Versicherungswissenschaften

Herausgeber: Prof. Dr. Torsten Körber, LL.M.
Prof. Dr. J.-Matthias Graf von der Schulenburg
Prof. Dr. Stefan Weber

Bisher erschienen:

1 War, Terrorism and Insurance in Europe after September 11, 2001
Christian Thomann et al.
2004, 17,90 €, 978-3-89952-161-0

2 Die Konvergenz europäischer Versicherungsmärkte
Alexander Bruns et al.
2005, 19,80 €, 978-3-89952-203-7

3 Risikomanagement
Nicole Bäuerle et al.
2005, 19,– €, 978-3-89952-218-1

4 Die Versicherungsnachfrage von Unternehmen
Rolf Aßhoff et al.
2006, 28,– €, 978-3-89952-296-9

5 The Rise of Risk Management – The Fall of Corporate Insurance?
Simone Krummaker et al.
2007, 16,80 €, 978-3-89952-309-6

6 Die Versicherung von Umweltrisiken
Zdenko Grobenski et al.
2007, 25,– €, 978-3-89952-310-2

7 Die Versicherung des Alterns
Matthias Begemann et al.
2008, 24,– €, 978-3-89952-410-9

8 Die Balanced Scorecard als ganzheitliches Performance-Management-System in Finanzdienstleistungsunternehmen
Stefan Barenberg et al.
2009, 39,– €, 978-3-89952-510-6

9 Die Gefahrerhöhung im deutschen und US-amerikanischen Versicherungsvertragsrecht
Gregor Saremba
2010, 29,– €, 978-3-89952-515-1

10 Innovationen in der Versicherungs-wirtschaft
Simone Krummaker et al.
2011, 16,80 €, 978-3-89952-598-4

11 Aktuelle Entwicklungen im Versicherungskartellrecht
Torsten Körber, Jens Ole Rauh
2011, 25,– €, 978-3-89952-602-8

12 Die Folgen der Finanzkrise für Regulierung und Eigenkapital – Evolution oder Revolution in der Versicherungsbranche?
Christoph Schwarzbach et al.
2012, 24,– €, 978-3-89952-652-3

Bestellungen sind zu richten an:

VVW GmbH
Klosestraße 20–24, 76137 Karlsruhe
Telefax Vertrieb: 0721 3509-201
E-Mail: vertrieb@vvw.de
www.vvw.de